Wieland

Schmiedegott und Adler-Mann
Erschaffer von Schwert und Ring

Band 4 der Reihe „Die Götter der Germanen"

Bücher von Harry Eilenstein:

- Astrologie (496 S.)
- Photo-Astrologie (64 S.)
- Tarot (104 S.)
- Handbuch für Zauberlehrlinge (408 S.)
- Physik und Magie (184 S.)
- Der Lebenskraftkörper (230 S.)
- Die Chakren (100 S.)
- Meditation (140 S.)
- Drachenfeuer (124 S.)
- Krafttiere – Tiergöttinnen – Tiertänze (112 S.)
- Schwitzhütten (524 S.)
- Totempfähle (440 S.)
- Muttergöttin und Schamanen (168 S.)
- Göbekli Tepe (472 S.)
- Hathor und Re:
    Band 1: Götter und Mythen im Alten Ägypten (432 S.)
    Band 2: Die altägyptische Religion – Ursprünge, Kult und Magie (396 S.)
- Isis (508 S.)
- Die Entwicklung der indogermanischen Religionen (700 S.)
- Wurzeln und Zweige der indogermanischen Religion (224 S.)
- Der Kessel von Gundestrup (220 S.)
- Cernunnos (690 S.)
- Christus (60 S.)
- Odin (300 S.)
- Die Götter der Germanen (Band 1 – 80)
- Dakini (80 S.)
- Kursus der praktischen Kabbala (150 S.)
- Eltern der Erde (450 S.)
- Blüten des Lebensbaumes:
    Band 1: Die Struktur des kabbalistischen Lebensbaumes (370 S.)
    Band 2: Der kabbalistische Lebensbaum als Forschungshilfsmittel (580 S.)
    Band 3: Der kabbalistische Lebensbaum als spirituelle Landkarte (520 S.)
- Über die Freude (100 S.)
- Das Geheimnis des inneren Friedens (252 S.)
- Von innerer Fülle zu äußerem Gedeihen (52 S.)
- Das Beziehungsmandala (52 S.)
- Die Symbolik der Krankheiten (76 S.)

Kontakt: www.HarryEilenstein.de / Harry.Eilenstein@web.de
Impressum: Copyright: 2011 by Harry Eilenstein – Alle Rechte, insbesondere auch das der Übersetzung, vorbehalten. Kein Teil des Buches darf ohne schriftliche Genehmigung des Autors und des Verlages (nicht als Fotokopie, Mikrofilm, auf elektronischen Datenträgern oder im Internet) reproduziert, übersetzt, gespeichert oder verbreitet werden.
Herstellung und Verlag: Books on Demand GmbH, Norderstedt
ISBN: 9783741293849

Die Themen der einzelnen Bände der Reihe „Die Götter der Germanen"

1. Die Entwicklung der germanischen Religion
2. Lexikon der germanischen Religion
3. Der ursprüngliche Göttervater Tyr
4. Tyr in der Unterwelt: der Schmied Wieland
5. Tyr in der Unterwelt: der Riesenkönig   Teil 1
6. Tyr in der Unterwelt: der Riesenkönig   Teil 2
7. Tyr in der Unterwelt: der Zwergenkönig
8. Der Himmelswächter Heimdall
9. Der Sommergott Baldur
10. Der Meeresgott: Ägir, Hler und Njörd
11. Der Eibengott Ullr
12. Die Zwillingsgötter Alcis
13. Der neue Göttervater Odin   Teil 1
14. Der neue Göttervater Odin   Teil 2
15. Der Fruchtbarkeitsgott Freyr
16. Der Chaos-Gott Loki
17. Der Donnergott Thor
18. Der Priestergott Hönir
19. Die Göttersöhne
20. Die unbekannteren Götter
21. Die Göttermutter Frigg
22. Die Liebesgöttin: Freya und Menglöd
23. Die Erdgöttinnen
24. Die Korngöttin Sif
25. Die Apfel-Göttin Idun
26. Die Hügelgrab-Jenseitsgöttin Hel
27. Die Meeres-Jenseitsgöttin Ran
28. Die unbekannteren Jenseitsgöttinnen
29. Die unbekannteren Göttinnen
30. Die Nornen
31. Die Walküren
32. Die Zwerge
33. Der Urriese Ymir
34. Die Riesen
35. Die Riesinnen
36. Mythologische Wesen
37. Mythologische Priester und Priesterinnen
38. Sigurd/Siegfried
39. Helden und Göttersöhne
40. Die Symbolik der Vögel und Insekten
41. Die Symbolik der Schlangen, Drachen und Ungeheuer
42. Die Symbolik der Herdentiere
43. Die Symbolik der Raubtiere
44. Die Symbolik der Wassertiere und sonstigen Tiere
45. Die Symbolik der Pflanzen
46. Die Symbolik der Farben
47. Die Symbolik der Zahlen
48. Die Symbolik von Sonne, Mond und Sternen
49. Das Jenseits
50. Seelenvogel, Utiseta und Einweihung
51. Wiederzeugung und Wiedergeburt
52. Elemente der Kosmologie
53. Der Weltenbaum
54. Die Symbolik der Himmelsrichtungen und der Jahreszeiten
55. Mythologische Motive

56. Der Tempel
57. Die Einrichtung des Tempels
58. Priesterin – Seherin – Zauberin – Hexe
59. Priester – Seher – Zauberer
60. Rituelle Kleidung und Schmuck
61. Skalden und Skaldinnen
62. Kriegerinnen und Ekstase-Krieger

63. Die Symbolik der Körperteile
64. Magie und Ritual
65. Gestaltwandlungen
66. Magische Waffen
67. Magische Werkzeuge und Gegenstände
68. Zaubersprüche
69. Göttermet
70. Zaubertränke
71. Träume, Omen und Orakel
72. Runen
73. Sozial-religiöse Rituale

74. Weisheiten und Sprichworte
75. Kenningar
76. Rätsel

77. Die vollständige Edda des Snorri Sturluson
78. Frühe Skaldenlieder
79. Mythologische Sagas

80. Hymnen an die germanischen Götter

Inhaltsverzeichnis

I	**Wieland in der germanischen Überlieferung**	**6**
I 1.	Der Name „Wieland"	6
I 2.	Wieland im Völund-Lied (Edda)	8
I 3.	Die Wieland-Brosche von Uppakra	30
I 4.	Wieland in der Thidreksage	32
I 5.	Runenstein von Ardre	45
I 6.	Wieland in dem Lied „Deor"	46
I 7.	Gosforth-Kreuz	48
I 8.	Sigurd/Siegfried	49
I 9.	Hrolf Kraki und seine Berserker	49
I 10.	Wieland im Waltharis-Lied	51
I 11.	Wieland im Waldere-Lied	51
I 12.	Thorsdrapa	52
I 13.	Geirröd in der Edda	60
I 14.	Beowulf-Epos	64
I 15.	Julius Cäsar: de bello gallico	64
I 16.	Wieland auf den Runensteinen	65
I 17.	Wieland auf dem Runenkästchen von Auzon	70
I 18.	Odin als Schmied	80
I 19.	Ein Schmied in der Gesta danorum	82
I 20.	Zwerge als Meisterschmiede	88
I 21.	Vogel-Verwandlungen bei den Germanen	91
I 22.	Vogelverwandlungen in den Grimm'sche Märchen	93
I 23.	Jakob Grimm: Deutsche Mythologie	94
I 24.	Verletzte Götter bei den Germanen	95
I 25.	Zusammenfassung	97
II	**Die Schmiedegötter der Indogermanen**	**112**
II 1.	Wieland bei den Kelten	112
II 2.	Der keltische Schmiedegott Goibhniu	113
II 3.	Der römische Schmiedegott Vulcanus	116
II 4.	Der slawische Schmiedegott Svarog	125
II 5.	Der griechische Schmiedegott Hephaistos	127

II	6.	Der griechisch-kretische Schmied Daidalos	139
II	7.	Der kretische Gott Velchanos	142
II	8.	Der ossetische Schmiedegott Kurdalagon	143
II	9.	Der persische Schmiedegott Kaveh	145
II	10.	Der indische Schmiedegott Kavja	146
II	11.	Der etruskische Schmiedegott Sethlans	146
II	12.	Der finnische Schmiedegott Ilmarinen	147
II	13.	Weitere nicht-indogermanische Schmiedegötter	165
II	14.	Vergleich der Schmiedegötter	166
III		**Die Erfindung des Schmiedens in der Jungsteinzeit**	**187**
IV		**Wielands Biographie**	**192**
V		**Wielands Aussehen**	**204**
VI		**Hymne an Wieland**	**206**
VII		**Traumreisen zu Wieland**	**208**
VIII		**Wieland heute**	**216**
		Verzeichnis der Themen	217

I Wieland in der germanischen Überlieferung

Die Religion der Germanen ist hauptsächlich durch die Schriften aus der Zeit von ca. 1250 n.Chr. bekannt, in der in Island, Dänemark und Skandinavien die Mythen („Edda") und die Geschichte („Isländersagas") der Germanen niedergeschrieben wurden. Ältere schriftliche Quellen sind vor allem das Beowulf-Epos, das um 750 n.Chr. von den Angelsachsen in England verfaßt worden ist, sowie einige Bruchstücke von Skaldenliedern mit mythologischem Inhalt, die von ca. 950 n.Chr. stammen.

I 1.   Der Name „Wieland"

„Wieland" ist ein beschreibender Name – er bedeutet „Kunstwerk". Wieland ist somit ein Künstler, ein Kunsthandwerker oder jemand, der etwas auf kunstvolle Weise herstellen kann. Diese Fähigkeit macht daher das Wesen des Wieland aus. Die Bedeutung des Namens „Wieland" weist zunächst einmal nicht darauf hin, daß Wieland speziell ein Schmied ist.

Der Name „Wieland" lautete im Althochdeutschen „Wiolant", im Angelsächsischen „Veland" und im Altnordischen „Welent" oder „Völundr".

Die germanische Wurzel dieser Namen ist das Substantiv „wäla", das sich seinerseits von einer älteren Form „wilu" ableitet. Es bedeutet „Kunst, List, Betrug". Eine „Wilu-Person", also ein „Wieland" ist somit jemand, der sehr geschickt ist und dies in jeder Hinsicht auch anwendet. Ein typischer „Wilu" in den germanischen Mythen ist der Gott Loki, der zugleich ein geschickter Handwerker und ein listenreicher Ränkeschmied ist.

Das Substantiv „wilu" leitet sich von dem indogermanischen Verb „wel" für „wälzen, rollen, drehen" ab. Hier scheint die Herstellung des Rades das prägende Motiv gewesen zu sein – ein „Wilu" scheint daher ursprünglich ein Radmacher oder Wagner gewesen zu sein. Die Wichtigkeit des Rad ergibt sich daraus, das es ein wesentliches Teil des Streitwagens war, der das zentrale Element in der Kriegführung der Indogermanen gewesen ist. So konnte aus dem Verb „wel" für „drehen" das Substantiv „wilu" für „Kunstfertigkeit, Geschick" werden. Ein „Wilu" ist somit ursprünglich jemand gewesen, der verschiedene Teile herstellen und zu etwas sinnvollem Ganzen zusammenfügen kann – wie die Nabe, die Felgen und die Achse zu einem Rad.

Da das Rad zudem das Symbol der Indogermanen für die „Richtigkeit" war, hat ein „Wilu" auch eine Verwandtschaft mit dem Priester und später auch mit dem Fürsten, deren Aufgabe es war, diese „Richtigkeit" aufrechtzuerhalten. Ein „Wilu" im Sinne von „Handwerker" wurde demnach von den (Indo-)Germanen mit dem Krieger auf dem Streitwagen und mit dem Priester assoziiert.

Die Fähigkeit, in dem eigenen Bereich Richtigkeit herzustellen zu können, machte einen Krieger zu einem Helden, einen Priester zu einem Magier und einen Handwerker zu einem „Wilu", also zu einem Künstler.

Die Wurzel „wel" für „drehen" hat sich u.a. in dem englischen Substantiv „wheel" für „Rad" erhalten.

Das indogermanische Wort „wel" bzw. „kwel" mit der Bedeutung „drehen, rollen, Kreis, Rad" geht auf ein noch älteres „kolu" in der nostratischen Sprache zurück, die von den Menschen nach dem Ende der letzten Eiszeit um 10.500 v.Chr. gesprochen wurde. Diese Menschen erfanden in Mesopotamien den Ackerbau und die Viehzucht. Von ihnen stammen neben den Indogermanen auch die Sumerer, die Ägypter, die Semiten, die Berber, die Kreter, die Elamiter und noch einige Völker mehr ab.

Zu dieser Zeit hat das Wort „kolu" noch nicht die Bedeutung „Rad" gehabt, da das Rad erst um ca. 3.500 v.Chr. in Sumer erfunden wurde. „Kolu" bedeutete damals noch „rund, gedreht".

Die nostratische Sprache ist wiederum ein Zweig der borealischen Sprache, die von den Menschen in der späten Altsteinzeit in Eurasien gesprochen wurde. Bei ihnen wurde die Qualität „rund" mit dem Wort „kulu" bezeichnet.

Die Worte der indogermanischen, der nostratischen und der borealischen Sprache konnten zu einem großen Teil durch den Vergleich der heutigen, von ihnen abstammenden Sprachen rekonstruiert werden.

I 2. Wieland im Völund-Lied (Edda)

In der Edda (1220 n.Chr.) ist ein ganzes Lied dem Schmied Wieland (Völundr) gewidmet, das recht verschiedene Szenen enthält. Es liegt daher nahe, die Betrachtung von Wieland dem Schmied mit diesem Lied zu beginnen.

Da Lieder sind in der Edda von den allgemeinen Mythen-Liedern über die Götter-Lieder zu den Helden-Liedern hin angeordnet. Das Wieland-Lied folgt auf das letzte Götterlied und wurde daher anscheinend als ein „halb-mythologisches Lied" empfunden. Es ist also anzunehmen, daß Wieland um 1200 n.Chr. noch teilweise als eine mythologishe Gestalt angesehen worden ist.

Nidud hieß ein König in Schweden. Er hatte zwei Söhne und eine Tochter; die hieß Bödwild.
Drei Brüder waren Söhne des Finnenkönigs; der eine hieß Slagfid, der andere Egil, der dritte Wölund.

Die Namen in dieser Einleitung haben folgende Bedeutung:

<u>Nidud</u>, König von Schweden: Variante von Nidad, „der Niedere" (Unterwelt) = Beiname des Loki

<u>Bödwild</u>: „Bödwild" könnte sich aus „bedjan" für „bitten" und aus „wild" für „Wille, Wunsch" zusammen. Das ergäbe „Wunsch-Bitte", was offenbar kein sinnvoller Name ist. In dem ca. 200 Jahre älteren Lied Lied „Deor" wird sie „Beadohild": „beado" (germanisch: „badja") für „Bettgenossin" und aus „hild" für „Kampf" zusammen. Dies ist anscheinend der Name einer Walküre, die auch die Jenseitsgöttin als Wiederzeugungs-Geliebte ist.

<u>Slagfid</u>, Sohn des Königs von Finnland: „schlagender Finne" = „Krieger-Wanderer"

<u>Egil</u>, Bogenschütze, Sohn des Königs von Finnland: „der Spitze"

<u>Wölund</u>, Schmied, Sohn des Königs von Finnland: „kunstfertiger Handwerker"

Die drei Söhne des finnischen Königs sind ihren Namen nach zu urteilen alle in einer Sache besonders geschickt: Slagfid im Kampf, Egil im Bogenschießen und Wölund im Schmieden. Diese Dreiheit erinnert an Odin, Wili und Ve in der germanischen Schöpfungsgeschichte. Vermutlich stellen diese drei Königssöhne daher eine größere Ganzheit dar.

Odin wurde im Germanischen „Woden" genannt, woraus im Altnordischen „Odin" und bei den Germanen südlich von Dänemark „Wotan" wurde. Die Namen der drei Asen bildeten daher ursprünglich einen Stabreim: „Woden, Wili, We" (Das „w" und das „v" wurde im Germanischen nicht unterschieden.)

Dieser Stabreim läßt vermuten, daß es sich bei den drei Asen um eine grundlegende

Dreiheit handelt. Sie könnten den drei sozialen Ständen entsprechen: Krieger/Fürsten, Priester/Heiler und Bauern/Handwerker.

Wili und Wieland sind vom Wort her sehr ähnlich. „Wili" leitet sich über „welja, wilja" für „wollen, wünschen, wählen" von indogermanisch „wel" mit derselben Bedeutung ab. Ob das dem „Wilu" (Handwerker) zugrundeliegende „wel" („drehen") mit dem „wel" („wollen"), von dem sich „Wili" ableitet, identisch ist, ist nicht sicher, aber doch gut denkbar. Es ist zumindestens sehr wahrscheinlich, daß die Germanen „Wili" und „Wilu" als nah verwandt angesehen haben. Es ist auch gut denkbar, daß der Name des Schmiedes „Wieland" in der Sage von dem Namen des Gottes „Wili" in den Mythen abgeleitet worden ist.

Die Zuordnung von Egil zu den Kriegern ist recht wahrscheinlich, aber nicht ganz sicher. Da Egil aber in vielen späteren Sagen über Dietrich von Bern bis hin zu Wilhelm Tell die Rolle des fähigen Kriegers und Meister-Bogenschützen hat, wird diese Zuordnung aber doch ausreichend verläßlich sein.

Für den Priester („We") bleibt somit Slagfid übrig, der jedoch keinen sehr passenden Namen für einen Priester hat – möglicherweise ist seine ursprüngliche Funktion zur Zeit der Niederschrift der Edda schon undeutlich geworden. Seine Umdeutung als Kämpfer entspricht der Betonung des Schmiedehandwerks bezüglich des Standes der Bauern und Handwerkern, da die Schmiede auch die Waffen der Krieger herstellten.

Eine solche allgemeine Verschiebung der mythologischen Motive ins Kriegerische läßt sich in der germanischen Religion während der Völkerwanderungszeit feststellen (375 – 568 n.Chr.). Dies liegt darin begründet, daß diese Zeit von vielen und heftigen Kämpfen geprägt gewesen ist.

Die drei Königssöhne repräsentierten daher vermutlich bis ca. 400 n.Chr. die drei Stände der germanischen Sozialordnung, wobei Wieland den Stand der Bauern und Handwerker darstellt. Ab 400 n.Chr. wurden sie zunehmend zu drei „Waffenbrüdern".

Woden, Wili, We				
Name	*Bedeutung*	*Stand*	*Völund-Lied*	*Bedeutung*
Woden	Wut (Ekstase der Schamanen; Kampfekstase der Berserker und Ulfhedinn)	Krieger, Fürsten	Egil der Schütze	der Spitze
Wili	Wille	Handwerker, Bauern	Völund der Schmied	kunstfertiger Handwerker
We	Weihe	Priester, Heiler	Slagfid der Kämpfer	schlagender Finne

Die (drei Brüder) *schritten auf dem Eis und jagten das Wild. Sie kamen nach Ulfdalir und bauten sich da Häuser. Da ist ein Wasser, das heißt Ulfsiar.*

Das Überqueren des Eises ist manchmal ein Symbol für eine Reise in die Unterwelt, da die von den Germanen „Eliwagar" („Eiswellen") genannten Gletscher im Norden manchmal als Grenze zum Jenseits angesehen wurden. Diese Deutung wird durch die Namen „Ulfdalir" ("Wolfstal") und „Ulfsiar" („Wolfsee") bestätigt, da der Wolf ursprünglich als der Begleiter auf dem Weg ins Jenseits angesehen wurde und erst später zu einer Gefahr auf diesem Weg umgedeutet worden ist.

Möglicherweise ist der „Wolfsee" identisch mit dem See „Amswartnir", in dem die Insel lag, auf der der Fenriswolf gefangengehalten wurde. Der Name dieses Sees bedeutet „Rücken-Wächter", also „Wächter, der hinter etwas wacht".

Früh am Morgen fanden sie (die drei Brüder) *am Strand drei Frauen, die spannen Flachs; bei ihnen lagen ihre Schwanenhemden; es waren Walküren. Zwei von ihnen waren Töchter König Hlödwers: Hladgud Swanwit und Herwör Alwit; aber die dritte war Aelrun, die Tochter Kiars von Walland.*

Die Brüder führten sie mit sich heim. Egil nahm die Aelrun, Slagfid die Swanwit und Wölund die Alwit.

Die Namen der drei Walküren, der beiden Könige und des Landes haben folgende Bedeutung:

König <u>Hlödwer</u>: „Ruhm-Krieger" (heutige Form: „Ludwig")
　　<u>Hladgud Swanwit</u>, Tochter des Königs Hlödwer: „Weberin des Kampfes" – „Schwanenweiß"
<u>Herwör Alwit</u>, Tochter des Königs Hlödwer: „Heer-Kriegerin" – „Allweiß"
<u>Walland</u>: „Welschland" (Frankreich)
König <u>Kiar</u> von Walland: „Cäsar" von Frankreich
<u>Aelrun</u>, Tochter des Königs Kiar von Walland: „Bier-Rune"

Die Namen der drei Walküren sind offenbar beschreibende Namen. Hladgud Swanwit ist eine Walküre („Kampf-Weberin") und sie ist die weiß wie ein Schwan.

Herwör Alwit ist als „Heer-Kriegerin" wohl sehr kriegerisch und sie ist ganz weiß (wie ein Schwan).

Aelrun besitzt vermutlich den Göttertank (Ale, Bier, Met).

Da alle drei Frauen Walküren sind, wird man ihre Namen zu einer Gesamtbeschreibung ihres Charakters zusammenfassen dürfen: Diese drei Walküren können die Gestalt von Schwänen annehmen, sie lenken den Kampf, sind kämpferisch und bringen den Kriegern im Jenseits, d.h. in Walhalla den Göttermet, durch den sie dann dort ewig leben.

Das Spinnen des Flachses assoziiert sie zudem mit den drei Nornen, die den Lebens- und Schicksalsfaden aller Wesen spinnen. Die Walküren verkünden den Beschluß der drei Nornen und setzen ihn um.

Die Walküren sind aus der Kombination mehrerer mythologischer Vorstellungen entstanden.

Zunächst einmal sind sie Vögel und als solche Symbole der Seele. Die Seelenvogelsymbolik ist dadurch entstanden, daß man sich bei einem Nahtod als über dem eigenen materiellen Körper schwebend erlebt („Astralreise").

Die Ankunft im Jenseits wurde von so gut wie allen Völkern als eine Wiedergeburt durch die „Große Mutter" angesehen. Da die Seelenvögel die „Jenseits-Kinder" der Großen Mutter waren, konnte diese Göttin auch selber die Gestalt eines Vogels annehmen. Diese Vogelgestalt der Großen Mutter findet sich bei den Germanen in dem Falkenhemd der Göttin Freya, die den, der es trug, in einen Falken verwandelte. Das Falkenhemd der Göttin Freya entspricht offensichtlich den Schwanenhemden der Walküren.

Die eine Vogel-Muttergöttin Freya wurde vermutlich unter dem Eindruck der vielen Toten in eine Vielzahl von Vogel-Frauen, d.h. in Walküren umgewandelt. Der Name „Walküre" bedeutet „die die Toten auswählt", wobei mit den „Toten" nur die heldenhaft im Kampf gefallenen Krieger gemeint sind. Dieser kriegerische Aspekt der Walküren wird wohl auch aus der Völkerwanderungszeit stammen – vorher werden sie eher wie eine Vielzahl von „Freya-Göttinnen" gewesen sein.

Vermutlich wird auch Freya ursprünglich ein Schwanenhemd besessen haben, das dann zu einem Falkenhemd umgedeutet wurde. Vielleicht war der Falke aber auch der Seelenvogel der Fürsten – dann könnte die Vorstellung von Freyas Falkenhemd im Zusammenhang mit den Bestattungen der Fürsten entstanden sein. Der Falke ist auch der Seelenvogel des Loki gewesen, der sich des öfteren in einen Falken verwandelt – der Göttervater Tyr-Thiazi-Odin verwandelt sich hingegen in einen Adler.

Da die Wiedergeburt in sehr vielen Mythologien durch das Motiv der Wiederzeugung ergänzt worden ist, wurde die Vogel-Frau auch zur Geliebten der Toten. Diese Kombination von Sexualität und Tod führte zu der Vorstellung von der verführerischen Frau, die den Tod bringt. Diese Frau wohnt oft am oder im Wasser, da die Unterwelt als ein großes Wasser angesehen wurde: Nixen, Nymphen, Circe, die Lorelei, Grendels Mutter, Frigg (in Fensalir) u.ä.

Diese Bedeutung der Walküren legt nahe, daß sich die drei Brüder bei den drei Walküren im Wolfstal eigentlich im Jenseits bei der vervielfachten Jenseitsgöttin (Frigg-Freya) befinden.

Eine ähnliche Szene findet sich z.B. in dem Edda-Lied über den Göttermet, in dem Odin zu der Riesentocher Gunnlöd ins Jenseits reist, sich dort mit ihr vereint, ihren Met trinkt und dann in der Gestalt eines Adlers nach Asgard zurückkehrt. Diese Verwandlung in einen Adler entspricht der Wirkung des Falkenhemdes der Freya, sodaß Gunnlöd und Freya von ihrer Funktion her identisch sind.

Die Parallele zwischen „Odin und Gunnlöd" und „den drei Brüdern und den drei Walküren" ist insofern besonders interessant, weil Egil, einer der drei Brüder, Odin entspricht.

In der Prosa-Einleitung zur Wölund-Sage wird zunächst der Stammbaum aller wichtigen Personen beschrieben:

X König von Finnland	Hlödwer König von X	Kiar König von Frankreich	Nidud König von Schweden
| | |--- Wölund——Alwit-------| |--- Slagfid——Swanwit---| |--- Egil————Aelrun------------------------|	| |	|	| |--- 1. Sohn |--- 2. Sohn |--- Bödwild

Alle Beteiligten sind Söhne und Töchter von Königen bzw. selber Könige. Dies könnte daraufhin deuten, daß die Vorgänge in dieser Sage aus einer Götter-Mythe stammen, die in den Bereich der Könige übertragen worden ist. Solche Übertragungen finden sich häufig in den Überlieferungen, weil die Fürsten und Könige durch ihre Krönung eng mit den Göttern verbunden waren.

Sie wohnten sieben Winter beisammen: da flogen die Frauen davon, Kampf zu suchen, und kamen nicht wieder. Da schritt Egil aus, die Aelrun zu suchen, und Slagfid suchte Swanwit; aber Wölund saß in Ulfdalir. Er war der kunstreichste Mann, von dem man in alten Sagen weiß.

Am Ende der Prosa-Einleitung wird angegeben, daß nach sieben Jahren die Beziehung zwischen den drei Königssöhnen und den drei Walküren endet. Der Grund, der dafür angegeben wird, ist nicht besonders überzeugend und wirkt wie eine neuere Erklärung für einen Vorgang aus einer älteren Mythe, der nicht mehr ganz verstanden wurde. Dieser Eindruck wird dadurch verstärkt, daß zwar Egil und Slagfid sich auf die Suche nach ihren Walküren machen, aber Wieland zurückbleibt und stattdessen seinem Schmiedehandwerk nachgeht.

Vielleicht liegt hier eine der Wurzeln für die Vorstellung vom „verflixten siebten Jahr", in dem so viele Beziehungen enden …

Diese Prosa-Einführung des Wieland-Liedes erinnert an die Siegfried-Sage, an deren Anfang die drei Söhne des Zwergenkönigs und Zauberers Hreidmar stehen:

- <u>Regin</u>, der habgierige, boshafte und listige Schmied, der der Ziehvater des jungen Siegfried war,
- <u>Fafnir</u>, der sich in einen Drachen verwandelte und später von Siegfried erschlagen wurde, und
- <u>Oter</u>, der sich in einen Otter verwandeln konnte und in dieser Gestalt von dem Gott Loki mit einem Steinwurf getötet wurde.

Sowohl der Schmied Wölund als auch der Zwergenschmied Regin haben durch ihr Geschick, ihre Listigkeit und ihre Boshaftigkeit eine große Ähnlichkeit mit Loki. Man wird davon ausgehen können, daß Wieland und Regin mythologisch gesehen dieselbe oder zumindestens nah verwandte Gestalten sind.

Egil und Slagfid würden dann den beiden Zwergen Fafnir und Oter entsprechen. In der Wölund-Sage treten diese beiden nur am Anfang auf. In anderen Sagen erscheint Egil jedoch als Meisterschütze. Aus ihm wurde später Wilhelm Tell. Auch der berühmte Apfelschuß, bei dem er einen Apfel vom dem Kopf seines eigenen Sohnes schoß, wird bereits von Egil berichtet.

Man könnte vermuten, daß es einen Zusammenhang zwischen Egil und dem Bogen-, Winter- und Jenseitsgott Ullr gab. Sowohl der Umstand, daß Regin, Fafnir und Oter Zwerge, also Totengeister sind, als auch der vermutete Zusammenhang zwischen Egil und Ullr bestätigen den Verdacht, daß es sich bei der Wieland-Sage ursprünglich um eine Jenseits-Mythe gehandelt haben könnte.

Da Fafnir als sehr kriegerisch geschildert wird, wird er wohl dem Kriegerstand vertreten. Seine Drachenverwandlung wäre dann eine Erinnerung daran, daß die Drachen ursprünglich die Geister der toten Fürsten und wichtiger Krieger waren, die in der Gestalt von Schlangen oder Drachen ins Jenseits reisten und in dieser Gestalt auch ihr Hügelgrab und den Grabschatz in ihm bewachten.

In vielen „drei Brüder"-Märchen der Gebrüder Grimm beherrschen die drei Brüder das Schmieden, das Bogenschießen und die Heilkunst.

In dem Edda-Lied „Rigsmal" besucht der Ase Rigr (Heimdall) drei Familien, lehrt sie viele Dinge und zeugt jedesmal zusammen mit der Frau einen Sohn, der der Ahnherr vieler Kinder wird. Auf diese Weise wird die Entstehung der Stände erklärt. Diese drei Standes-Ahnen sind Thräl der Leibeigene, Karl der Bauer und Jarl der Krieger-Fürst.

Da Rigr dem Jarl auch magische Runen-Kenntnisse lehrt, scheint im Jarl der Krieger und der Schamanen-Priester zusammengefallen zu sein. Diese Entwicklung entspricht u.a. dem Odin, der auch zugleich Krieger und Magier ist. Es wird daher ursprünglich wohl einmal vier Stände, also Sklaven, Bauern/Handwerker, Krieger/Fürsten und Schamanen/Magier/Priester gegeben haben – wobei man sicherlich die Sklaven nicht als den anderen drei Ständen gleichwertig angesehen haben wird.

Thräl, Karl und Jarl reimen sich wie Woden, Wili und We – wenn auch auf eine andere Weise.

die drei Brüder					
Stand	*Rigr*	*Asen*	*Wielandsage*	*Siegfriedsage*	*Märchen*
Krieger, Fürsten	Jarl	Woden	Egil	Fafnir	Bogenschütze
Priester, Heiler		We	Slagfid	Oter	Heiler
Bauern, Handwerker	Karl	Wili	Völund	Regin	Schmied
Sklaven	Thräl				

König Nidud ließ ihn (Wölund) *handgreifen, so wie hier besungen ist.*

König Nidud von Schweden ist in dieser Geschichte ein selbstsüchtiger Herrscher, der den Schmied Wölund „handgreifen", d.h. fangen, fesseln und zum Sklaven machen läßt – ein damals keineswegs ungewöhnliches Vorgehen. Das waren damals harte Zeiten ...

Wieland und Nidud könnten auf ein mythologisches Gegensatz-Paar zurückgehen.

Nach dieser Prosaeinführung folgt die alte Überlieferung in Versform, die mit der Begegnung zwischen den drei Brüdern und den drei Walküren beginnt.

Durch Myrkwid flogen Mädchen von Süden,
Alwit die junge, Urlog zu entscheiden.
Sie saßen am Strande der See und ruhten;
Schönes Linnen spannen die südlichen Frauen.

„Urlog" bedeutet „Schicksal" und auch „Kampf". Die Walküren entschieden (in Odins Auftrag) den Verlauf der Kämpfe und der Kriege. Dies ist eine Übertragung der früheren Vorstellungen über die das Schicksal verkündenen Seelenvogel-Schwanenfrauen in den Bereich des Kriegerischen.

Das Herbeifliegen der Walküren von Süden her erinnert an einen Vers aus dem „Sonnenlied" in der Edda, in der der Sonnenhirsch von Süden her kommt. Dieser Sonnenhirsch, der von zwei Männern an einem Halfter geführt wird, hat in dem Lied eine rituelle Funktion und könnte das Zugtier vor dem Wagen der Sonne sein.

Im „Atliilied", das sich ebenfalls in der Edda befindet, wird beschrieben, daß man *„bei der südlichen Sonne"* Eide auf den Ring des Gottes Ullr ablegte und dabei auf einem dem Gott Sig-Tyr geweihten Hügelgrab stand. Da Tyr ursprünglich der Sonnengott-Göttervater der Germanen gewesen ist und Ullr wahrscheinlich der Gott Tyr auf seiner nächtlichen Reise durch die Unterwelt war, stellt die „südliche Sonne" wohl Tyr in seiner ganzen Kraft dar.

Es ist daher gut denkbar, daß der Sonnenhirsch bei einer Prozession vor den Wagen des Tyr gespannt worden ist – Hirsche als Zugtiere sind u.a. von den Kelten gut bekannt, die z.T. dieselben Gebiete bewohnten wie die Germanen.

Aus dem Süden kommt auch am Ende eines Götterzyklus (Ragnarök) der Feuerriese Surt.

Der Süden scheint für die Germanen vor allem die Himmelsrichtung des „Tyr am Tage" gewesen zu sein. Entsprechend war der Norden die Richtung des Ski-Asen Ullr, also des „Tyr in der Nacht". Daraus ergibt sich, daß der Osten die Richtung des Sonnenaufgangs und somit der (Wieder-)Geburt des Tyr gewesen ist und der Westen die Richtung des Sonnenunterganges und somit des Todes des Tyr.

Die Symbolik der vier Richtungen			
Richtung	*Sonne*	*Tyr*	*Symbolik*
Osten	Sonnenaufgang	Geburt des Tyr	(Wieder-)Geburt
Süden	Tag	Tyr in seiner Kraft	Leben
Westen	Sonnenuntergang	Tod des Tyr	Tod
Norden	Nacht	Ullr (Tyr im Jenseits)	„Leben" in der Unterwelt

Das Herbeifliegen der Walküren aus dem Süden könnte somit bedeuten, daß sie als Botinnen des „Tyr am Tage" aufgefaßt worden sind. Dies könnte ein Vorläufer der Vorstellung sein, daß die Walküren dem Göttervater Odin unterstanden, da Odin während der Völkerwanderungszeit der Nachfolger des Tyr wurde.

Die Walküren, die von Süden zu den drei Brüdern kamen, könnten somit den drei Brüdern einen „Segen" des Göttervaters Tyr/Odin gebracht haben.

Ihrer eine hegte sich Egil,
Die liebliche Maid, am lichten Busen;
Die andre war Swanwit, die Schwanenfedern trug,
Um Slagfid schlang sie die Hände;
Doch die dritte, deren Schwester,

Umwand Wölunds weißen Hals.

So saßen sie sieben Winter lang;
Den ganzen achten grämten sie sich
Bis im neunten die Not sie schied:
Die Mädchen verlangte nach Myrkwid;
Alwit die junge wollt Urlog treiben.

„Myrkwid" bedeutet „Düsterwald". Dieser Begriff ist vor allem aus den Romanen von Tolkien als „Mirkwood" gut bekannt. Da die Walküren jenseits von ihm „Urlog treiben", d.h. Schicksal bestimmen wollten, könnte „Myrkwid" ein Symbol für die Grenze zwischen Diesseits und Jenseits sein. Dazu paßt auch, daß die Krieger auf dem Schlachtfeld starben, wenn sie von den Walküren für das Festmahl in Odins Saal Walhalla ausgewählt wurden.

Vielleicht hat es einmal die Vorstellung gegeben, daß die Halle des Tyr/Odins im Süden gelegen hat, also dort, wo die Sonne und somit der Sonnengott-Göttervater Tyr am stärksten war.

Hladgud und Herwör stammten von Hlödwer;
Verwandt war Aelrun, die Tochter Kiars.
Die schritt geschwinde den Saal entlang,
Stand auf dem Estrich und erhob die Stimme:
„Sie freuen sich nicht, die aus dem Forste kommen."

Hladgud ist der Name der Walküre, deren Beiname „Swanwit" ist; Herwör ist der eigentliche Name der „Alwit".

Die Hauptaussage dieser Verse ist, daß es den drei Walküren nicht mehr gefiel, nur bei den drei Königssöhnen zu leben.

Der zweite Vers scheint daraufhin zuweisen, daß König Hlödwer und König Kiar von Frankreich miteinander verwandt waren.

Vom Waidwerk kamen die wegmüden Schützen,
Slagfid und Egil, fanden öde Säle,
Gingen aus und ein und sahen sich um.
Da schritt Egil ostwärts Aelrunen nach
Und südwärts Slagfid Swanwit zu finden.

Der Süden, in dem Slagfid nach Swanwit sucht, ist plausibel, da die drei Walküren von dort durch den Düsterwald gekommen waren. Der Osten, in dem Egil sucht, könnte hier wegen seiner Verbindung zum Sonnenaufgang und somit der Wiedergeburt gewählt worden sein – aber diese Deutung ist recht unsicher.

Derweil im Wolfstal saß Wölund,
Schlug funkelnd Gold und festes Gestein
Und band die Ringe mit Lindenbast.
Also harrt er seines holden
Weibes, wenn sie ihm wieder käme.

Wölund fädelte die von ihm geschmiedeten Ringe an einer Schnur aus Lindenbast auf. Diese goldenen Ringe scheinen das Wichtigste gewesen zu sein, das er hergestellt hat. Die Analogie zwischen Wieland und dem Zwerg Regin erinnert daran, daß auch Odins goldener Ring Draupnir von Zwergen geschmiedet wurde. Loki, der Regins Bruder Oter durch einen Steinwurf getötet hatte, zahlte an Oters Vater Hreidmar als Wergeld den Goldschatz des Zwerges Andvar („Vorsicht"), zu dem der goldene Ring Andvarinaut („Gabe des Andvar") gehörte. In der Nibelungensage heißt der Zwerg Andvar „Alberich", d.h. „Zwergenkönig". Hreidmar und Andvar/Alberich scheinen daher dieselbe Gestalt zu sein.
Der Zwergenkönig ist der ehemalige Göttervater Tyr in der Unterwelt – „dwergaz" bedeutet „Totengeist".
Wölund erscheint zunehmend selber wie ein Zwerg (Totengeist) im Jenseits, der wie die Zwerge ein Meister des Schmiedehandwerks ist.
Die Ringe waren bei den Germanen (und auch bei den Kelten) vor allem ein Symbol für die bestandene Jenseitsreise eines Schamanen, eines Königs bei seiner Krönung oder eines Mannes oder einer Frau bei einer Einweihung. Daher stellt Wieland im Wolfstal vor allem die Symbole der Jenseitsreise her, die die Jenseitsreisenden dort (symbolisch) von Wieland erhielten – auch wenn sie natürlich im Diesseits von einem normalen menschlichen Schmied hergestellt wurden.

Da hörte Nidud, der Niaren Drost,
Daß Wölund einsam im Wolfstal säße.
Bei Nacht fuhren Männer in genagelten Brünnen;
Ihre Schilde schienen wider den geschnittenen Mond.

„Drost" ist ein germanischer Titel, der „Fürst, König" bedeutet. Die Niaren sind offenbar die Schweden, da Nidud der König der Schweden ist. Die Brünnen sind die Rüstungen der Krieger. Der „geschnittene Mond" ist die Mondsichel.

Stiegen vom Sattel an des Saales Giebelwand,
Gingen dann ein, den ganzen Saal entlang.
Sahen am Baste schweben die Ringe,

Siebenhundert zusammen, die der Mann besaß.

Die siebenhundert Ringe erinnern an die sieben glücklichen Jahre, die die drei Königssöhne und die drei Walküren miteinander verbrachten. Diese 7(00) wird wohl auf die sieben Planeten hinweisen, die allerdings sonst kaum eine Bedeutung bei den Germanen gehabt zu haben scheinen. Da die Wieland-Sage auch Wurzeln im Alpenbereich hatte, ist bezüglich der „7" ein römischer Einfluß denkbar.

Sie banden sie ab und wieder an den Bast,
Außer einem, den ließen sie ab.
Da kam vom Waidwerk der wegmüde Schütze,
Wölund, den weiten Weg daher.

Briet am Feuer der Bärin Fleisch:
Bald flammte am Reisig die trockene Föhre,
Das winddürre Holz, vor Wölund.

Ruht auf dem Bärenfell, die Ringe zählt er,
Der Alfengesell: einen vermißt er,
Dachte, den hätte Hlödwers Tochter:
Alwit die Holde wär' heimgekehrt.

Saß er so lange bis er entschlief:
Doch er erwachte wonneberaubt.
Merkt harte Bande um seine Hände,
Fühlt um die Füße Fesseln gespannt.

„Wer sind die Leute, die in Bande legten
Den freien Mann? Wer fesselte mich?"

Da rief Nidud, der Niaren Drost:
„Wo erwarbst Du, Wölund, Weiser der Alfen,
Unsere Schätze in Ulfdalir?"

König Nidud nennt Wölund „Weiser der Alfen", d.h. er sieht Wölund als einen Alfen an. Der Schmied wird bereits einige Zeilen vorher „Alfengesell" genannt. In der Edda werden die Asen und Alfen oft zusammen erwähnt. Die Alfen sind insbesondere mit dem Fruchtbarkeitsgott Freyr verbunden, der in Alfheim wohnt. In Alfheim bei Freyr wohnen die Lichtalfen, während die Schwarzalfen unter der Erde wohnen. Diese beiden verschiedenen Arten von Alfen entsprechen den beiden Formen des Jenseits: im Himmel und unter der Erde. Die Schwarzalben sind sehr wahrscheinlich mit den Zwergen identisch. Aus den Lichtalfen wurden in den Vorstellungen späterer Zeiten die Elfen.

Letztlich sind die Alfen somit die Geister der Toten. Auch die Asen sind, religionshistorisch gesehen, „vergrößerte Ahnen". Aus diesem Grund erscheinen in den germanischen Texten Asen und Alfen oft parallel. Das Jenseits der Asen (Asgard) und das Jenseits der Ahnen (Hel) sind daher letztlich identisch, auch wen sie in den germanischen Mythen sehr verschieden beschrieben werden. Das Asgard der Götter ist allerdings noch deutlich als Jenseits erkennbar, da die gefallenen Krieger dorthin gelangen.

Das germanische Wort „dwergaz" („Zwerg"), das mit „Schwarzalfen" identisch ist, bedeutet wörtlich „Totengeist".

Die Bezeichnung „Weiser der Alfen" gleicht sehr der Bezeichnung des Hreidmar, dem Vater des Zwergenschmiedes Regin, als Zwergenkönig und Zauberer. In der Siegfriedsage wird Hreidmar „Alberich" genannt, was „Zwergenkönig, Alfenkönig" bedeutet.

Der Schmied Wölund ist somit ein Zwergenkönig, ein Ahn im Jenseits und ursprünglich wohl auch ein Ase, der dann in den Bereich der Königssage verlegt wurde. Wölund steht somit auf einer Stufe mit Siegfried, der aus einer Übertragung des Tyr/Odin, des Thor und zu einem Teil auch des Baldur in den Bereich der Königssage entstanden ist.

Als Zwergenkönig ist Wölund somit ein „Herrscher im Totenreich" – dieser Titel würde auch gut zu Odin passen, da dieser der Herr der toten Krieger in Walhalla ist.

Dies bestätigt, daß sich die drei Brüder Egil (Odin), Wieland (Wili) und Slagfid (We) im Jenseits befinden. Dieser Aufenthaltsort wurde in der Prosa-Einleitung des Völund-Liedes als „Wolfstal" und „Wolfssee" „hinter den Eiswogen" beschrieben.

Eine recht ähnliche Umschreibung des Jenseits findet sich noch in dem Märchen „Schneewittchen": „bei den sieben Zwergen hinter den sieben Bergen".

Wölund:
„Hier war kein Gold wie auf Granis Wegen,
Fern ist dies Land den Felsen des Rheins.
Mehr der Kleinode mochten wir haben,
Da wir heil daheim in der Heimat saßen."

Hier spielt Wölund auf den Nibelungenschatz an: Grani ist der Name von Siegfrieds Roß. Der Nibelungenhort wurde der Sage zufolge an der Loreley in den Rhein geworfen, damit der auf ihm liegende Fluch des Andvari/Alberich kein weiteres Unheil mehr anrichten konnte.

König Nidud gab seiner Tochter Bödwild den Goldring, den er vom Baste gezogen in Wölunds Haus; aber er selber trug das Schwert, das Wölund hatte.

Da sprach die Königin:

„Er wird die Zähne blecken vor Zorn, erkennt er das Schwert
Und unseres Kindes Ring.
Wild glüh'n die Augen dem gleißenden Wurm.
So zerschneidet ihm der Sehnen Kraft
Und laßt ihn sitzen in Säwarstad."

König Nidud hatte seiner Tochter den Goldring gegeben, den seine Leute in Wölunds Haus von der Lindenbastschnur gezogen hatten. Daraus ergibt sich zumindestens der Anfangsverdacht, daß Bödwild und die Walküre Alwit ähnliche mythologische Gestalten sind.

Die berühmten Schwerter aus den Isländersagas wurden mehrfach von Zwergen hergestellt. Hier liegt offenbar ein altes Motiv vor, das letztlich wohl auf die Herstellung des Schwertes des Gottes Tyr zurückgeht. Nach ihm wurde eines der berühmtesten germanischen Schwerter benannt: „Tyrfing", d.h. „Finger des Tyr". In der Siegfriedsage schmiedet Regin für Siegfried das zerbrochene Schwert Gram („Grimm") seines Vaters Siegmund wieder neu zusammen. Dieses Neuschmieden des Schwertes (des Tyr) entspricht vermutlich der Wiedergeburt des ehemaligen Sonnengott-Göttervaters Tyr.

Die Kombination von Schwert und Ring zusammen mit dem Methorn ist auf einer ganzen Reihe von Runensteinen zu finden. Das Schwert ist das Schwert des Tyr, der Ring ist der Ring Draupnir des Odin und das Horn ist das Horn mit dem Göttermet der Großen Mutter, die in der Edda u.a. als die Riesentochter Gunnlöd erscheint. Das Schwert, das am Morgen bzw. im Frühjahr neu geschmiedet wird, der goldene Ring und der Göttermet sind alle drei Symbole der Jenseitsreise.

Die dem Wölund-Lied zugrundeliegende Symbolik ist offenbar die Reise in die Unterwelt.

Die Bezeichnung „gleißender Wurm" für Wölund erinnert sehr an Fafnir, den Bruder des Regin, der sich in einen Drachen verwandelte, die von den Germanen auch als „Wurm", d.h. „Schlange" bezeichnet wurden. Wieland wird an dieser Stelle des Liedes als „Totengeist in Schlangengestalt auf dem Schatz in seinem Hügelgrab" angesehen – was mit seiner Auffassung als Zwerg und Alf, also als Totengeist übereinstimmt.

So wurde getan: Ihm wurden die Sehnen in den Kniekehlen zerschnitten und er in einen Holm gesetzt, der vor dem Strande lag und Säwarstad hieß. Da schmiedete er dem König allerhand Kleinode, und niemand getraute sich, zu ihm zu gehen als der König allein.

Ein Holm ist eine Insel oder auch im übertragenden Sinne ein eingegrenzter Bereich. „Säwarstad" ist eine Insel vor der schwedischen Küste. Ihr Name bedeutet möglicherweise „Regeninsel".

Wölund sprach:
„Es scheint Nidud ein Schwert am Gürtel,
Das ich schärfte so geschickt ich vermochte,
Das ich härtete so hart ich konnte.
Diese lichte Waffe ist mir entwendet:
Säh' ich sie doch zu Wölund zur Schmiede getragen!

Bödwild trägt nun meiner Getrauten
Roten Ring: rächen will ich das!"
Schlaflos saß er und schlug den Hammer;
Trug schuf er Nidud schnell genug.

In der germanischen Sprache wird Gold meistens als „rot" bezeichnet und nicht als „gelb". Möglicherweise lag dies an einem hohen Kupferanteil im Gold, der es dann zu Rotgold werden ließ. Der „rote Ring" der Bödwild ist also ein Goldring.

Liefen zwei Knaben, lauschten an der Türe,
Die Söhne Niduds, nach Säwarstad;
Kamen zur Kiste den Schlüssel erkundend;
Offen war die üble, als sie hineinsahn.

Viel Kleinode sahn sie, den Knaben daucht es
Rotes Gold und glänzend Geschmeid.
„Kommt allein, ihr zwei, kommt andern Tags,
So soll euch das Gold gegeben werden.

Sagt es den Mägden nicht noch dem Gesinde,
Laßt es niemand hören, daß ihr hier gewesen."
Zeitig riefen die Zweie sich an,
Bruder den Bruder: „Komm die Brustringe schaun!"

Mit den „Brustringen" sind die vermutlich die um den ganzen Körper reichenden breiten Ringe gemeint, aus denen schon die Römer ihre einfachen Brustpanzer hergestellt haben.

Sie kamen zur Kiste die Schlüssel erkundend;
Offen war die üble, da sie hineinsahn.

Um die Köpfe kürzt er die Knaben beide;
Unterm Fesseltrog barg er die Füße.

Aber die Schädel unter dem Schopfe
Schweift er in Silber, sandte sie Nidud.
Aus den Augen macht er Edelsteine,
sandte sie der falschen Frau des Nidud.

Das Wort „falsch" hat die hier die alte Bedeutung von „böse, hinterhältig, gemein" u.ä.

Die Zweizahl der Jungen hat wahrscheinlich eine tiefere Bedeutung, da es auch oft zwei Zwerge sind, die gemeinsam den Schmuck, die Schwerter, die Ringe u.ä. herstellen. Das bekannteste Jungen-Paar in den indogermanischen Mythen sind die Pferdezwillinge, die den Streitwagen des Sonnengott-Göttervaters Dhyaus (Zeus, Jupiter, Tyr usw.) ziehen und die auch die Gestalt von Menschen annehmen konnten. Bei den Germanen wurden sie „Alcis" genannt.

Es ist gut denkbar, daß man sich vorstellte, daß diese beiden Pferde-Menschen am Abend zusammen mit der Sonne starben und ihr im Jenseits bei ihrer Wiedergeburt halfen. Aus ihnen entstand dann mit der Zeit das Zwergenpaar, das nicht nur das Schwert des Tyr neu schmiedete, sondern nach der Absetzung des Tyr als Göttervater durch Odin und Thor um 500 n.Chr. auch all die magischen Gegenstände der Götter herstellte. Ihr Tod am Abend wurde in den Mythen zu dem Motiv der sterbenden Zwillinge, die in der Wieland-Mythe als die beiden Söhne des Königs Nidud erscheinen.

Trinkschalen aus menschlichen Schädeln, die vermutlich vor allem im Ritual benutzt wurden, sind bereits von den Neandertalern verwendet worden. Solche Schädelschalen sind vermutlich aus dem tibetischen Buddhismus am bekanntesten. Interessanterweise werden diese Schädelschalen auch in Tibet in Silber gefasst.

Diese rituellen Trinkgefäße werden bei den Germanen noch an einer zweiten Stelle erwähnt. In der Sage von Albions Tod verspottet Albion seine Frau Rosamunde, deren Vater er getötet hat, damit, daß sie doch aus seiner Schädelschale trinken könne – was sie letztlich zur Rache an Albion treibt.

Das Auftreten des Motivs der Anfertigung einer Schädelschale als Racheakt wird vermutlich auf eine ältere Vorstellung zurückgehen, da viele Verhaltensweisen der Helden in den Sagen, die manchmal unmotiviert erscheinen, auf umgedeutete ältere mythologischen Motive und auf rituelle Handlungen zurückgehen. In dieser Weise wurde z.B. auch die Wiederzeugung im Jenseits zusammen mit der Jenseitsgöttin Freya in den germanischen Mythen und später in den germanischen Sagen zu der ranchemotivierten Vergewaltigung einer Königstochter.

Das Schädelschalen-Motiv steht sicherlich in Parallele zu dem abgetrennten Haupt, mit dessen Hilfe man den Kontakt zu dem verstorbenen Ahnen aufrechterhalten konnte. Auf diese Weise erhält u.a. Odin von dem Haupt des Mimir (Tyr) sein Wissen über das Jenseits.

Dieses Motiv reicht bis mindestens in die frühe Jungsteinzeit zurück, in der man die Schädel der Verstorbenen reinigte, mit Ton überzog und ihr Gesicht nachplastizierte. Diese Köpfe bewahrte man im Wohnhaus auf, um jederzeit den Kontakt mit dem entsprechenden Toten aufnehmen zu können. Solche „sprechenden Köpfe" sind von vielen indogermanischen Völkern bekannt (Germanen: Mimir; Kelten: Bran; Griechen: Orpheus u.a.).

Man fand in England in Sommerset drei Schädelschalen aus der Jungsteinzeit. Zumindestens die frühen Kelten kannten auch diesen Brauch, wie die drei Schädelschalen in der Höhle von Byciskala in Böhmen zeigen.

Bei den Slawen kam es bis um ca. 1000 n.Chr. vereinzelt vor, daß die Fürsten aus den Schädeln von besonderes wichtigen besiegten Feinden oder von besonders verehrten verstorbenen Fürsten Trinkschalen anfertigen ließen, um durch sie die Kraft der Verstorbenen in sich aufnehmen zu können. Es gibt u.a. Berichte über die Herstellung solcher Schädelschalen aus dem Kopf des toten griechischen Kaisers Nikephoros I und aus dem Haupt des Svytoslav I von Kiev.

Auch die Christen kannten diesen Brauch. So wurden die Schädelschalen der Heiligen Theodata, des Heiligen Sebastian, des Heiligen Quirinus, der Heiligen Anastasia, des Heiligen Makarius, des Heiligen Throdul, des Heiligen Gzumpertus, des Heiligen Nantovin und vieler anderer dazu benutzt, um durch das Trinken aus ihnen einen allgemeinen Segen zu erhalten oder von der speziellen Krankheit geheilt zu werden, die mit dem oder der Heiligen verbunden war.

Am gründlichsten waren die (indogermanischen) Skythen, die nicht nur aus den Schädeln ihrer Feinde tranken, um deren Kraft in sich aufzunehmen, denn bei ihnen wurde von den Nachkommen und Freunden eines Toten das Fleisch der Leiche zusammen mit dem Fleisch der Opfertiere gekocht und dann verspeist, um die Kraft des Toten in sich aufzunehmen und für die Sippe zu bewahren.

Angesichts dieser so gut und so lange bezeugten archaischen Tradition scheint es sehr wahrscheinlich, daß es einst auch bei den Germanen den Brauch gegeben haben wird, aus den Schädelschalen der verstorbenen Vorfahren zu trinken, wenn man den Segen, die Hilfe oder den Rat dieser Vorfahren erhalten wollte.

Aus den Zähnen aber der Zweie
Bildete er Brustgeschmeid, sandte es Bödwild.
Da begann den Ring zu rühmen Bödwild;
Sie bracht ihn Wölund, da er zerbrochen war:
„Keinem darf ich's sagen als Dir allein."

Wölund:
„Ich beß're Dir so den Bruch am Goldring,
daß er Deinem Vater schöner dünkt,
Deiner Mutter merklich besser;
Aber Dir selber noch eben so gut."

Er betrog sie mit Met, der schlauere Mann;
In den Sessel sank und entschlief die Maid.
„Nun hab ich gerächt Harm und Schäden
Alle bis auf einen, den unheilvollen."

„Wohl mir", sprach Wölund: „war ich auf den Sehnen,
Die mir Niduds Männer nahmen."
Lachend hob sich in die Luft Wölund;
Bödwild wandte sich weinend vom Holm
Um des Liebhabers Fahrt sorgend und des Vaters Zorn.

Wölund flog in die Luft empor und war somit ein Seelenvogel. Auch Odin nahm die Gestalt eines Adlers an, nachdem er sich mit der Riesentochter Gunnlöd in ihrem Berg vereint und ihren Met getrunken hatte. Der Met ist hier demnach nicht nur ein Hilfsmittel, durch das Wölund Bödwild leichter verführen konnte, sondern wie bei Gunnlöd der Göttermet, der nach der Wiederzeugung die Wiedergeburt gibt.

Ursprünglich war der Göttermet nach der Wiederzeugung und der Wiedergeburt das Symbol des „Wiederstillens", das aber schließlich selber zu dem Mittel des Erlangens der ewigen Jugend im Jenseits wurde.

Das Wort „Liebhaber" in diesem Vers wurde von Karl Simrock mit „Friedel" übersetzt, also mit der Kurzform von Namen wie „Friedrich" oder „Friedhelm". Die Umschreibung für Wölund an dieser Stelle lautet im Orginaltext „Frithil". Dieses Wort leitet sich von dem germanischen Substantiv „frithu" ab, das „Liebe, Freundschaft, Frieden" bedeutet.

Die Wurzel dieses Wortes ist das indogermanische Substantiv „priheh" für „Hausherrin, Ehefrau", das sich über „prohos" für „das Eigene, das Angenehme" von dem altägyptischen Lehnwort „per" für „Haus" ableitet. Von diesem Wort stammen auch die Götternamen Frigg, Freya und Freyr ab. Auch der Name der Göttin Sif bedeutet „Ehefrau", auch wenn er sich von dem Begriff „Sifjan" für „Sippe" ableitet.

„Priheh" war in der indogermanischen Sprache auch der Name der Liebesgöttin, also der Göttin der Wiederzeugung im Jenseits, zu deren Nachfolgerinnen u.a. Freya, Gunnlöd und Bödwild gehören. Die männliche Form dieses Namens bezeichnete den Toten bei der Wiederzeugung, bei der er ein „Geliebter" war. Aus ihm entstanden u.a. der griechische Priapos und der germanische Freyr.

Daher ist in diesem Zusammenhang die Übersetzung von „Frithil" mit „Liebhaber" naheliegend. Es könnte bei den Germanen durchaus auch noch eine bewußte Assoziation zwischen „Frithil" und „Freyr" bestanden haben.

Außen stand Niduds arges Weib,
Ging hinein den ganzen Saal entlang;
- Auf des Saales Sims saß er, und ruhte -
„Wachst Du, Nidud, Niaren Drost?"

Wölund sitzt in der Gestalt des Vogels, die er angenommen hat, oben auf dem Dach des Langhauses des Königs Nidud und verspottet ihn.

Nidud:
„Immer wach ich, wonnelos lieg ich,
Mich gemahnt's an meiner Söhne Tod.
Das Haupt friert mir von Deinen falschen Räten:
Nun wollt ich wohl mit Wölund rechten:

Bekenne mir, Wölund, König der Alfen,
Was ward aus meinen wonnigen Söhnen?"

An dieser Stelle wird Wölund nun wie Hreidmar und wie Alberich „König der Alfen" genannt. Wielands Identität mit diesen beiden Zwergenkönigen ist daher sehr sicher.

Wölund:
„Erst sollst Du alle Eide mir leisten,
Bei des Schwertes Spitze und des Schiffes Bord,
Bei des Schildes Rand und des Rosses Bug,

Daß Du Wölunds Weib nicht tötest,
Noch meiner Braut zum Mörder werdest,
Hätt' ich ein Weib auch euch nah verwandt,
Oder hätte hier im Hause ein Kind."

Wölund ist darauf bedacht, daß König Nidud nicht, um seine Ehre zu retten, seine Tochter Bödwild und deren zukünftiges Kind (von dem König Nidud noch nichts weiß) tötet. Angesichts der Listigkeit und Härte, mit der sich Wölund an Nidud rächt, überrascht dieser Charakterzug. Eine solche Rache war allerdings ein fester Bestandteil der germanischen Verhaltensregeln; die Rücksicht auf Bödwild und seinen ungeborenen Sohn zeigt, daß es sich bei Wielands Vereinigung mit Bödwild nicht um einen Racheakt gehandelt haben kann – vermutlich hat sich hier das frühere Motiv der

Wiederzeugung erhalten können, in dem Wielands Sohn der wiedergeborene Wieland ist.

„So geh zur Schmiede, die Du mir schufst,
Da liegen die Bälge mit Blut bespritzt.
Die Häupter schnitt ich Deinen Söhnen ab;
Unterm Fesseltrog barg ich die Füße.

Aber die Schädel unter dem Schopfe
Schweift ich in Silber, schenkte sie Nidud.
Aus den Augen macht' ich Edelsteine,
Sandte sie der falschen Frau Niduds.

Aus den Zähnen der Zweie dann
Bildet' ich Brustgeschmeid und sandt' es Bödwild.
Nun geht Bödwild mit Kindesbürde,
Euer beider einzige Tochter."

Die Halskette aus den Zähnen der beiden Jungen erinnert an Freyas Kette Brisingamen, die von vier Zwergen gefertigt worden war und Freya einen großen Teil ihrer magischen Kraft gab. Vermutlich liegt diesem Motiv wie bei der Schädelschale ein früherer religiöser Brauch zugrunde, der die Verbindung zu den Ahnen herstellen sollte.

Dieser Vergleich ist auch daher naheliegend, weil in der Wölund-Sage die Königstochter Bödwild der Göttin Freya entspricht.

Nidud:
„Nie sagtest Du ein Wort, das so mich betrübte,
Nie wünscht' ich Dich härter, Wölund zu strafen.
Doch kein Mann ist so rasch, der vom Roß Dich nähme,
So geschickt kein Schütze, der Dich niederschösse
Wie Du hoch Dich hebst zu den Wolken."

Lachend hob sich Wölund in die Luft;
Traurig schaut Nidud ihm nach:

„Steh auf, Thankrad, meiner Träle bester,
Bitte Bödwild, die Brauenschöne,
Daß die Ringbereifte mit dem Vater rede."

„Ist das wahr, Bödwild, was man mir sagte:
Saßest Du mit Wölund zusammen im Holm?"

Bödwild:
„Wahr ist das, Nidud, was man Dir sagte:
Einmal saß ich mit Wölund zusammen im Holm,
Das hätte nie sein sollen!: Eine Stunde der Angst.
Ich verstand ihm nicht zu widerstehen,
Ich vermocht ihm nicht zu widerstehen!"

Bödwilds Aussage, daß sie sich nur gezwungen mit Wieland vereint hat, klingt angesichts ihrer in den vorhergehenden Versen beschriebenen tränenreichen Sorge um die „Fahrt" (Flucht, Reise) ihres Liebhabers nicht ganz überzeugend. Es könnte sich hier um eine Rechtfertigung gegenüber ihrem Vater handeln.

Im Wölund-Lied in der Edda wird Wieland der Schmied sehr differenziert beschrieben.

Er ist ein Königssohn, der Weiseste der Alfen und der Alfenkönig, also der Zwergenkönig. Er ist somit eine Entsprechung sowohl zu dem Zwergenkönig Hreidmar aus der Edda als auch zu dem Zwergenkönig Andvari/Alberich aus der Nibelungensage. Wie Regin, der Sohn des Zwergenkönigs Hreidmar, und wie Andvari/Alberich ist Wieland ein geschickter Schmied.

Wieland hat zwei Brüder: Egil der Bogenschütze und Slagfid. Auch Regin hat zwei Brüder: Fafnir und Oter. Ähnliche drei Brüder sind Woden (Odin), Wili und Ve in der Edda. Auch in den Märchen gibt es oft drei Brüderpaare, von denen manchmal einer wie Wieland ein Schmied, einer wie Egil ein Bogenschütze und einer schließlich ein Heiler ist, der somit Slagfid entsprechen sollte. Diese drei stellten ursprünglich die drei Stände der Krieger/Fürsten, Priester/Heiler und Bauern/Handwerker dar.

Als Schmied stellt Wieland in der Edda vor allem goldene Ringe her, die vermutlich Odins Ring Draupnir entsprechen und Symbole der Jenseitsreise sind.

Da Wieland der König und der Weiseste der Alfen (Zwerge) ist, ist er ein Wesen aus dem Jenseits, d.h. letztlich ein Ahn. Auch sein Wohnen jenseits des Eises im Wolfstal am Wolfssee bzw. auf der Insel Säwarstad spricht dafür, daß er sich im Jenseits befindet. Als König der Zwerge ist er der Jenseits-König, der nur der ehemalige Sonnengott-Göttervater Tyr in der nächtlichen bzw. winterlichen Unterwelt sein kann.

Der Aufenthalt des Wieland im Jenseits wird auch durch die drei Walküren bestätigt, mit denen Wieland und seine beiden Brüder im Wolfstal zusammenleben. Die Auffassung der Walküren als Geliebte ist aus dem Motiv der Wiederzeugung entstanden, die der Wiedergeburt im Jenseits vorausging. Die Schwanengestalt haben diese „Jenseitsgeliebten", die zugleich die „Jenseitsmütter" sind, dadurch erhalten, daß die Seelen als Vögel aufgefaßt wurden und die Mutter dieser Seelenvögel auch Vogelgestalt annehmen konnte.

Die Dreizahl der Walküren setzt sie in Bezug zu den drei Nornen, die die Jenseitsgöttin in ihrer Funktion als Schicksalsgöttin sind. Die Zahl „3" war bei Germanen allgemein ein Symbol für einen Zyklus – Tod und Wiedergeburt des Sonnengott-Göttervaters Tyr. Auch das „Treiben von Urlog", also das Verursachen von Schicksal, setzt die Walküren den Nornen gleich.

Wieland hat 700 Ringe hergestellt, von denen ihm aber der Ring, den er der Walküre Aelrun geschenkt hatte, am wichtigsten war. Er symbolisierte seine erfolgreiche Reise in das Jenseits und seine dortige Wiedergeburt. Später trägt Bödwild diesen Ring. Die Vereinigung von Wieland mit Bödwild wird daher auf die Wiederzeugung zurückgehen. Entsprechend wird das Trinken des Mets das rituelle Trinken des Göttermets bei der Bestattung und auch bei anderen rituellen Jenseitsreisen (Schamane, Krönung) sein. Eine der drei Walküren trägt den Namen „Aelrun", also „Met-Rune". Sie wird daher die Göttin der Wiedergeburt im Jenseits sein, die den Göttermet besitzt: Freya.

Da die Hauptdramatik des Wölund-Liedes sich auf der Insel abspielt, auf der Wölund gefangengehalten wird, wird dieser Teil vermutlich auch den ursprünglichen Handlungsverlauf bewahrt haben. Dies bedeutet, daß Wieland zuerst gefangen wurde, ihm dann die Kniesehnen durchgetrennt wurden, er anschließend Rache an den Söhnen des Königs nahm, sich mit Bödwild vereinte, mit ihr Met trank und sich daraufhin in einen Vogel verwandelte. Das Durchtrennen der Kniesehnen scheint somit ein Symbol für die Reise ins Jenseits zu sein. Dies wird dem von dem Fenris-Wolf abgebissenen Arm des Tyr entsprechen.

Die Rache an Niduds Söhne ist aber bereits eine Umdeutung, da diese beiden Brüder ursprünglich die Söhne des Tyr-Wieland gewesen sind – die beiden Pferd-Mensch-Zwillinge, die den Streitwagen des Tyr gezogen haben.

Die Insel, auf der Wieland gefangengehalten wurde, stellt vermutlich das Jenseits dar. Eine entsprechende Insel in der Edda ist Amswartnir, auf der der Fenriswolf gefesselt wurde, der dem Hund Garm entspricht, der am Eingang zur Hel auf der Brücke über dem Jenseitsfluß wacht. Auch Odins Seherthron Lidskialf, dessen Name „Insel-Tor" bedeutet, geht über die Sonnenuntergangs-Insel Walaskialf aus den Tyr-Mythen, die im Westmeer liegt, auf die Jenseitsinsel zurück.

Die Verwandlung des Wieland in einen Vogel am Schluß der Geschichte wird das Ziel der ursprünglichen Mythe gewesen sein: die Wiedergeburt als Seelenvogel im Jenseits. Diese Verwandlung in einen Vogel wird auch von Odin nach dem Trinken des Mets bei Gunnlöd berichtet.

Die sieben Jahre, die die drei Brüder mit den drei Walküren verbringen und die siebenmal Hundert Ringe, die Wieland hergestellt hat, werden sich wohl auf die sieben Planeten beziehen, die ihrerseits wiederum die Schritte auf dem Weg zwischen dem Diesseits auf der Erde und dem Jenseits im Himmel darstellen.

Die engste Entsprechung zum Wieland-Lied ist Odins Reise zu der Riesentochter Gunnlöd, auf der er in der Gestalt einer Schlange zu ihr in den Berg kriecht, sich dort mit ihr vereint, ihren Met austrinkt und dann in der Gestalt eines Adler nach Asgard zurückfliegt. Auch die Werbung des Odin um die Königstochter Rindr und ihre Vergewaltigung durch Odin in der Gesta Danorum hat einige Parallelen zu der Wölund-Sage.

Die Wieland-Sage wird vermutlich aus der Übertragung der Wiedergeburtsvorstellungen insbesondere in Bezug auf den ehemaligen Sonnengott-Göttervater Tyr in den Bereich der Könige entstanden sein. Wieland ist ein Held, der von seinen Taten her dem Gott Odin entspricht. In derselben Weise gleicht auch Wielands Bruder Egil dem Gott Ullr, da beide als vortreffliche Bogenschützen bekannt sind. Der bekannteste germanische Held, der durch eine solche Übertragung entstanden ist, ist Sigurd (Siegfried), der Eigenschaften der Götter Tyr, Odin, Thor und Baldur in sich vereint.

Diese Übertragungen sind vermutlich dadurch entstanden, daß sich die Könige der Germanen als Söhne der Götter ansahen und ihr Geschlecht auf einen der Götter zurückführten. Dieses „Göttersohn"-Motiv ist auch ein Bestandteil der Krönungen bzw. der Fürstenweihen gewesen.

Da das germanische Königtum in den Kriegen der Völkerwanderungszeit (375 – 568 n.Chr.) deutlich wichtiger und somit auch stärker wurde, wird diese Übertragung in das Königtum in dieser Zeit deutlich gefördert worden sein. Die älteste Darstellung eines germanischen Helden stammt aus dem Beowulf-Lied, das die Angelsachsen um 750 n.Chr. in England verfaßten. In ihm sind sowohl Beowulf als auch Siegfrieds Vater Siegmund solche Helden. Möglicherweise ist die Vorstellung solcher Helden jedoch schon älter als die Völkerwanderungzeit.

I 3. Die Wieland-Brosche von Uppakra

Die folgende, um ca. 500 n.Chr. hergestellte Brosche aus Uppakra stellt Tyr-Wieland dar, der sich in einen Adler verwandelt hat, was hier wie auch im Wieland-Lied schon recht magisch-technisch als das Anlegen eines Feder-Gewandes in dem Stil des „Schneiders von Ulm" dargestellt worden ist.

Tyr-Wieland mit Adler-Flügeln; Uppakra, Südschweden, ca. 500 n.Chr.

dieselbe Brosche

I 4. Wieland in der Thidreksage

Die Thidreksage wurde um 1300 n.Chr. aufgezeichnet. In ihren wesentlichen Grundzügen muß sie jedoch schon um 800 n.Chr. zur Zeit Karls des Großen bestanden haben, da es verschiedene Hinweise aus dieser Zeit auf Themen der Dietrich-Sage gibt, die sich aus der Thidreksage entwickelt hat. Vermutlich hat diese Sage in der Lebensbeschreibung des Ostgotenkönigs Theoderich ihren Anfang genommen, der von 451-526 n.Chr., also mitten in der Völkerwanderungszeit lebte. Aus Theoderich wurde im Laufe der Zeit über Thidrek schließlich Dietrich von Bern.

In die Thidreksage wurden viele andere Sagen und einige Mythen miteinbezogen, sodaß die Sage schließlich ein komplexes Gewebe von verschiedenen Biographien und Handlungssträngen wurde. Eines dieser Themen ist die Wieland-Sage.

Die Handlung dieser Sage wird im folgenden kurz zusammengefaßt.

Vor langer Zeit lebte in Schweden ein König mit Namen Wilkinus. Er war sehr mutig und rücksichtslos und hatte zudem von Odin Siegesglück verliehen bekommen. So wurde er ein sehr mächtiger König und erweiterte ständig sein Reich.

Wilkinus hatte zusammen mit einer Meerfrau einen Sohn mit Namen Wadi, der groß wie ein Riese war und auf seinem Hof in Seeland in Dänemark lebte. Wadi war im Gegensatz zu seinem Vater Wilkinus ein friedliebender Mann – auch wenn er zuweilen etwas cholerisch war.

König Wadi hatte einen Sohn, den er Welent nannte.

König Wilkinus stand unter dem Schutz des Odin und vermutlich auch sein Sohn Wadi und sein Enkel Welent (Wieland). Die Verwandlung des Wieland in einen Adler hat somit nicht nur eine thematische Verbindung zu Odin, denn Wieland ist in gewisser Weise auch ein „Odin-Mann".

Der Name „Wilkinus" leitet sich von dem Substantiv „Wil" für „Wille" ab, das auch zusammen mit Odin (Woden) in der Dreiheit „Woden – Wili – We" erscheint.

Die Verbindung von Welents Großvater Wilkinus mit der Meerfrau wiederholt sich in Wölunds Verbindung mit der Walküre Alwit, denn da die Unterwelt eine Wasserunterwelt ist, sind die Meerfrauen und die Walküren letztlich dieselben Wesen. Die Meerfrauen entsprechen der Göttin Ran im Meer; die Walküren entsprechen der Göttin Freya mit dem Falkenhemd – und beide sind Totengöttinnen.

Die Alliteration in der Erbfolge scheint bei den Germanen des öfteren vorzukommen: Die Namen von König, Sohn und Enkel beginnen alle mit „W": Wilkinus, Wadi und Welent. Wielands Sohn hieß Wittig.

Als Welent neun Jahre alt war, schickte ihn sein Vater ins Hunnenland zu dem Eisenschmied Mimir, der als sehr geschickt galt. Dort hatte Welent viel unter einem anderen Lehrling zu leiden, der ihm so manchen Streich spielte: Siegfried. Nach drei Jahren holte Wadi seinen Sohn zurück von dem Hunnenschmied Mimir.

In der Edda ist Mimir ein Riese, von dem Odin viele Geheimnisse erfuhr. Odin opferte eines seiner Augen, um von der Quelle des Mimir trinken zu dürfen und so seine Weisheit zu erlangen. In anderen Szenen ist der Riese schon tot und Odin sprach mit seinem Haupt, durch das er den Kontakt zu der Seele des Mimir im Jenseits herstellte.

Da Odins geopfertes Auge „tot" war und Odin auch mit dem Haupt des toten Mimir spricht, ist die von Odin erlangte Weisheit das Wissen über das Jenseits. Von der Schmiedekunst ist in der Edda im Zusammenhang mit Mimir nicht die Rede.

Mimir ist eine der vielen Gestalten des Tyr in der Unterwelt. In dieser Saga erscheint Tyr als Schmied gleich zweimal: als Mimir und als Wieland (Welent).

In der Edda lernt Siegfried nicht bei Mimir, sondern bei dem Zwerg Regin. Dies läßt vermuten, daß die wichtige Eigenschaft des Mimir und des Regin vor allem ihr Aufenthalt in der Unterwelt sowie die sich daraus ergebende Kenntnis des Jenseits ist. Dazu paßt auch, daß König Wadi seinen Sohn Welent ins Hunnenland in die Lehre schickt, da die ferne Fremde oft ein Bild für das Jenseits war.

Vielleicht gibt es auch einen Zusammenhang zwischen der Riesengröße des Wadi und der Lehre seines Sohnes Welent bei dem Schmied Mimir, der in der Edda als Riese angesehen wird.

Mimir ist einer der vielen Saga-Varianten des Tyr – er ist sowohl ein Schmied als auch ein Riese und er wohnt im Jenseits und ist der Lehrer seines Nachfolgers Odin.

Wadi schickte Welent nun zu den Zwergen, die in einem Berg hausten, in die Lehre. Als er kein Schiff fand, um über den Sund überzusetzen, nahm der riesenhafte Wadi seinen Sohn auf seine Schultern und ging zu Fuß durchs Meer. Der Sund war neun Ellen tief.

Das Durchqueren des „Großen Wassers" ist eins der ältesten Motive für die Jenseitsreise. Oft handelt es sich dabei um einen Fluß, aber auch im Harbard-Lied in der Edda ist diese Grenze ein Sund, also eine Meerenge zwischen dem Festland und einer Insel oder zwischen zwei Inseln. Die Tiefenangabe „neun Ellen" weist ebenfalls auf das Jenseits hin, da die „3" und die „9" (3^2) bei den Germanen die Zahlen des Jenseits sind. Auch die Zwerge selber sind Bewohner des Jenseits, da „Zwerg" wörtlich „Totengeist" bedeutet.

Es wird somit durch fünf Elemente darauf hingewiesen, daß Welent ins Jenseits reist: 1. durch das Hunnenland, 2. durch den Riesen Mimir, 3. durch die Zwerge, 4. durch die schwierige Überquerung des Sundes und 5. durch die Tiefenangabe „neun Ellen".

Die Überquerung des Sundes entspricht im Wölund-Lied dem Überqueren des

Eises. An der Stelle der übrigen vier Jenseits-Motive finden sich im Wölund-Lied die Namen „Wolfstal" und „Wolfssee", die drei Walküren und die Gefangenschaft Wölunds auf der Insel Säwarstad, die auch „jenseits eines Sundes" liegt.

Die Zwerge waren bereit, Welent ein Jahr lang zu lehren und erhielten von Wadi dafür eine Mark Gold.

Da Welent sehr geschickt war, wollten die Zwerge ihn nach einem Jahr nicht ziehenlassen. Sie boten seinem Vater Wadi an, ihn doppelt so viel wie bisher zu lehren und ihm zudem die Mark Gold zurückzugeben, wenn er Welent noch ein weiteres Jahr bei ihnen ließe. Sie stellten jedoch die Bedingung, daß Wadi auf den Tag genau in einem Jahr erscheinen müsse, um seinen Sohn abzuholen – ansonsten werde Welent getötet. Dem stimmte Wadi zu.

Wadi rief jedoch seinen Sohn aus dem Berg heraus, stieß ein Schwert in einen Sumpfbusch und sagte zu Welent, daß er sich mit diesem Schwert wehren solle, falls die Zwerge ihm das Leben nehmen wollten.

Wadi kehrte nach einem Jahr zurück, jedoch drei Tage zu früh. Da legte er sich schlafen und wurde während seines Schlafes vom einem Bergrutsch erschlagen. Als die drei Tage vergangen waren, kamen die Zwerge und auch Welent aus dem Berg und sahen sich nach Wadi um. Als Welent den Bergrutsch sah, kam es ihm in den Sinn, daß die Felsen vielleicht seinen Vater erschlagen haben könnten. Da fiel ihm auch das Schwert wieder ein. Neben dem Bergrutsch war gerade noch der Knauf des Schwertes zu sehen. Welent zog das Schwert und tötete die Zwerge.

Die Verabredung, daß Wadi genau nach einem Jahr kommen muß und daß sonst sein Sohn Welent getötet werden würde, klingt zunächst einmal etwas seltsam. Ein Jahr ist jedoch genau ein Sonnen-Umlauf. Es besteht daher zumindestens der Anfangsverdacht, daß die Jenseitsreise des Welent zu den Zwergen etwas mit dem Sonnenlauf zu tun haben könnte.

Anstelle des Welent wird jedoch sein Vater Wadi durch einen Bergrutsch getötet, d.h. Wadi geht wortwörtlich „unter die Erde", also dorthin, wo auch Welent ist: zu den Zwergen in ein Hügelgrab („Berg"). Die Rückkehr eines Schwertes aus einem Hügelgrab ist ein beliebtes Motiv in den Isländersagas und geht wohl auf die Wiedergeburt des Gottes Tyr zurück. Daher liegt die Vermutung nahe, in Welent den wiedergeborenen Wadi zu sehen – ein Motiv, das von Jenseitsreisen allgemein und von den Jenseitsreisen der Sonnengötter im besonderen gut bekannt ist. Der Erdrutsch über Wadi wäre dann gewissermaßen ein auf natürliche Weise entstandenes Hügelgrab.

Wenn diese Annahme zutrifft, wäre die Grundstruktur dieses Teiles der Wieland-Sage das Motiv des Todes der Sonne im Herbst/Abend und ihrer Wiedergeburt im Frühling/Morgen.

Da Welent ein Königssohn ist, könnte es sich statt um die Mythe des Sonnengottes auch um die Mythe des Göttervaters handeln, der der Schutzpatron der Könige ist und zudem eng mit der Sonnensymbolik verknüpft ist – der indogermanische Gott Dhyaus war sowohl der Göttervater als auch der Sonnengott.

Dieser Göttervater war bei den Germanen zunächst der Gott Tyr (die germanische Variante von „Dhayus"), der während der Völkerwanderungszeit von Odin abgelöst worden ist.

Odin ist der Gott gewesen, der König Wilkinus, dem Vater von König Wadi und Großvater von Welent, einen Segen der Unbesiegbarkeit gegeben hatte – so wie auch Tyr unbesiegbar gewesen ist. Auch die Alliteration der Namen „<u>W</u>ilkinus – <u>W</u>adi – <u>W</u>elent – <u>W</u>ittige" könnte ein Hinweis darauf sein, daß in dieser Generationenfolge der Sohn jeweils der wiedergeborene Vater ist.

Auch von Odin sind mehrere Jenseitsreisen bekannt.

Da auch Krönungen im Wesentlichen Jenseitsreisen gewesen sind, könnte diese Symbolik in der Wieland-Sage auch auf die Krönungssymbolik zurückgehen, die ihrerseits wiederum die Symbolik des Odin und des Tyr übernommen hat.

Das Töten der Zwerge ist vermutlich eine neuere Umdeutung der alten Vorstellungen. Dieses Töten findet sich auch in der Siegfriedsage, die sich parallel zu den Vorstellungen über Wieland entwickelte: Auch Siegfried tötet den Zwergenschmied Regin und seinen Bruder Fafnir, der sich in einen Drachen verwandelt hatte.

Dieser „Zwergenmord" ist eigentlich ein wenig absurd, da Zwerge schließlich die Geister von Toten sind – und diese sind eben bereits tot. In den Darstellungen von Grabplünderungen in den Isländersagas muß jedoch auch oft der Geist des Toten in dem Grab „noch ein zweites Mal" getötet werden.

Dem Mord an diesen beiden Zwergen entspricht im Wieland-Lied die Ermordung der beiden Nidud-Söhne.

Welent nahm ihre Werkzeuge, ihr Gold und ihr Silber, lud sie auf ein Pferd und zog fort.

Das Töten der Zwerge und das Rauben ihrer Schätze war aus der Sicht der Wikinger nichts allzu Besonderes oder Verwerfliches, da sie 550 Jahre lang fast jeden Sommer auf Raubfahrt gingen (516-1066 n.Chr.) und zudem auch des öfteren die Hügelgräber von anderen Wikingersippen plünderten.

Als Welent an einen Fluß kam, den er nicht überqueren konnte, fällte er einen dicken Baum, höhlte ihn aus und verschloß die Löcher mit beweglichen Glasscheiben. Den Baum füllte er mit seinen Werkzeugen und seinen Schätzen, legte sich hinein, verschloß die Öffnungen mit dem Glas und ließ sich den Fluß hinabtreiben, bis er nach achtzehn Tagen vor die Küste von Jütland getrieben wurde.

Der Baum, der Fluß und die achtzehn (2x9) Tage lassen vermuten, daß es sich auch bei diesem Motiv ursprünglich wieder um eine Jenseitsreise gehandelt hat. Welents Verborgensein in dem Baum wird dabei Odins Hängen am Baum entsprechen – der Baum ist in beiden Fällen der Weltenbaum, der Diesseits und Jenseits verbindet.

Dort blieb er in den Netzen der Fischer aus dem Reich des Königs Nidung hängen. Sie sahen, daß der Stamm mit viel Geschick behauen war und brachten ihn vor ihren König. Als der König befahl, den Stamm aufzuhacken um zu sehen, was sich in ihm befand, rief Welent von innen, daß sie einhalten sollen, und stieg aus dem Stamm heraus.

Das Motiv des „Mannes im Baumstamm" erinnert sehr an die ägyptische Legende von Isis und Osiris, in der der Sarg mit dem toten Osiris in einen Baum einwuchs und an den Strand von Byblos gespült und von dem dortigen König als Hauptstützpfeiler in seinen Palast eingebaut wurde. Schließlich fand Isis den Stamm, befreite den Sarg und gab dem Osiris ein neues Leben, indem sie sich mit ihm vereinte und dann seinen Seelenvogel-Sohn Horus gebar.

Die Symbolik des Weltenbaumes und des Jenseitsflusses sind weltweit verbreitet, aber die Genauigkeit der Übereinstimmung macht es zumindestens denkbar, daß hier ein ägyptischer Einfluß vorliegt. Die Osiris-Mythe könnte in der damals bekannten Fassung von Plutarchs „Legende über Isis und Osiris" bis nach Nordeuropa erzählt worden sein. Aber das ist zunächst nur eine Vermutung.

Und bei den Germanen sind auch die beiden ersten Menschen Ask und Embla aus Holzstämmen gefertigt worden – das ist zwar nicht dasselbe Motiv, aber doch ein sehr ähnliches.

Der Name „Nidung" des Königs ist eine Variante des Namens „Nidud" aus dem Wölund-Lied – beide bedeuten „der Niedere" bzw. „der in der Unterwelt".

Die Männer des Königs waren entsetzt und dachten, Welent sei ein böser Troll und wollten ihn töten. Der König glaubte jedoch den Worten Welents und erlaubte ihm, an seinem Hof zu bleiben.

Welent vergrub heimlich den Stamm und alle seine Werkzeuge. Dabei wurde er jedoch von einem Bediensteten des Königs mit Namen Rygger beobachtet.

Die zweite dieser beiden Szenen ist zunächst einmal verwunderlich, denn es hätte nahegelegen, daß Welent dem König seine Dienste als Schmied anbot und auf diese Weise für seinen Lebensunterhalt hätte sorgen können.

Der Bedienstete ist, wie sein Name „Rygger" zeigt, der Regin aus der Siegfriedsage. Von ihm ist somit, wenn er auch den Charakter des Regin haben sollte, in der weiteren Geschichte Habgier und Hinterlist zu erwarten.

Welent lebte am Hofe des Königs als dessen Gefolgsmann. Einst fiel ihm das Messer des Königs, als er es reinigen wollte, ins tiefe Wasser. Da ging Welent zu dem Schmied Amilias, um ein neues Messer zu holen. Da niemand in der Schmiede war, fertigte Welent selber ein neues Messer an. Dem König fiel jedoch auf, daß das Messer sehr viel schärfer war als sein altes Messer, wodurch schließlich herauskam, daß Welent und nicht Amilias dieses Messer geschmiedet hatte.

Darüber erboste Amilias und forderte Welent zu einem Wettstreit auf, um festzustellen, wer der bessere Schmied sei. Der Wetteinsatz war der Kopf der beiden Schmiede. Amilias wollte den Streit dadurch entscheiden, daß er eine Rüstung schmiedete und Welent ein Schwert. Dann sollte Welent mit dem Schwert auf die Rüstung schlagen – dann würde sich zeigen, wer von beiden der bessere Schmied sei.

Als Welent sein Werkzeug ausgraben wollte, das er in dem Stamm unter der Erde verborgen hatte, entdeckte er, daß es gestohlen worden war. Welent hatte sofort den Bediensteten in Verdacht, den er beim Vergraben bemerkt hatte, dessen Namen er jedoch nicht wußte. Als Welent dies dem König berichtete, ließ dieser alle seine Leute zu einem Thing zusammenrufen. Als Welent unter den Versammelten den Bediensteten jedoch nicht finden konnte, wurde der König auf Welent wütend.

Da schmiedete Welent eine lebensgroße Statue, der er aus seiner Erinnerung heraus die Gestalt und das Gesicht des Bediensteten gab und stellte sie in eine dunkle Ecke in der Nähe der Kammer des Königs. Als König Nidung und Welent an der Statue in dieser dunklen Ecke vorüberkamen, sprach König Nidung die Statue mit dem Namen Rygger an und frug sie, ob sein Auftrag ausgeführt worden sei. Da sagte Welent dem König, daß es nur eine Statue sei und daß Rygger der Bedienstete sei, den er gesehen hatte. Der König war sehr erstaunt über Welents Schmiedefähigkeiten und bat ihn, ihm seine Zweifel und seine Wut zu verzeihen.

Diese Herstellung einer lebensechten Statue erinnert an eine Szene aus der Edda, in der die drei Asen Odin, Hönir und Lodurr (Loki) die beiden ersten Menschen Askr („Esche") und Embla („Ulme") aus zwei am Strand angetriebenen Bäumen formten. Dies entspricht auch der Szene, in der Welent in seinem Baum vor der Küste Jütlands aufgefischt wurde.

Die drei Schöpfergötter entsprechen der Dreiheit Woden, Wili und We. Odin ist der Krieger/Fürst, Hönir der Priester/Heiler und Loki der Bauer/Handwerker.

		die drei Brüder				
Stand	*Rigr*	*Asen*		*Wielandsage*	*Siegfriedsage*	*Märchen*
Krieger, Fürsten	Jarl	Woden	Odin	Egil	Fafnir	Bogenschütze
Priester, Heiler		We	Hönir	Slagfid	Oter	Heiler
Bauern, Handwerker	Karl	Wili	Loki	Völund	Regin	Schmied
Sklaven	Thräl					

Während des Ragnarök wurden alle Menschen bis auf zwei getötet, die sich in „Hoddmimirs Holz" verborgen hatten. Dieses „Holz des Gold-Mimir" ist der Weltenbaum, da Mimir eng mit dem Weltenbaum verbunden ist. Diese beiden überlebenden Menschen, von denen alle späteren Menschen abstammen, hießen Lif („Leben") und Lifthrasir („nach Leben Strebender").

Auch das Herstellen einer lebendigen bzw. lebensechten Statue ist folglich ein Motiv, daß aus den Vorstellungen über die Reise zwischen Diesseits und Jenseits stammt, die im Ragnarök im großen Stil dramatisch dargestellt wurde.

Die Rückkehr aus dem Jenseits scheint man sich damals auch als Angetriebenwerden als Baumstamm bzw. später dann als Mensch in einem Baumstamm vorgestellt zu haben.

Als Rygger von seinem Botengang zurückkam, befahl ihm der König, Welent alle seine Werkzeuge zurückzugeben.

Welent schmiedete eine Woche lang an einem Schwert und der König kam es begutachten. Es zerschnitt ein Wollvlies, das eine Hand breit war und in einem Fluß gegen die Schneide des Schwertes trieb.

Welent feilte das Schwert in kleine Späne, mischte sie in das Futter der Gänse, schmolz den Gänsekot wieder ein und schmiedete daraus eine Woche lang ein neues Schwert. Wieder kam der König, um das Schwert zu prüfen. Es zerschnitt ein Wollvlies, das zwei Hand breit war und in einem Fluß gegen die Schneide des Schwertes trieb.

Wieder feilte Welent das Schwert in kleine Späne, mischte sie in das Futter der Gänse, schmolz den Gänsekot wieder ein und schmiedete daraus eine Klinge, die nun recht kurz war, weil von dem Eisen einiges verlorengegangen war, und fügte ihr einen goldenen Griff an. Wieder kam der König, um das Schwert zu prüfen. Es zerschnitt nun ein Wollvlies, das drei Hand breit war und in einem Fluß gegen die Schneide des

Schwertes trieb.

Dieses Schwert entspricht von seiner Beschreibung den magischen Schwertern aus den Isländersagas. Insbesondere von dem Schwert „Tyrfing", das eines der berühmtesten dieser magischen Schwerter ist, wird berichtet, daß es eine eiserne Klinge und einen goldenen Griff hatte. Seine Name, der „Finger des (Schwertgottes) Tyr" bedeutet, macht es recht wahrscheinlich, daß das Schwert „Tyrfing" dem Schwert des Tyr gleichgesetzt wurde oder die Saga-Variante des Tyr-Schwertes ist.

Es gibt auch einige Schwerter in den Isländersagas, von denen berichtet wird, daß sie recht kurz waren. Vielleicht liegt dem auch ein mythologisches Motiv zugrunde, da auch der Stiel von Thors Hammer zu kurz geraten ist. Dieser handwerkliche Makel könnte der Verletzung des Tyr bzw. des Wieland entsprechen und würde das Schwert bzw. den Hammer als einen wiedergeborenen Gegenstand, d.h. als etwas, das aus dem Jenseits stammt, kennzeichnen.

Die berühmten Schwerter der Germanen zerbrachen oft beim Tod ihrer Besitzer, fielen in ein tiefes Wasser oder wurden mit ihnen in einem Hügelgrab bestattet. Von dort kehrten sie jedoch oft zurück und wurden neu geschmiedet. Dieses Zerstören und Neuschmieden findet sich auch hier bei Welents Schwert.

Das dreimalige Schmieden des Schwertes ist auch von Siegfried und Regin bekannt. Die Zahl „3" weist allgemein in den germanischen Mythen auf einen Bezug zur Sonne (Tyr) und zur Unterwelt hin.

Da Tyr ein Gott ist, der wie die Sonne stirbt und wiedergeboren wird, lag es nahe, auch sein Schwert „sterben" und „wiedergeboren" werden zu lassen.

Das Verfüttern des kleingefeilten Schwertes an die Gänse könnte zwei ganz verschiedene Bedeutungen haben, die sich aber keineswegs gegenseitig ausschließen müssen:

1. Bei der Herstellung von Stahl entzieht der beim Schmelzen zugesetzte Kalk, der sich auch reichlich im Gänsekot befindet, dem Eisen die Elemente Kohlenstoff, Silizium, Phosphor, Mangan und vor allem den Schwefel, wodurch der Stahl, den man aus dem Eisen schließlich durch Beischmelzung von ca. 1% Kohlenstoff gewinnen kann, deutlich härter wird. Diese Art der Stahlherstellung war auch schon zur Zeit der Germanen bekannt.

2. Das Verspeisen der Eisenspäne durch die Gänse stellt auch eine symbolische Jenseitsreise dar, da Gänse und Schwäne bei den Indogermanen die beliebtesten Symbole für die Seelenvögel waren (Walküren mit Schwanenhemd).

Der König wollte das Schwert haben, das Welent geschmiedet hatte, aber Welent wollte zunächst einmal seine Wette mithilfe dieses Schwertes gewinnen. In seiner Schmiede fertigte er ein zweites Schwert an, das nicht ganz so gut war, und verbarg es in seiner Schmiede unter dem Blasebalg. Dem erste Schwert gab er in Gedenken an seinen Lehrer Mimir den Namen „Mimung".

Als der Tag des Wettkampfes kam, zerschnitt Mimung die Spange des Helmes des Amilias, ohne das Welent Kraft aufwenden mußte. Der Schmied Amilias gab sich jedoch nicht geschlagen, sondern forderte Welent auf, zuzuschlagen. Die Klinge ging von oben nach unten glatt durch Amilias hindurch, der in zwei Hälften auseinanderfiel.

Auf die Bitte des Königs, ihm das Schwert zu geben, entgegnete Welent, daß er erst noch eine Scheide und ein Gehänge schmieden wolle. Bei dieser Gelegenheit verbarg er Mimung unter dem Blasebalg und gab König Nidung das zweite, nicht so gute Schwert.

Hier findet sich ein Unterschied zum Wölund-Lied, in dem König Nidud das „echte" Schwert des Wieland, also „Mimung" besitzt (auch wenn es dort nicht namentlich genannt wird).

Eine Weile später greift ein Wikingerheer das Land des Königs Nidung an. Der König zieht ihnen mit seinem Heer entgegen. Einige Tage vor der Schlacht bemerkt König Nidung, daß er seinen Siegstein zuhause vergessen hat und verspricht dem, der ihn noch rechtzeitig vor der Schlacht holt, seine Tochter Bödwild zur Frau und die Hälfte seines Reiches.

„Bödwild Nidung Tochter" ist offensichtlich mit „Bödhild Nidud-Tochter" aus dem Wieland-Lied identisch.

Solche Siegessteine werden auch in den mittelalterlichen Schriften um 1200 n.Chr. erwähnt, also zur selben Zeit, in der auch die Edda niedergeschrieben wurde. In einem Buch über Edelsteine aus dieser Zeit wird berichtet, daß man solche Siegessteine im Bauch von Hähnen oder Schlangen finden kann, die bestimmte Merkmale aufweisen. Dazu finden sich folgende Verse:

ich höre von den steinen sagen	Ich hörte von den Steinen sagen,
die natern und kroten tragen,	die Nattern und Kröten in sich tragen:
daz grôze tugent dar in lige,	in ihnen sollen große Kräfte liegen,
swer si habe, der gesige;	denn wer sie besitzt, der wird auch siegen.
mohten daz sigesteine wesen	Sollten es Siegessteine gewesen sein,
sô solt ein wurm viel wol genesen,	dann wird es dem Wurm wohl ergangen sein,
ders in sînem lîbe trüge,	der sie in seinem Leibe hat getragen,
daz in nieman erslüge.	um sich zu schützen vorm Erschlagen.

In den Isländersagas wurden die Siegessteine manchmal auch in das Schwert eingearbeitet – vermutlich als Knauf. Angesichts der von König Nidung ausgelobten Belohnung müssen diese Steine ihren Besitzern sehr wichtig gewesen sein.

In der Isländersaga, die über König Vilkinus berichtet, stiehlt die Tochter von Sigurd ihrem Vater den Siegesstein und gibt ihn ihrem Geliebten Dietlieb.

Welent ritt los und kam im Morgenrot vor der Schlacht zurück. Der Truchseß des Königs wollte ihm zusammen mit sechs Männern jedoch den Stein abnehmen und ihn selber zu König Nidung bringen. Es kam zum Kampf und Welent tötete den Truchseß.
König Nidung erkannte nicht, was geschehen war und war zornig über Welent, der daraufhin davonritt. König Nidung besiegte das Wikingerheer und ritt wieder heim.

An diese Stelle gehört das am Anfang des Wölund-Liedes beschriebene Zusammentreffen und Zusammenleben von Wieland und seinen beiden Brüdern Egil und Slagfid mit den drei Walküren. Diese Szene wird in der Thidreksage jedoch nicht berichtet. Die Sage fährt an der Stelle fort, an der König Nidung Welent in seinem Haus in der Einsamkeit findet.

König Nidung suchte nach Welent und fand ihn schließlich und ließ ihn fesseln und an den Königshof bringen. König Nidungs Tochter Bödwild bedauerte Welent, aber die Königin riet Nidung, Welent die Kniesehnen und die Fußsehnen zu zerschneiden, da er so zornfunkelnd blicke.
Welent konnte jedoch fliehen und sann auf Rache. Er verkleidete sich und arbeitete als Koch in der Küche des Königs. Bödwild hatte jedoch ein spitzes Messer, das leise erklang, wenn sie damit in das Essen stach und mit dem Essen etwas nicht in Ordnung war. So wurde Welent entdeckt. Der König war sehr wütend und ließ Welent die Sehnen durchtrennen und auf eine Insel bringen, auf der er aus Gold und Silber viele kostbare Dinge für den König schmieden mußte.

Diese Verwandlungen erinnern sehr an das Werben des Odin um die Königstochter Rindr, wie sie Saxo grammaticus („Saxo der Schriftkundige") im Dritten Buch der Gesta danorum („Geschichte der Dänen") berichtet. In dieser Mythe verwandelt sich Odin zunächst in einen Krieger, dann in einen Schmied und schließlich in einen Heiler, um endlich zu Rindr zu gelangen und sich mit ihr vereinen zu können (siehe „Rindr" in Band 20).

Diese drei Gestalten des Odin entsprechen vermutlich auch den drei Brüdern Egil der Bogenschütze (Krieger), Wieland dem Schmied und Slagfid, der dann der Heiler entsprechen müßte.

die drei Brüder							
Stand	*Rigr*	*Asen*		*Wieland-sage*	*Siegfried-sage*	*Gesta Danorum*	*Märchen*
Krieger, Fürsten	Jarl	Woden	Odin	Egil	Fafnir	Odin als Krieger	Bogen-schütze
Priester, Heiler		We	Hönir	Slagfid	Oter	Odin als Heiler	Heiler
Bauern, Handwerker	Karl	Wili	Loki	Völund	Regin	Odin als Schmied	Schmied
Sklaven	Thräl						

Die Verwandtschaft der Wieland-Sage mit den Mythen des Odin findet sich an so vielen Stellen, daß man davon ausgehen kann, daß die Wieland-Sage als eine in den historischen Bereich übertragene Odin-Mythe ist, die wiederum als Urbild die damaligen Vorstellungen über das Jenseits und die Reise dorthin zusammenfaßten.

Diese Odin-Mythen werden wiederum zumindestens teilweise auf die Tyr-Mythen vor der Völkerwanderungszeit zurückgehen.

König Nidung hatte drei Söhne und eine Tochter, Bödwild. Die beiden jüngsten Söhne kamen zu Welent in die Schmiede, wo sie Welent überlistete, tötete und ihre Leichen verbarg.

Einige Zeit später kam Bödwild zu Welent, weil ihr Ring zerbrochen war. Er schmiedete ihren Ring neu, gab ihr Met zu trinken. Sie entbrannte in Liebe zu ihm und verbrachte drei Nächte mit ihm.

Im Wölund-Lied in der Edda ist nicht ganz deutlich, ob Welent Bödwild lediglich verführt, während in der Gesta danorum Odin Rindr eindeutig vergewaltigt. Die Liebesszene aus der Thidreksage wird das ältere Motiv bewahrt haben, da ihre Darstellung näher an dem ursprünglichen Motiv der Vereinigung der Toten mit der Jenseitsgöttin steht.

Die „drei Nächte" weisen wieder auf das Jenseits hin – wobei man nicht sicher sagen kann, ob die Zahl „3" noch bewußt und klar ein Symbol der Sonne und des Jenseits gewesen ist oder ob sie bereits zu einer allgemeinen, diffusen „magischen Zahl" geworden ist.

Zu dieser Zeit trat Welents jüngerer Bruder Egil in die Dienste des Königs Nidung. Um zu prüfen, ob er wirklich ein so guter Schütze sei, wie er von sich behauptete, ließ

er einen Apfel auf den Kopf von Egils drei Jahre alten Sohn legen und befahl Egil, den Apfel mit einem Pfeil herabzuschießen.
Dieser Schuß gelang Egil. Als König Nidung Egil frug, warum er drei Pfeile in der Hand gehalten habe und nicht nur einen, antwortete Egil ihm, daß er, wenn er seinen Sohn getroffen hätte, mit den anderen beiden Pfeilen ihn, den König, erschossen hätte. Egil gefiel dem König Nidung und er nahm ihn an seinen Hof auf.

Diese Szene blieb immer fester Bestandteil der deutschen Sagen. Sie verschob sich von Egil zu Dietrich von Bern und schließlich zu Wilhelm Tell. Möglicherweise geht sie noch weiter zurück zu dem Bogengott Ullr. Falls dies der Fall sein sollte, könnte die Kombination von Vater, Sohn und Apfel etwas mit der Wiedergeburtssymbolik zu tun gehabt haben, da die Äpfel der Idun bei den Germanen wie der Göttermet das Mittel waren, durch das die Asen ihre ewige Jugend erhielten.
Aber dieser Ursprung des Apfel-Schützen-Motivs ist nur eine unsichere Vermutung.

Welent und Bödwild trafen sich wieder und gelobten einander die Treue. Welent sagte zu ihr, daß sie, wenn sie einen Sohn gebären sollte, ihm, wenn er erwachsen sei, das Schwert Mimung und die Waffen zeigen solle, die er für ihn geschmiedet und gut verborgen habe.

In diesem Motiv wiederholt Welent das Herausholen des Schwertes seines Vaters Wadi aus dessen Hügelgrab. Solch ein zyklischer Vorgang ist ein recht sicherer Hinweis darauf, daß es sich um eine Sonnen-Mythe, also um eine alte Tyr-Mythe handelt.
Auch diese Szene findet sich in ähnlicher Form in der Siegfriedsage, in der Siegfried von seiner Mutter die Bruchstücke des Schwertes Gram überreicht bekam, das sein Vater von Odin erhalten hatte.

Er ließ sich von seinem Bruder Egil Federn beschaffen und schuf sich daraus ein Federkleid, das einem Geier ähnlich sah. Dann verabredete er mit Egil, daß er sich unter seine linke Achsel eine Blase mit Blut binden werde, auf die Egil schießen solle, wenn ihm König Nidung befehlen sollte, auf Welent zu schießen.
Welent flog auf den höchsten Turm des Königshofes und rief nach dem König. Dort verlangte Welent von dem König, daß er der Frau und dem Kind des Welent keinen Schaden zufügen würde. Als ihm Nidung dies geschworen hatte, sagte Welent ihm, daß er seine beiden Königssöhne getötet und die Königstochter geschwängert habe. Da befahl König Nidung dem Egil auf Welent zu schießen. Egil traf mit seinem Pfeil die blutgefüllte Blase unter Welents linker Achsel, so daß das Blut herauslief, doch Welent flog lachend davon.

Welents vorausschauende Art, mit der er Bödwild, ihr gemeinsames ungeborenes

Kind und auch seinen Bruder Egil schützt, ist beachtlich.

Bödwild gebar einen Sohn mit Namen Wittig. Bald darauf starb König Nidung und sein dritter Sohn Otung wurde der neue König. Als Welent auf seinem Hof in Seeland davon hörte, schickte er eine Botschaft nach Jütland zu König Otung mit der Bitte um Frieden und Versöhnung, was ihm König Otung auch gewährte.

Welent reiste nach Jütland, wo er Bödwild heiratete und seinen dreijährigen Sohn in die Arme nehmen konnte. König Otung heiratete Welents Schwester.

Als er herangewachsen war, erhielt er das Schwert Mimung und die anderen Waffen, die Welent für ihn geschmiedet hatte. Er wurde ein berühmter Ritter. Welent beriet seinen Sohn Wittig in vielen Dingen.

Sowohl Egils Sohn als auch Welents Sohn ist drei Jahre alt. In diesen beiden Fällen ist die „3" möglicherweise ein Hinweis auf die Wiedergeburt der Sonne, da die „3" stets den Zyklus des Todes und der Wiedergeburt der Sonne bezeichnet.

Die Reisen des Wieland klingen nicht so, als ob er durch durchschnitte Kniesehnen behindert gewesen wäre – zumindestens wird darauf nicht besonders hingewiesen. Es hätte eigentlich nahegelegen, statt des Wortes „reisen" evtl. einen Ausdruck wie „Gefahrenwerden in einem Wagen" oder „fliegen als Vogel" zu benutzen.

I 5. Runenstein von Ardre

Die Überquerung des Sundes aus der Thidreksage findet sich möglicherweise auf einem der Runensteine aus Ardre dargestellt. In der Sage werden allerdings nicht die auf ihm dargestellten beiden Pferde, der unten liegende Mann und die Schlangen erwähnt, sodaß es sich entweder um eine komplexere Variante dieser Sund-Überquerung oder doch um ein anderes Motiv handeln muß. Die beiden Pferde könnten die Alcis-Zwillinge sein, aus denen später Odins „Doppelpferd" Sleipnir wurde.

Runenstein von Ardre: Mann, der ein Kind trägt (Wadi mit Wieland?)

I 6. Wieland in dem Lied „Deor"

Um ca. 950 n.Chr. wurde von den Angelsachsen das Gedicht „Deor" verfaßt, das über Wieland berichtet. König Nidud wird in diesen Versen „Nithad" genannt und Bödwild „Beadohilde". In dieser Form läßt sich deutlicher erkennen, daß sich der Name der Königstochter aus „Beado" (germanisch: „badja") für „Bettgenossin" und aus „hild" für „Kampf" zusammensetzt.

Der „Kampf mit der Bettgenossin" könnte eine erotische Anspielung sein. Falls dies zutreffen sollte, wird „Beadohilde" wohl eher ein Beiname der Liebes- und Wiederzeugungsgöttin Freya als ein normaler Frauenname gewesen sein. Dies würde der bisherigen Deutung der Bödwild entsprechen.

Wieland schmeckte Verzweiflung, als er bei den Schlangen lag.
Der Held mit dem starken Herzen ertrug das Leiden,
hatte Sorgen und Sehnsucht als seine Begleiter –
eisig kalt wie der Winter – er fand viele Schmerzen.
Einst legte ihm Nithad Fesseln an:
biegsame Sehen-Bänder an den Mann, der besser war als er.

Dies geschah – und so wird sich auch das nächste ereignen und vorübergehen.

Für Beadohildes Herz war der Tod ihrer Brüder
nicht so schmerzhaft wie ihr eigenes Problem:
sie hatte schnell erkannt,
daß sie schwanger war; und sie konnte auch in keiner Weise
vorhersehen, wie sich die Dinge entwickeln würden.

Dies geschah – und so wird sich auch das nächste ereignen und vorübergehen.

Als neue Information findet sich hier, daß Wieland anscheinend von König Nithad in eine Schlangengrube o.ä. gesperrt wurde. Dies erinnert daran, daß Gunnar in einer Schlangengrube starb und daß sich Odin in eine Schlange verwandelte, als er in das Jenseits reisen wollte. Da die Schlangen bei den Germanen ein weitverbreitetes Bild für die Seelen der Toten auf ihrem Weg ins Jenseits bzw. für die Toten in ihren Hügelgräbern waren, wird das Bild der Schlangengrube wohl der Insel Säwarstad entsprechen und ein Bild für Wielands Aufenthalt in der Unterwelt sein.

Letztlich wird die „Schlangengrube" die Grabkammer in einem Hügelgrab, in der der Geist des Toten in der Gestalt einer Schlange wohnt, sein.

Im Gegensatz zu Gunnar scheint Wieland in der Grube jedoch nur gelitten zu haben, aber nicht dort gestorben zu sein – zumindestens berichtet das Deor-Lied und auch das Völund-Lied und die Thidreksage nichts von einem gewaltsamen Tod des Wieland.

Die „Sehnsucht" in den Versen des Deor-Liedes könnte bedeuten, daß Wieland nach seiner Vereinigung mit Bödwild in der Schlangengrube lag – vermutlich wurde er von König Nidud dort hineingeworfen. Es wäre denkbar, daß ihn Bödwild schließlich befreit hat.

Die Folge in der Erzählung über Odin und Gunnlöd läßt es jedoch wahrscheinlich erscheinen, daß es auch im Deor-Lied ursprünglich die Motiv-Folge „Schlange (Jenseitsreise) – Vereinigung (Wiederzeugung) – Met (Ritual) – Vogel (Wiedergeburt)" gegeben hat.

Da im Völund-Lied allerdings bereits der Met vom Göttertrank zum Verführungs-Hilfsmittel umgedeutet wurde, ist es auch gut denkbar, daß die Schlangengruben-Szene an eine andere Stelle geraten und umgeformt ist. Die Schlangengrube könnte zwischen der ursprünglichen Jenseitsreise-Mythe (Odin /Gunnlöd) und der Wieland-Sage von einem Jenseitstor zu einer Folter des Wieland durch König Nidud geworden sein, die dann in einem weiteren Schritt zum Durchtrennen von Wielands Sehnen und seiner Aussetzung auf der Insel Säwarstad umgedeutet worden ist.

In diesem Lied scheint Wieland mit Sehen gefesselt worden zu sein anstatt daß ihm die Sehnen durchgetrennt wurden.

vermutete Entwicklung des Schlangen-Motivs in der Wieland-Sage	
Odin-Mythe	Odin reist als Schlange in den Berg (Hügelgrab/Jenseits) zu Gunnlöd
Deor-Lied	der König foltert den mit Sehen gefesselten Wieland in einer Schlangengrube (Jenseits)
Wieland-Lied	der König durchtrennt Wielands Sehnen und setzt ihn auf einer Insel (Jenseits) aus

Diese Jenseitssymbolik bedeutet nicht unbedingt, daß Wieland von den Germanen um 1200 n.Chr. noch als ein Schmied im Jenseits aufgefaßt worden ist, sondern zeigt lediglich, daß in der Wieland-Sage die Jenseitssymbolik verwendet worden ist. Dies könnte einfach daran liegen, daß diese Symbolik damals die ganzen religiösen Vorstellungen der Germanen geprägt hat.

In ähnlicher Weise hat z.B. auch die katholische Messe die Musik des Mittelalters geprägt, in der sehr viele musikalische Werke in der Struktur der Eucharistie aufgebaut wurden.

I 7. Gosforth-Kreuz

Der Schmied Wieland ist auf dem Gosforth-Kreuz zusammen mit anderen mythologischen Gestalten dargestellt worden.

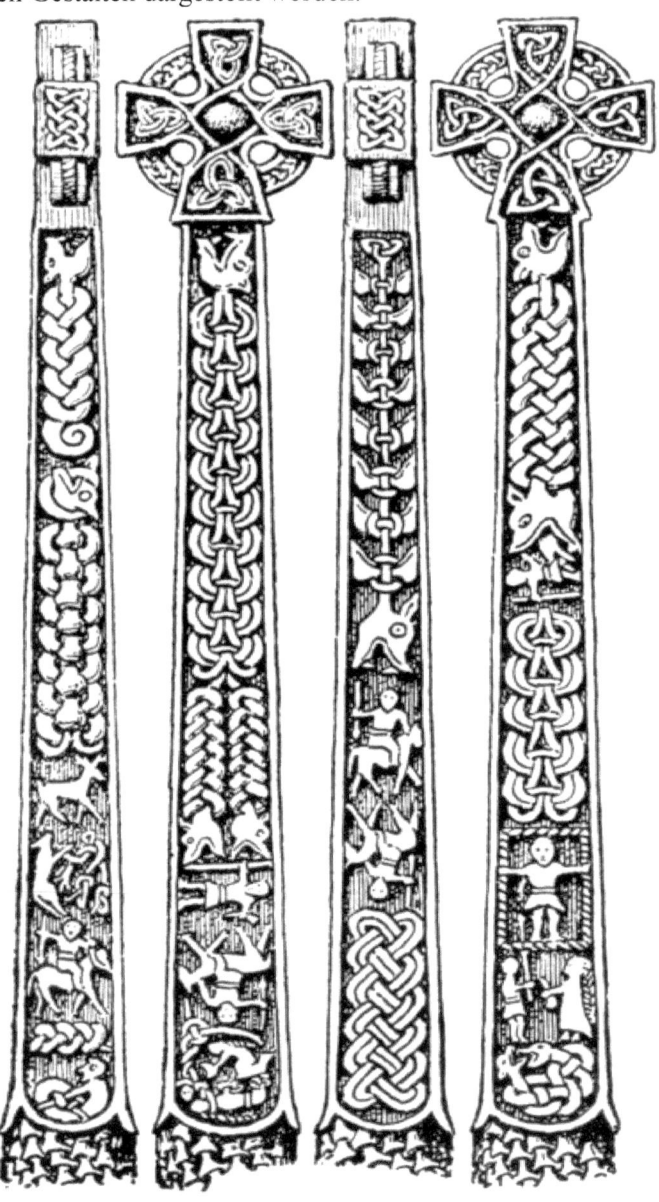

Auf den vier Seiten dieses Kreuzes sind die in der folgenden Liste aufgeführten Motive zu sehen, die in derselben Weise wie auf der Abbildung angeordnet sind:

Kreuz	Kreuz	Kreuz	Kreuz
stilisierter Wolf	stilisierter Wolf	stilisierter Wolf	stilisierter Fenrir-Wolf und Widar
stilisierter Wolf	zwei stilisierte Wölfe	zwei Reiter	Flechtmuster
Hirsch	Mann mit Speer und Trinkhorn (ein Toter?)	Flechtmuster	Wieland im Jenseits oder Gunnar in der Schlangengrube (= Hügelgrab)
Wolf	Reiter		Mann und Frau mit Trinkhorn (Wieland und Bödwild?)
Reiter (Odin?)	gefesselter Loki in der Hel mit Sif		zwei Schlangen
Flechtmuster			
Mann (gefesselt? Loki)			

I 8.   Sigurd/Siegfried

In die Erzählung über diesen Held sind viele Motive aus den Mythen des Tyr übernommen und in den Bereich der Sage übertragen worden. Auch dieser Held macht eine Schmiedelehre.

Siehe dazu „Sigurd/Siegfried" in Band 38.

Das Schmiede-Motiv ist offenbar vor der Völkerwanderungszeit recht fest mit dem Göttervater Tyr in der Unterwelt verbunden gewesen, da es in den späteren Mythen gleich vier „Zweige" dieses Motives gibt:

> Tyr => Geirröd
> Tyr => Wieland/Welent
> Tyr => Odin
> Tyr => Odin => Sigurd/Siegfried

I 9.   Hrolf Kraki und seine Berserker

Wieland war geradezu der sprichwörtliche Meisterschmied – was bei einem Göttervater-Schmied nicht verwunderlich ist:

König Frodi hatte zwei Schmiede, die geradezu Wielande ihres Handwerks waren.

I 10. Wieland im Waltharis-Lied

In diesem um ca. 950 n.Chr. verfaßten Lied wird Wieland in zwei Zeilen erwähnt:

Et nisi duratis Wielandia fabrica giris
Obstaret, spisso penetraverit ilia ligno.

Und wenn Wielands Werk, das aus gehärteten Ringen geschaffen wurde, nicht gehalten hätte,
dann hätte er ihn (Walther) *mit gehärtetem Holz durchbohrt.*

In diesen Zeilen wird Wieland nicht als der Schmied des Schwertes Mimung, sondern als der Schmied der Rüstung des Walther besungen. Dieser „Ritter Walther" ist Wielands Sohn Wittig.

I 11. Wieland im Waldere-Lied

Das Waldere-Lied wurde um ca. 1050 in England niedergeschrieben. Dieses Lied ist eine Variante des Waltharis-Liedes. „Waldere" ist derselbe Name wie „Walter".
In diesem Lied wird an einer Stelle Welent als der Schmied des Schwertes Mimung erwähnt:

Denn Wielands Werk wird nicht im Stich lassen
den Mann, der Miming, das Harte,
halten kann. Oft fiel durch dieses Schwert
blutschwitzend und wund ein Krieger nach dem anderen.

I 12. Thorsdrapa

Dieses Lied wurde von dem Skalden Eilifir Godrunason um ca. 985 n.Chr. verfaßt. Er beschreibt darin ein Bild, das sich vermutlich auf einem Schild befindet und das die Fahrt des Thor, des Loki und des Thialfi nach Geirrödsgard zu dem Tyr-Riesen Geirröd, der als Schmied arbeitet, beschreibt.

In der in diesem Lied beschirebenen Mythen des Tyr-Riesen Geirröd hat sich das Schmiede-Motiv erhalten. In Thors Kampf mit dem Riesen Geirröd wirft Geirröd mit einem glühenden Stück Eisen nach Thor, aus dem dann Thors Hammer wird.

Dies ist eine Umdeutung des Neuschmiedens des Tyr-Schwertes durch Tyr-Wieland in der Unterwelt, die dadurch entstanden ist, daß Odin und Thor nach der Absetzung des Tyr als Göttervater während der Völkerwanderungszeit fast alle Motive aus den Mythen des Tyr in ihrem eigenen Sinne umgedeutet und in ihre eigenen Mythen eingebaut haben.

Das vollständige Lied findet sich in dem Band 17 über Thor, in dem Kapitel „Geirröd" in Band 5 und in dem Band 78 „Frühe Skalden-Lieder".

Der Sohn der Erde sprach nur selten,
aber die Männer des Baus
des Fjord-Apfels unterbrachen
nicht ihr Bier-Fest.

Der Ägir des Eschen-Seiles,
Sudris Verwandter, stieß mit einer Zange
ein Häppchen, das in der Esse gekocht worden war,
gegen den Mund von Odins Kummer-Dieb.

Der „*Sohn der Erde*" ist Thor: Er ist der Sohn des Odin und der Erdgöttin Jörd/Fjörgyn.

Die Worte „*er sprach nur selten*" könnten bedeuten, daß Thor das „*Bier-Fest*" nicht gefiel – was eine recht ironische Umschreibung des Kampfes zwischen Thor und den Riesen wäre. An dieser Stelle könnten die den Versen des Eilifir Godrunason lauschenden Wikinger gegrinst und einen Schluck von ihrem Bier oder Met getrunken haben.

Der Skalde Eilifir war offenbar sehr um eine gute Stimmung unter seinen sicherlich nicht zart besaiteten Zuhörern bemüht.

Der „*Fjord-Apfel*" ist vermutlich die Insel oder die Landzunge in dem Fjord, auf dem sich der „*Bau*", d.h. die Höhle der Riesen befand. Die Riesen werden durch die Verwendung des Wortes „Bau" („Höhle eines Fuchses o.ä.") als „Tiere" bezeichnet.

Es wäre denkbar, daß die Kenning „*Fjord-Apfel*" eine Assoziation zu den lebengebenden Äpfeln der Idun hervorrufen sollte. Die Germanen gaben ihren Toten manchmal Äpfel mit in das Jenseits, die wohl wie die Äpfel der Idun das Weiterleben der Toten im Jenseits sichern sollte.

Man kann somit mit einiger Berechtigung vermuten, daß die Germanen wie die Kelten aus dem „Totenreich jenseits des Großen Wassers" und den „magischen Äpfeln der Göttin in der Unterwelt" das Bild einer „Apfelinsel" (Kelten: „Avalon") erschaffen haben: den *„Fjord-Apfel"*.

Die *„Männer der Höhle"* sind die Riesen. Da die Hügelgräber oft auf Landzungen oder zumindestens in der Nähe des Meeres errichtet wurden, da das Totenreich „jenseits des Großen Wassers lag", könnte diese „Höhle" auch eine Heiti für ein Hügelgrab sein. Diese vielfältigen Assoziationsmöglichkeiten werden durchaus beabsichtigt gewesen sein, da sie vielfältige Assoziationen und Gefühle in den Zuhörern hervorrufen konnten. Und das Hervorrufen von Gefühlen ist noch heute das wichtigste Merkmal eines erfolgreichen Liedes ...

Ein *„Eschen-Seil"* ist ein Speer. *„Eschen-Seil"* ist wieder eine „gekürzte Kenning", da sie hier keinen Speer, sondern einen mit einem Speer oder Bogen bewaffneten Krieger bezeichnet. „Ägir" („Meer") ist Tyr als Riese in der Wasserunterwelt. Der „Speer-Ägir" ist Geirröd.

„Eschen-Seil" läßt sich jedoch auch als die Sehne an einem Bogen aus Eschenholz verstehen. Der *„Erschrecker der Bogensehne"* wäre dann derjenige, der einen Pfeil abschießt und dadurch die Sehne erzittern läßt – also ebenfalls ein Krieger. Dieser Krieger ist dann ebenfalls Geirröd.

„Sudri" ist einer der vier Zwerge, die die Himmelskuppel, d.h. den Schädel des Urriesen Ymirs tragen. Daß der Riese Geirröd hier als „Sudris Verwandter" bezeichnet wird, zeigt, daß Riesen und Zwerge recht ähnliche Wesen gewesen sein müssen: Totengeister („dwergaz"). In den frühen Texten gibt es keinerlei Hinweise darauf, daß die Zwerge klein gewesen sind – die Riesen waren eher „besonders große Totengeister".

Es erscheint auch nicht sehr plausibel, daß die vier Wesen, die den Himmel trugen, besonders klein waren – man sollte sie eher für besonders groß halten. Auch in den Mythen anderer indogermanischer Völker wird der Himmel von einem Riesen (Griechen: Atlas; Hethiter: Ullikummi) oder einem Gott (z.B. Inder: Skambia) getragen.

Das *„Häppchen, das in der Esse gekocht worden war"*, ist ein Stück glühendes Metall. Die Riesen sind hier wie die Zwerge Schmiede. Geirröd reicht hier dem Thor einen „Empfangs-Imbiß" – allerdings keinen sehr freundlichen. Diese Szene wird eine Anspielung auf die Gastfreundschafts-Bräuche der Germanen sein.

Der *„Kummer-Dieb"* ist die Freude. *„Odins Freude"* ist Thor.

„Kenning-freie Übersetzung" der Strophe: *„Thor war wütend, aber die Riesen beendeten nicht den Kampf. Geirröd nahm mit einer Zange ein Stück glühendes Metall und stieß es gegen Thors Kopf."*

*Der Unterdrücker der Verwandten
der nachts umgehenden Frauen riß den Mund
seines Armes weit auf und schnappte das schwere,
rote Häppchen in dem Seegras der Zange.*

Diese Halbstrophe (vier Zeilen) ist aus der Edda ergänzt – die andere Halbstrophe fehlt.

Die *„nachts umgehenden Frauen"* sind die Riesinnen, die hier offensichtlich als Gespenster und vielleicht auch als Zauberinnen angesehen wurden. Es gab offenbar einen fließenden Übergang zwischen Riesinnen, Troll-Frauen, Totengeistern, Seherinnen, Zauberinnen und Nornen. Sie wurden auch „Abend-Reiterinnen", „Nacht-Reiterinnen" und „Hag-Sitzende" („hagazussa") genannt. Aus der letzten dieser Bezeichnungen hat sich dann das deutsche Wort „Hexe" entwickelt.

Die *„Verwandten der Riesinnen"* sind die Riesen – eine „Minimal-Kenning" ... Der *„Unterdrücker der Riesen"* ist Thor.

Der *„Mund des Armes"* ist die Hand.

Das *„rote Häppchen"* ist das glühende Stück Metall. Es ging heiß her bei diesem Kampf ... und Geirröd war offenbar gerade mit einer Schmiedearbeit beschäftigt. Da Geirröd ein Beiname des Tyr gewesen ist, wird er vermutlich gerade sein Schwert neugeschmiedet haben.

„Seegras" könnte eine Heiti für Metall sein, da „Kriegs-Gras" eine Kenning für „Brünne, Rüstung" gewesen ist. Vielleicht liegt diesen bildhaften Ausdrücken die Assoziation zwischen dem Gras und den im Kampf verschossenen Pfeilen und den geworfenen Speeren zugrunde, die „dicht wie Gras" niederprasseln. Es wäre auch denkbar, daß man die Rüstungen den aus Binsen geflochtenen Körben verglich. Es könnte auch eine Assoziation zu dem geopferten Gold in den tiefen Wassern bestanden haben.

Die Umschreibung *„Seegras der Zange"* kann sich entweder auf die Greifbacken der Zange beziehen oder einfach „metallene Zange" bedeuten.

Der *„Vermehrer der Schlacht"* ist Thor.

*So trank der schnelle Vermehrer der Schlacht,
Thröngs alter Freund, gierig
den erhobenen Trunk des geschmolzenen Klumpens
in der Luft mit dem schnellen Mund seiner Hände.*

*Die zischende Schlacke flog
von der feindlichen Brust des Griffes
des inbrünstigen Liebhabers von Hrimnirs Mädchen
zu dem, der Thrudr sehr vermißt.*

„*Thröng*" („Gedränge") ist ein Beiname der Göttin Freya, der sich vielleicht auf die Vielzahl der Toten, die sich bei ihr befinden, bezieht. Diese Deutung ist aber recht unsicher. „*Thröngs alter Freund*" ist offensichtlich Thor – es ist den Mythen ansonsten nichts von einer besonderen Freundschaft zwischen diesen beiden Asen bekannt.

Das „*Trinken des erhobenen Trunkes*" ist ein eine Umschreibung für „zugreifen". Das Bild des Kampfes, in dem Geirröd ein Stück glühendes Metall mit der Zange erfaßt hat und gegen Thor als Waffe benutzt, wird hier mit den Bildern eines Bier-Festes beschrieben.

Der „*Mund der Hände*" ist die Handinnenfläche, in der das Ergriffene liegt wie das Abgebissene im Mund. Dies Bild bezieht sich auf das hier verwendete Bierfest-Gleichnis: Bei einem solchen Fest trinkt (ergreift) der Mund (Hände) das Bier (glühendes Metall). Dieses Bild könnte den Wikingern ein verständnisvolles Schmunzeln entlockt haben, da auch schon bei ihnen die Feste, an denen reichlich Alkohol getrunken wurde, ab und zu in Prügeleien ausgeartet sein werden.

Die „*Brust*" ist die Vorderseite des Körpers. Die „*Brust des Griffes*", also die „*Brust der Hand*" ist demnach die Handinnenfläche.

„*Hrimnir*" ist ein Riese. „*Hrimnirs Mädchen*" sind daher Riesinnen. Die „*Liebhaber der Riesinnen*" sind die Riesen.

„*Der, der Thrudr sehr vermißt*" ist Thor, da Thrudr die Tochter des Thor und der Sif ist. Warum er sie „*sehr vermißt*", ist allerdings unklar – diese Formulierung würde besser passen, wenn Thrudr die Geliebte des Thor gewesen wäre. Vermutlich ist in den gut 200 Jahren zwischen dem Verfassen der Thorsdrapa und der Niederschrift der Edda die Rolle der Thrudr in Bezug auf Thor umgedeutet worden.

Diese Kampfszene findet sich auch in der Prosa-Edda beschrieben, in der Geirröd mithilfe der Zange das Glutstück nach Thor wirft. Diese ungewöhnliche Kampfszene muß also von Bedeutung gewesen sein.

Der Skalde Eilifir hat keine Möglichkeit ausgelassen, um die Aufmerksamkeit seiner Zuhörer zu fesseln. In den letzten drei Halbstrophen hat er mehrere Umschreibungen benutzt, die auch als sexuelle Anspielungen aufgefaßt werden konnten.

Die Worte „*der Unterdrücker der Verwandten der nachts umgehenden Frauen*" lassen sich genausogut auch als „*der Stoßende an der Geburtsöffnung der nachts umgehenden Frauen*" übersetzen.

Die Worte „*Verwandte der nachts umgehenden Frauen*" können zudem auch als „*der den nachts umgehenden Frauen gut bekannte Knochen*" gelesen werden – wobei „*Knochen*" eine Heiti für „Penis" ist. Diese Doppeldeutigkeit wird aber vermutlich nicht so offensichtlich gewesen sein wie die vorige.

Auch die Kenning „*Thröngs alter Freund*", also „Freyas guter Freund", die etwas ungewohnt ist, weil Thor sonst nirgendwo als „Freyas Freund" bezeichnet wird, läßt sich noch auf eine andere Weise verstehen: „Thröng" bezeichnet auch eine enge Stelle und kann daher, nachdem Eilifir die Phantasie seiner Zuhörer bereits zu sexuellen

Vorstellungen gelenkt hatte, auch als „Vagina" verstanden werden – zumal Freya, die hier mit „Thröng" umschrieben wird, u.a. die Liebesgöttin war. Der „alte Freund" der „Thröng" wäre dann der Penis. Diese Assoziation wird noch dadurch verstärkt, daß das germanische Adjektiv „lang" nicht nur „lange Zeit andauernd", sondern auch wörtlich „lang" bedeutet.

Diejenigen unter den Zuhörern, die bis zu diesem Punkt die sexuellen Anspielungen noch nicht bemerkt hatten, dürften spätestens bei der Kenning „*inbrünstiger Liebhaber von Hrimnirs Mädchen*" auch zu erotischen Assoziationen gelangen. Diese Kenning ist also nicht so schlicht und bedeutungslos, wie sie auf den ersten Blick erscheinen mag.

Die Parallelstellung von Thor und Geirröd in dem letzten Doppelvers läßt vermuten, daß auch Thors Sehnsucht nach Thrudr erotisch gemeint ist: „*... des inbrünstigen Liebhabers von Hrimnirs Mädchen ... dem, der Thrudr sehr vermißt.*" Hier wird unter dem Tarnmantel von zwei für die Beschreibung des Kampfes zwischen Thor und Geirröd benötigten Kenningar erst auf die Vereinigung von Hrimnir mit seinen Mädchen und dann auf die des Thor mit Thrudr hingewiesen.

„Kenning-freie Übersetzung" der Strophe: „*Thor schnappte mit seiner Hand das Glutstück, daß Geirröd mit seiner Zange auf Thor warf.*"

Die Halle des Thrasir wurde erschüttert,
als der breite Kopf des Heide-Königs
unter das uralte Bein der Mauer
des Fußboden-Bären gedrückt wurde.

Der ruhmvolle Stiefvater des Ullr
warf den verletzenden Dorn
mit großer Kraft in die Mitte des Gürtels des Leibeigenen
des Zahnes des Weges der Angelschnur hinab.

Der Name „*Thrasir*" bedeutet „der Sehnsüchtige" („der nach etwas strebt/verlangt und etwas liebt"). Dies muß entweder ein Beiname des Geirröd oder eine Heiti für ihn sein, da die „*Halle des Thrasir*" offensichtlich die Höhle dieses Riesen bezeichnet. Der Name „*Thrasir*" erinnert an die beiden Menschen Lif („die Lebende") und Lifthrasir („der das Leben liebende"), die die beiden Überlebenden des Ragnarök waren. Ob es einen Zusammenhang zwischen diesen beiden Menschen und dem Riesen Thrasir gibt, ist allerdings unklar. Vielleicht ist „Thrasir" auch nur eine Anspielung auf die Geirröd-Kenning „*inbrünstiger Liebhaber von Hrimnirs Mädchen*".

„*Heidrek*" („Licht-König") war ein Königssohn in den Isländersagas, der von seiner Mutter Hervor das magische Schwert Tyrfing („Tyr-Finger") erhalten hatte, das von zwei Zwergen hergestellt, aber auch verflucht worden war. Sowohl Heidrek als auch Geirröd haben ihren Ursprung in dem ehemaligen Sonnengott-Göttervater Tyr.

Die Kenning *„Fußboden-Bär"* für Geirröd ist eindeutig ein Spott, denn sie beinhaltet die Aussage, daß die Riesen kein Lager haben, sondern wie Bären auf dem Fußboden in ihren Höhlen schlafen.

Die *„Mauer des Fußboden-Bären"*, d.h. die *„Mauer des Riesen"* ist die Wand der Höhle des Geirröd. Das *„Bein der Höhlenwand"* ist die Säule in der Höhle des Geirröd, von der auch Snorri Sturluson in der Edda berichtet. Das Verstehen dieser Kenning wird für die Zuhörer des Skalden Eilifir nicht schwer gewesen sein, da sie diese Mythe bereits gut kannten.

Es ist seltsam, daß Geirröds Kopf *„unter"* die Säule gedrückt wurde – eigentlich sollte man erwarten können, daß sich Geirröd (wie in der Edda berichtet) *„hinter"* der Säule zu verstecken versuchte. Seinen Kopf verbarg er möglicherweise deshalb, weil er vorher versucht hatte, mit dem glühenden Metallstück Thors Gesicht zu treffen.

Das Wort „gedrückt" steht in der Thorsdrapa im Passiv – es ist zunächst nicht deutlich, ob der Kopf von Thor oder von Geirröd selber „unter" die Säule gedrückt wird. Aus dem Zusammenhang und auch aus der Edda ergibt sich jedoch, daß Geirröd seinen Kopf verbirgt.

Das *„uralte Bein der Mauer des Fußboden-Bären"* ruft die Assoziation hervor, daß die Riesen wie Bären sind. Falls Eilifir dieses Bild auch bei Geirröds Verbergen hinter der Säule benutzt haben sollte, dann würde sich Geirröd wie ein Bärenjunges hinter den Beinen seiner Mutter, d.h. *„unter"* ihr verborgen haben, Geirröd würde dadurch auch „unten" vor Thor liegen, sodaß er das Metallstück auf den Riesen „hinabwerfen" konnte – so wie es in der Strophe beschreiben wird.

Diese Szene wird bei den Zuhörern des Skalden Eilifir vermutlich eine Assoziation zu ihren eigenen Wohnungen ausgelöst haben, da die Mittelsäule in den germanischen Langhäusern der Wohnort des Hausherrn gewesen ist, dessen Sitz sich vor dieser Säule befand. Das Töten des Geirröd an dem Sockel des Mittelpfeilers durch Thor beinhaltet das Bild, daß Thor den Riesen „zu seinen Ahnen (in der Säule/Unterwelt) sendet". Die Mittelsäule ist auch der Platz des Hausherrn – der im Falle des Riesen Geirröd jedoch nicht stolz vor dieser „Säule seiner Ahnen" saß, sondern sich ängstlich hinter ihr verbarg.

Die *„Säule"*, hinter der sich Geirröd versteckt, ist symbolisch gesehen auch der Weltenbaum – eine Variante der Irmin-Sul.

Der *„Stiefvater des Ullr"* ist Thor. Ullrs Eltern sind Loki und Thors Frau Sif.

Ein *„Dorn"* ist das Verschluß-Stäbchen an einem Gürtel oder an einer Fibel. Hier scheint dieser „Dorn" jedoch ein Wurfgeschoß zu sein, das Thor benutzt.

Da ansonsten der Hammer die typische Waffe des Thor ist, wird das Wort „Dorn" an dieser Stelle eine Heiti für das Glutstück sein, daß Thor aufgefangen hatte und das er Snorri Sturluson zufolge durch die Säule und durch den Riesen Geirröd hindurch wirft. Dazu paßt, daß „Dorn" auch eine Umschreibung für „Schwert" gewesen ist.

Hier ist wieder eine der Gegensatz-Parallelstellungen zu sehen, die von den Skalden sehr geschätzt wurde: Erst wirft Geirröd das Glutstück mit wenig Kraft nach Thor und dann wirft Thor dasselbe Glutstück mit mächtiger Kraft nach Geirröd. In beiden Fällen wird das germanische Verb „ljosta" benutzt, das „schlagen, stoßen, werfen" bedeutet. Da Thor jedoch nicht nur „wirft" sondern „nach unten wirft" („laust nidr") und es im Isländischen die Redewendung „der Blitz schlägt nieder" („eldingu laust nidur") gibt, wird hier wohl darauf angespielt, daß das Glutstück wie ein Blitz auf den sich am Boden hinter der Säule verbergenden Geirröd niederschlägt – schließlich ist Thor der Donnergott …

Das Glutstück ist Tyr-Geirröds Schwert – und es wird von Thor benutzt, um mit ihm den Riesenkönig wie mit einem Blitz zu töten.

Der *„Weg der Angelschnur"* ist ein Fluß oder das Meer. Der *„Zahn des Flusses/ Meeres"* klingt zwar ein wenig nach „Angelhaken", aber es wird wohl eine Landzunge an der Küste gemeint sein, da dies in den frühen Skalden-Liedern oft der Wohnort der Riesen ist. Der *„Leibeigene der Landzunge"* ist daher eine verächtliche Bezeichnung eines Riesen. Die Bezeichnung des Geirröd als „Leibeigener" steht im Gegensatz zu seiner Bezeichnung als *„Heidrek"* („Licht-König")" des Riesen.

Eine Weiterentwicklung dieser Kampf-Szene findet sich in der Saga über Thorstein Haus-Macht (siehe Band 79).

„Kenning-freie Übersetzung" der Strophe: *„Geirröds Halle wurde erschüttert, als sein breiter Kopf unter die Säule in der Halle gebracht wurde. Thor warf das Glutstück durch den Bauch des Geirröd."*

Der Wütende schlachtete die Nachkommen des Glaumr
mit seinem blutigen Hammer.
Der Schlächter der häufigen Besucher
der Halle der Herdstein-Synjar war siegreich.

Mangel an Unterstützung behinderte nicht
den Pfosten des Bogens,
den Gott des Streitwagens,
der den Bankgenossen des Riesen Kummer bereitete.

Der *„Wütende"* ist Thor. Seine „Wut" könnte eine Kampfekstase bezeichnen.

„Glaumr" („Lärm, Donner, Tumult") war ein nicht näher bekannter Riese. Die *„Nachkommen des Glaumr"* sind die Riesen als Gruppe.

In der Prosa-Edda wird berichtet, daß Loki Thor dazu überredete, seinen *„Hammer"* daheim zu lassen. Dies war ein Teil der Bedingungen des Geirröd für die Freilassung des von ihm gefangengenommenen Loki.

Das glühendes Stück Eisen, das Geirröd mit einer Zange aus einer Esse genommen hat und dieses Thor ins Gesicht geworfen hat, wird daher wohl Thors Hammer sein. Thors Hammer ist in dieser Szene, da Geirröd der Göttervater Tyr als Schmied seines eigenen Schwertes in der Unterwelt ist, eine Umdeutung des Schwertes des Tyr.

Zu dieser Deutung würde passen, daß das Glutstück drei Strophen zuvor als *„schwer"* bezeichnet wurde – was für Thors Hammer sicherlich zutreffen wird.

Der Blitz ist in den indogermanischen Mythologien manchmal auch ein Donnerkeil, der von dem Donnergott zur Erde geschleudert wurde.

In diesem Bericht über Thors Reise nach Geirrödsgard wird beschrieben, auf welche Weise Thor seinen Hammer erlangt hat – aus Tyr-Geirröds Schwert wird Thors Hammer. In einer späteren Mythe wird erzählt, daß die beiden Zwerge Sindri und Brock Thors Hammer Mjöllnir zusammen mit anderen magischen Gegenständen geschmiedet haben.

I 13. Geirröd in der Edda

In der Edda wird diese Geschichte folgendermaßen erzählt:

Und Bragi antwortete: „Es ist es wert, ausführlich zu erzählen, wie Thor zu der Halle des Geirröd fuhr.
Zu dieser Zeit hatte er seinen Hammer Mjöllnir nicht bei sich und auch nicht seinen Stärkegürtel und auch nicht seine eisernen Handschuhe – und dies ist die Schuld des Loki, der mit ihm ging, denn einst, als Loki zu seiner Kurzweil mit Friggs Falkenhemd ausgeflogen war, geschah es, daß er aus Neugierde nach Geirrödsgard flog, wo er eine große Halle sah. Dort ließ er sich nieder und sah ins Fenster.
Aber Geirröd erblickte ihn und befahl, den Vogel zu fangen und ihm zu bringen. Der Ausgesandte gelangte nur mit viel Mühe die Hallenwand hinauf, die sehr hoch war. Loki ergötzte sich daran, wie dieser Mann mit so viel Mühe und Anstrengung zu ihm hinaufklettertete, und dachte, es sei noch früh genug für ihn, aufzufliegen, wenn der Mann das Beschwerlichste geschafft hatte.
Als dieser schließlich nach Loki griff, da schlug er die Flügel und spreizte die Füße – aber diese hingen fest.

Dasselbe Motiv fand sich auch in der Thiazi-Mythe, in der Lokis Stab, mit dem er nach dem Tyr-Riesen geschlangen hatte, sowohl an seiner Hand als auch an dem Tyr-Riesen festklebte. Diesem Motiv könnte der Fang des Loki in der Gestalt seines Falken-Seelen-vogels mithife einer Leimrute zugrunde liegen.

Da wurde Loki ergriffen und dem Riesen Geirröd gebracht.
Als der ihm in die Augen sah, da merkte er, daß dies ein Mann sein könnte, und gebot ihm, zu antworten, aber Loki schwieg. Da schloß ihn Geirröd in eine Kiste und ließ ihn da drei Monate hungern.

Auch die Grabkammer eines Hügelgrabes wurde „Kiste" („kistu") genannt.
Dies sind die drei Sommermonate, in denen Tyr im Diesseits herrscht und Loki gefesselt in der Hel liegt.

Und als ihn Geirröd wieder herausnahm und reden hieß, gestand Loki, wer er sei und löste sein Leben damit aus, daß er dem Geirröd schwur, den Thor ohne dessen Hammer und dessen Stärkegürtel nach Geirrödsgard zu bringen.
Unterwegs nahm Thor Herberge bei einem Riesenweib, das Grid hieß. Sie war die Mutter Widars, des Schweigsamen.

Diese Riesin ist die Jenseitsgöttin und sie wurde auch als die Tochter des Ali von

Alfheim (= Tyr von Gimle) angesehen – viele Göttinnen wurden zu Töchtern des Göttervaters umgedeutet. Da Odin der Vater des Widar ist, ist Grid eine seiner Geliebten, die letztlich wohl mit der Erdgöttin Jörd und der Göttin Skadi identisch sein wird.

Sie erzählte dem Thor die Wahrheit über Geirröd und sagte, daß er ein hundweiser und übel umgänglicher Jötun sei. Sie lieh ihm auch ihren eigenen Stärkegürtel und ihre Eisenhandschuhe und ihren Stab, der Gridarwöl genannt wurde.

Stab, Handschuhe und Gürtel sind die drei Abzeichen eines Priesters bzw. einer Priesterin. Diese Szene scheint die Jenseitsreise des Thor darzustellen, durch die er zum Priester wurde – zum „dem, der Midgard weiht".
Der Name des Stabes bedeutet „Stab der Grid".

Da fuhr Thor zu dem Fluß, der Wimur hieß, dem größten aller Flüsse.

Wimur ist einer der vielen Namen des Jenseitsflusses.

Da legte er sich den Stärkegürtel um und stemmte Grids Stab gegen die Strömung.

Hier sind Stab und Gürtel Dinge, die für die Jenseitsreise gebraucht werden – und der Weg über den Jenseitsfluß in das Jenseits ist der „Arbeitsweg" der Priester und auch der des Thor, wenn er den Tyr-Riesen im Jenseits töten will.

Loki aber hielt sich unten am Gurt fest. Als Thor mitten in den Fluß kam, da wuchs dieser so stark an, daß er ihm bis an die Schulter stieg.
Da sprach Thor:

'Wachse nicht, Wimur, da ich nun waten muß
Hin zu des Joten Hause.
Wisse, wenn Du wächsest, wächst mir die Asenkraft
so hoch bis in den Himmel!'

Da blickte Thor in eine Bergkluft hinauf und sah, daß da Gialp, Geirröds Tochter, quer über dem Strome stand und dessen Wachsen verursachte.

Die Tochter des Tyr-Geirröd ist wieder die umgedeutete Jenseitsgöttin.
Ein schon recht drastisches Bild – Thor durch Urinieren zu ertränken ...

Da nahm Thor einen großen Stein aus dem Fluß auf und warf nach ihr und sprach dabei: 'Bei der Quelle muß man den Strom stauen!'

Seine Würfe pflegten ihr Ziel nicht zu verfehlen.

In demselben Augenblick nahte er sich dem Land, ergriff einen Ebereschenstrauch und stieg aus dem Fluß. Daher kommt das Sprichwort, daß der Ebereschenbaum Thors Rettung sei.

Als nun Thor zu Geirröd kam, wurden die Reisegefährten zuerst in das Gästehaus gewiesen. Dort gab es nur einen einzigen Stuhl zum Sitzen, auf den setzte sich Thor. Nun wurde er gewahr, daß der Stuhl unter ihm sich gegen die Decke hob. Da stieß er mit Grids Stab gegen die Deckenbalken und drückte sich auf den Stuhl hinab. Da hörte man ein großes Krachen, dem ein lautes Geschrei folgte. Unter dem Stuhl waren Geirröds Töchter Gialp und Gneip gewesen und er hatte beiden den Rücken zerbrochen.

Diese Szene scheint eine Anspielung auf den Hochsitz zu sein – die beiden Riesinnen könnten ursprünglich die beiden Göttinnen (Frigg und Freya, Menja und Fenja, Thorgerdr und Irpa usw.) gewesen sein, die den beiden Hochsitzsäulen entsprochen haben könnten. Wie immer in den Thor-Mythen, werden die Motive aus den Tyr-Mythen umgedeutet, um sie und Tyr lächerlich zu machen. Die Benutzung des Stabes in dieser Szene läßt vermuten, daß sie auch eine Anspielung auf eine Ritual-Szene ist.

Da sprach Thor:

Einstmals nutzte ich meine Asenstärke
In des Joten Hause,
Als Gialp und Gneip, Geirröds Töchter,
Mich zum Himmel hoben.

Auch die Formulierung „zum Himmel heben" spricht dafür, daß diese Szene eine Anspielung auf ein Motiv aus dem Kult ist.

Da ließ Geirröd den Thor in die Halle zu den Spielen rufen. Da waren große Feuer in der ganzen Länge der Halle.

Als Thor in der Halle dem Geirröd gegenüber stand, da faßte Geirröd mit der Zange einen glühenden Eisenkeil und warf ihn nach Thor. Aber Thor fing ihn mit den Eisenhandschuhen in der Luft auf. Geirröd sprang hinter eine Eisensäule, um sich zu schützen.

Eisen ist bei Kultgegenständen u.ä. in aller Regel ein Hinweis auf das Jenseits. Vermutlich hat Geirröd gerade sein bei seinem Eintritt in das Jenseits zerbrochenes Schwert neugeschmiedet. Dazu paßt auch die Form des „Keils".

Aber Thor warf den Keil so heftig, daß er durch die Säule, durch Geirröd, durch die Wand und noch draußen in die Erde schlug.

Das Zerstören der Säule findet sich auch im Hymir-Lied, wo sie dem Tyr-Riesen Hymir gehört. Diese Säule könnte eine der beiden Hochsitz-Säulen sein, die die Verbindung („Nabelschnur") zu den Göttern und zu den Ahnen darstellt. Ihr Zerstörung bedeutet das Ende dieser Verbindung – und daher auch das Ende des Kultes des Tyr ... Die ist ein fast schon notwendiges Motiv in der Beschreibung der Absetzung des Tyr als Göttervater durch Odin und Thor.

I 14.   Beowulf-Epos

Dieses Vers-Epos wurde um ca. 700 n.Chr. in England verfaßt, aber seine Geschichte stammt noch aus Dänemark, von wo aus die Angeln um 450 n.Chr. zu Beginn der Völkerwanderungszeit nach England eingewandert sind.

In diesem Epos wird Wieland als der Schmied des „besten Harnischs" genannt.

Doch wenn ich im Kampf niedersinke   /   dann sende meinem König
meine Brünne,   /   die mir meine Brust schützte,
den besten aller Harnische,   /   den ich von Hredel geerbt habe:
Wielands Kunstwerk.

I 15.   Julius Cäsar: de bello gallico

Möglicherweise findet sich schon bei Cäsar ein Hinweis auf Wieland, der damals jedoch noch ein Schmiede-Gott wie der römische Vulcanus gewesen sein müßte.

Von diesen Sitten (der Gallier) weichen die Germanen in vielen Stücken ab. Man findet bei ihnen keine Priester wie die Druiden und auch keinen besonderen Hang zum Opferdienst. Als Götter verehren sie nur Sonne, Vulkan (Wieland?) *und Mond, die sie sehen und deren offenbaren Einfluss sie wahrnehmen. Die übrigen Götter kennen Sie auch nicht dem Namen nach.*

I 16. Wieland auf den Runensteinen

Runenstein von Ardre
Insel Gotland (Schweden), 1050 n.Chr.

Auf dem Runenstein von Ardre, der um ca. 1150 n.Chr. auf der schwedischen Insel Gotland errichtet worden ist, ist außer dem häufigen Motiv des Drachenbootes (Mitte) auch Odin auf seinem achtbeinigen Pferd Sleipnir (oben) und Wielands Schmiede (zweite Motivreihe von unten) zu sehen.

Auf der Vergrößerung der Schmiede-Szene auf der nächsten Seite kann man die Details der Schmiede besser erkennen.

Runenstein von Ardre (Detail): Wielands Schmiede

- In der Schmiede hängen eine Kneifzange, eine Flachzange, ein Hammer und eine Axt.
- Zwischen dem Hammer und der Axt steigt Rauch empor.
- Das Dach der Schmiede ist „eingekerbt". Möglicherweise ist dies ein Hinweis auf die Herstellungsart des Daches (Reeddach?).
- Hinter der Schmiede, auf dem Bild also rechts von ihr, liegen die beiden kopflosen Leichen der Söhne des Königs Nidud. Unter ihnen ist ein Seil und ein Hammer zu sehen – evtl. die Mordwaffen.
- Vor der Schmiede fliegt Wieland als Adler fort. Diese Stilisierung eines Adlers ist auch auf anderen Runensteinen zu sehen (siehe Abbildung des Runensteines von Bunge auf der nächsten Seite). Auch die Seele eines Menschen bei seiner Einweihung wurde auf diese Weise dargestellt. Der Adler ist in diesen Darstellungen recht sicher der Seelenvogel – wie auch die Adlergestalt, die Odin annimmt, nachdem er bei Gunnlöd den Göttermet getrunken hat.
- Vor der Schmiede geht Bödwild fort, nachdem Wieland sie verführt hat.

Runenstein von Bunge:
Einweihung eines Mannes (in der „Kiste") mit zwei Adlern, großer Adlerkralle und Hrungnir-Herz-Seelensymbol (drei ineinander verschlungene Dreiecke)

Die Schlangengrube, in der Wieland dem Deor-Lied (950 n.Chr.) zufolge gelegen hat, wurde auf zwei Runensteinen abgebildet.

Auf dem Runenstein von Ardre, der um ca. 1050 n.Chr. errichtet worden ist, rechts unten neben Wielands Schmiede eine liegende Gestalt in einer Grube zu sehen, in der sich Schlangen befinden. Aufgrund des Verses aus dem Deor-Lied ist es recht sicher, daß die Gestalt in der Schlangengrube rechts neben Wielands Schmiede auf dem Runenstein Wieland ist.

Runenstein von Ardre: Wielands Schmiede und die „Schlangengrube"

Runenstein von Ardre (Umzeichnung) rechts die „Schlangengrube"

Runenstein von Klinte
oben: Mann (Wieland?) in Schlangengrube;
unten: evtl. Egil der Bogenschütze

Auf dem Runenstein von Klinte, der zwischen 900 und 1000 n.Chr. errichtet wurde, ist eine zweite solche Schlangengrube zu sehen.

Die Schlangengrube ist au dem Bild links oben. Von rechts her tritt eine Frau zu der Grube und nimmt eine der Schlangen heraus. Sie ist links unter der Grube noch einmal mit der Schlange in ihrer Hand zu sehen.

Rechts neben ihr steht ein Mann, der einen Schild in seiner Hand hält, um sich vor dem Bogenschützen rechts von ihm zu schützen.

Der Mann mit dem Schild steht vor einer geschlossenen Struktur, in der sich ein Bogenschütze, ein zweiter Mann und ein Rind befinden. Diese Struktur scheint eine Festung zu sein.

Der Vers aus dem Deor-Lied und die beiden Darstellungen von „Wieland in der Schlangengrube" zeigen, daß sowohl im Völund-Lied der Edda als auch in der Thidrek-Sage eine prägnante Szene aus der Geschichte des Wieland fehlt.

Die Schlangengrube würde am ehesten in den Zusammenhang mit Wielands Gefangenschaft auf der Insel passen, da im Wölsungenlied in der Edda König Gunnar von dem Hunnenkönig Atli (Attila) in eine Schlangengrube geworfen wird. Gunnar spielt in dieser Grube Harfe, um die Schlangen einzuschläfern, was ihm nur bei einer einzigen nicht gelingt – die ihn dann mit ihrem Gift tötet.

Die Schlangengruben-Szene müßte sich aufgrund der Schlangensymbolik auf Wielands Tod beziehen – falls es ihm nicht auf irgendeine Weise gelungen sein sollte, sich vor den Schlangen zu schützen. Die Frau neben der Grube könnte entweder Bödwild oder die Königin sein. Der Schütze in der „Festung" ist vermutlich Wielands Bruder Egil, woraus man schließen könnte, daß die Gestalt neben ihm die Walküre Aelrun ist, die mit ihm sieben Jahre zusammengelebt hat.

Generell waren Schlangen ein Symbol für die Reise in die Unterwelt und auch für die Jenseitsreisenden selber. So verwandelte sich Odin in eine Schlange, als er zu Gunnlöd in ihren Berg reiste, um dort mit ihr zu schlafen, und auch Zeus verwandelte sich in eine Schlange, um die Unterwelt zu gelangen und sich dort mit Persephone zu vereinen.

Das vermutete Motiv „Wieland in der Schlangengrube" könnte somit ein Teil der vielfältigen Jenseitsreisesymbolik dieses Schmiedes sein und der Schlangenverwandlung des Odin entsprechen. Man kann zumindestens vermuten, daß diese Schlangenszene dann wie in der Odin-Mythe kurz vor der Vogel-Verwandlung einzufügen wäre.

Die Schlangenverwandlung ist auch ein Teil der Einweihungssymbolik der Schamanen-Priester und Könige gewesen. Diese Symbolik findet sich vor allem auf den von den Germanen hergestellten Goldhörnern von Gallehus (400 n.Chr.) ausführlich dargestellt.

I 17. Wieland auf dem Runenkästchen von Auzon

Das Runenkästchen von Auzon wurde um 650 n.Chr. in Großbritannien von den Angelsachsen hergestellt. Es wurde nach seinem Fundort Auzon im Massif Central in Südfrankreich benannt.

Auf dem Kästchen wurden vor allem christliche Motive abgebildet: Christi Geburt, die Verehrung der drei Magier (Heilige Könige), das Urteil des Vespasian, die Fesselung und Fortführung Christi, Christi Tod, der Teufel in der Hölle, der Tempel von Jerusalem, das Tempeldach, der Kampf um Jerusalem und die Flucht aus Jerusalem. Daneben befinden sich aber auch drei nicht-christliche Szenen: Romulus und Remus, der Kampf von Egil und Aelrun gegen ihre Feinde sowie Wieland und Bödwild.

Es ist erstaunlich ist, daß auf einem solchen christlich geprägten Kästchen drei heidnische Szenen erscheinen. Diese drei Szenen müssen demnach von besonderer Bedeutung im Zusammenhang mit diesem Kästchen sein und werden sich wohl mit den christlichen Szenen zu einem sinnvollen Ganzen verbinden.

Diese Gesamtbedeutung ist vermutlich die eines durch diese Bilder bewirkten Segens auf dieses Schatzkästchen eines Königs: Alle Szenen steuern ihren Teil zu der magischen Gesamtwirkung auf das, was sich in dem Kästchen befindet, bei. Daher gibt der König jedesmal, wenn er einen Gegenstand aus seinem Kästchen verschenkt, auch einen magischen Segen, der sich aus dem Gedeihen wie die Stadt Rom, aus Reichtum wie dem des Wieland, aus Kraft wie dem des Egil, aus Segen wie dem der Heiligen Drei Könige, aus der Auferstehung wie die des Christus usw. zusammensetzt.

Bild 1

*Mitte oben: die Wölfin im Wald; Mitte unten: die säugende Wölfin;
darüber: Romulus und Remus (liegend, Beine nach „oben");
außen: vier Krieger, die aus dem Verborgenen zusehen*

Auf der Schnitzerei werden Romulus und Remus von der Wölfin gefunden und gestillt. Die Wölfin erscheint zweimal: einmal, während sie durch den Wald läuft und die beiden Brüder findet, und einmal beim Säugen der beiden. Auffälligerweise ist die dargestellte Wölfin eine hilfreiche Wölfin und kein bedrohlicher Wolf wie die meisten Wölfe in der germanischen Mythologie.

Bild 2

rechts: Burg mit Egil und Aelrun; links Angreifer

Die Runen über dem Bogenschützen in der Burg auf dem diesem Bild kennzeichnen ihn als Egil, den Bruder von Wieland und Slagfid.

Vor dem Gebäude stehen wie auf dem Runenstein von Klinte wieder die Krieger mit Schild.

Rechts von ihm hockt unter einem Gebäude, von dem zwei Säulen und ein Bogendach zu sehen sind, eine Frau. Diese Frau, die sich in diesem Tempeltor („öndvegissula" = „Seelenweg-Säulen") befindet, hält wie die germanischen Seherinnen einen Stab in ihrer Hand. Über ihr sind zwei Vogelköpfe zu sehen, die einen „Doppelvogel" bilden. Durch sie wird sie als Walküre gekennzeichnet – sie ist sehr wahrscheinlich die im Wölund-Lied genannte Aelrun. Möglicherweise wurden die beiden Vögel auch mit Hugin und Mugin, den beiden Raben des Odin assoziiert.

Die Walküre Aelrun sitzt auf einem „Doppelwolf", der wohl Odins Wölfen Geri und Freki entspricht.

Die auffällige Zweizahl der Vögel und Wölfe zeigt, daß sie auf die beiden Pferde-Zwillinge des Tyr zurückgehen, die in den Mythen des Odin zu seinem achtbeinigen „Doppel-Pferd", seinen beiden Wölfen (Krieger) und zu seinen beiden Raben (Seelenvögel) geworden sind. Sie erscheinen hier sehr wahrscheinlich als Führer auf dem Weg zwischen den beiden Welten, zwischen Diesseits und Jenseits.

Falls die Verbindungslinien zwischen den beiden Vogelköpfen nicht nur aufgrund der Kuppel über Aelrun gebogen sind, könnten sie einen Regenbogen darstellen. Dieser wäre dann als die Regenbogenbrücke Bifröst eine weitere Verbindung zwischen Himmel und Erde.

Eine sehr ähnliche architektonische Struktur findet sich auf dem Runenkästchen von Auzon in der Szene, in der die Anbetung der drei Magier dargestellt wird. Es besteht anscheinend eine Analogie zwischen Aelrun und Maria.

rechts: Aelrun im „Tempel"
links: Egil (Runen: „Agil")

rechts: Maria mit Christus im „Tempel"
links: die drei Magier (Runen: „Magi")

Offensichtlich hilft Aelrun dem Egil durch Walküren-Magie. Diese wird u.a. in der Isländersaga über Hromund Greipsson beschrieben:

Helgi der Kühne war immer siegreich gewesen und er hatte seine Siege durch Magie erlangt. Der Name seiner Geliebten war Kara – sie war bei ihm in der Gestalt eines Schwanes. Helgi schwang sein Schwert so hoch über sich (er holte aus um Hromund zu erschlagen), *daß er die Beine seiner Schwanenfrau Kara abschlug.*
Er rammte sein Schwert bis zum Griff in den Boden und sprach (zu Hromund): *„Mein Glück ist geflohen: Es war schlimm, daß ich Dich nicht getroffen habe."*
Hromund entgegnete: „Du hattest großes Unglück, Helgi, daß Du der Mörder Deiner eigenen Geliebten geworden bist und nun kein Glück mehr haben wirst."
Kara stürzte tot herab.

Auf dem Runenkästchen von Auzon befindet sich rechts über Aelrun in dem Winkel oberhalb des „Tempeldaches" ein Hrungnir-Herz, das ein Symbol für die Seele, die Wiedergeburt und die Einweihung ist.

Aelrun führt folglich einen Zauber durch, durch den sie mit dem Jenseits verbunden ist und Egil bzw. seine Seele (Hrungnir-Herz) schützt.

Diese Szene findet sich auch auf dem Runenstein von Klinte, wobei sich dort in der „Festung" noch ein Rind befindet und Aelrun nicht ganz so offensichtlich meditiert bzw. Magie ausübt.

Runenstein von Klinte
Egil, Aelrun und ein Rind in einer Festung

Runenkästchen von Auzon
Egil und Aelrun in einer Festung mit Tempeltor

Dieser Kampf von Egil und Aelrun gegen die Belagerer ihrer Festung muß eine unbekannte Szene sein, die zu der Wieland-Sage gehört, da sie zweimal im Zusammenhang mit ihr, und nur zusammen mit ihr, auftaucht. Es stellt sich natürlich sofort die Frage, um was für einen Kampf es hier gehen könnte.

Zunächst einmal ist zu sehen, daß Egil auf dem Runenstein von Klinte einem einzelnen Mann mit Schild gegenübersteht und auf dem Runenkästchen von Auzon einer Gruppe von Krieger. Der einzige markante einzelne Mann, der auch eine Gruppe von Kriegern senden könnte, ist in der Wieland-Sage König Nidud.

Zu diesem König gibt es eine auffällige Randnotiz: Er starb kurz nach Wielands Flucht, bei der Wieland sich einen Vogel verwandelte. Da Wieland in der Thidreksage zufolge nach Niduds Tod seinen dreijährigen Sohn in die Arme nehmen konnte, sollte Nidud spätestens (auch wenn man Bödwilds Schwangerschaft hinzurechnet) drei Jahre nach Wielands Flucht gestorben sein.

Ein Kampf zwischen Egil und König Nidud wäre eine Parallele zu der Fesselung des Wieland durch Nidud, Wielands Gefangenschaft auf Säwarstad und seinem Liegen in der Schlangengrube. Eine weitere Analogie wäre, daß Wieland sich in dieser Zeit mit Bödwild vereinte und Egil zusammen mit Aelrun in der Festung sitzt. Diese Festung könnte daher eine Analogie zu der Insel Säwarstad und zu der Schlangengrube sein.

Man kann also vermuten, daß die Brüder Wieland und Egil beide eine Jenseitsreise erlebten und daß Nidud in der Sage für beide die Rolle des Verursachers dieser Reise erhalten hat.

Es ist gut denkbar, daß diese aus dem Bereich der Mythe stammende Jenseitsreise des Egil aufgrund seines kriegerischen Charakters in der Wieland-Sage auf eine andere Weise umgedeutet worden ist als bei dem Handwerker Wieland. Daher könnte Egil schließlich König Nidud getötet haben – sehr wahrscheinlich mit einem Pfeil.

Links: Wieland; rechts: Anbetung der drei Heiligen Könige

Der Runentext, der um diese beiden Motive umläuft, bezieht sich auf das Kästchen als Ganzes:

*„Der Wal hob die Wasser auf den Berg;
der König der Seelen bedauerte,
daß er auf dem Sand strandete:
Walfisch-Bein."*

„Walfisch-Bein" ist leicht zu deuten, da das Kästchen aus Walknochen hergestellt worden ist. Der Wal wurde zu der damaligen Zeit als ein Bild für den Teufel angesehen, in dem sicherlich auch Assoziationen zu der Midgardschlange der Germanen und zu dem Leviathan der Bibel mitschwangen. Das „Wasser auf dem Berg" könnte eine Umschreibung für die Sintflut sein. Der Wal wurde sicherlich auch mit Jonas assoziiert, der drei Tage in einem Wal verbrachte, was wiederum mit den drei Tagen zwischen Christi Tod und Auferstehung in Verbindung gebracht wurde. Somit war die Herstellung dieses Kästchens aus Walfisch-Bein sozusagen ein handwerklicher Sieg über den Teufel, die Hölle und den Tod.

Der Wal als größtes Meerestier ist aber auch eine der vielen Gestalten des ehemaligen Sonnengott-Göttervaters Tyr in der Wasserunterwelt gewesen. Tyr ist auch der „König der Seelen". Da das Substantiv „önd" sowohl „Atem" als auch „Seelen" bedeutet, könnte hier auch der Wal als „Atem-König", d.h. als „riesiger, Luft atmender Fisch" gemeint sein.

In den bildlichen Darstellungen früherer Zeit wie z.B. in den ägyptischen Totenbüchern, aber auch in Zeichnungen von Kindern oder in Comics erscheint ein- und dieselbe Gestalt manchmal mehrfach in einem Bild, um verschiedene Tätigkeiten dieser Person darzustellen. In dieser Weise erscheint auch die Wölfin, die Romulus und Remus säugte, zweimal auf dem Kästchen von Auzon.

In der Wieland-Szene erscheinen das Paar Wieland und Bödwild ebenfalls zweimal: einmal vor der Verführung und einmal nachher.

<u>Bild 3 (Vergrößerung)</u>

links: Wieland und Bödwild beim Trinken des Mets; rechts: Bödwild nach der Verführung und Wieland (oder Egil) beim Beschaffen der Federn für seine Flügel

Links lehnt Wieland gegen die Wand oder hockt halb auf einem Schemel, weil er wegen seiner durchgetrennten Kniesehnen nicht mehr stehen kann. In seiner linken Hand hält er mit einer Zange ein Werkstück. Dies Werkstück sollte eigentlich der Ring sein, der Bödwild zerbrochen ist, aber die Form läßt eher auf einen flächigen Gegenstand schließen. Mit seiner linken Hand reicht Wieland Bödwild einen Becher Met.

Wieland arbeitet an einer Werkbank, in die ein Keil eingeschlagen ist und auf der sich ein Amboß befindet. Über der Zange und vor Bödwilds Kopf ist je ein Hammer zu sehen. Über Wielands rechter Hand sind zwei gebogene Gegenstände an der Wand zu sehen, die vielleicht Feilen sind. Darüber befindet sich eine Bogensäge.

Unter der Werkbank ist eine kopflose Leiche zu sehen, die eine der beiden Brüder der Bödwild ist.

In der zweiten Szene auf der rechten Seite steht Bödwild mit einer Tasche in ihrer Hand. In der Tasche befindet sich vermutlich der von Wieland reparierte Ring. Neben ihr auf dem Boden liegt ein Gegenstand, der von der Form her den beiden „Feilen" gleicht.

Links und rechts neben ihrem Kopf sind zwei „Figuren" zu sehen, die mit ihrem Kopf verbunden sind. Ihre Zweizahl läßt einen Zusammenhang mit dem Diesseits-Jenseits-Paar vermuten. Diese „Figuren" ähneln Menschen mit erhobenen Armen – allerdings paßt das eingerollte untere Ende und der Querstrich in der Mitte nicht zu dieser Auffassung. Der eingerollte „Schwanz" erinnert an eine Schlange und der Querstrich an einen Penis.

Derartige „Schlangenmenschen" sind auch von dem Goldhorn von Gallehus bekannt. Auch die Drachen und die Schlangen auf den Hügelgräbern sind in Schlangen bzw. Drachen verwandelte Tote.

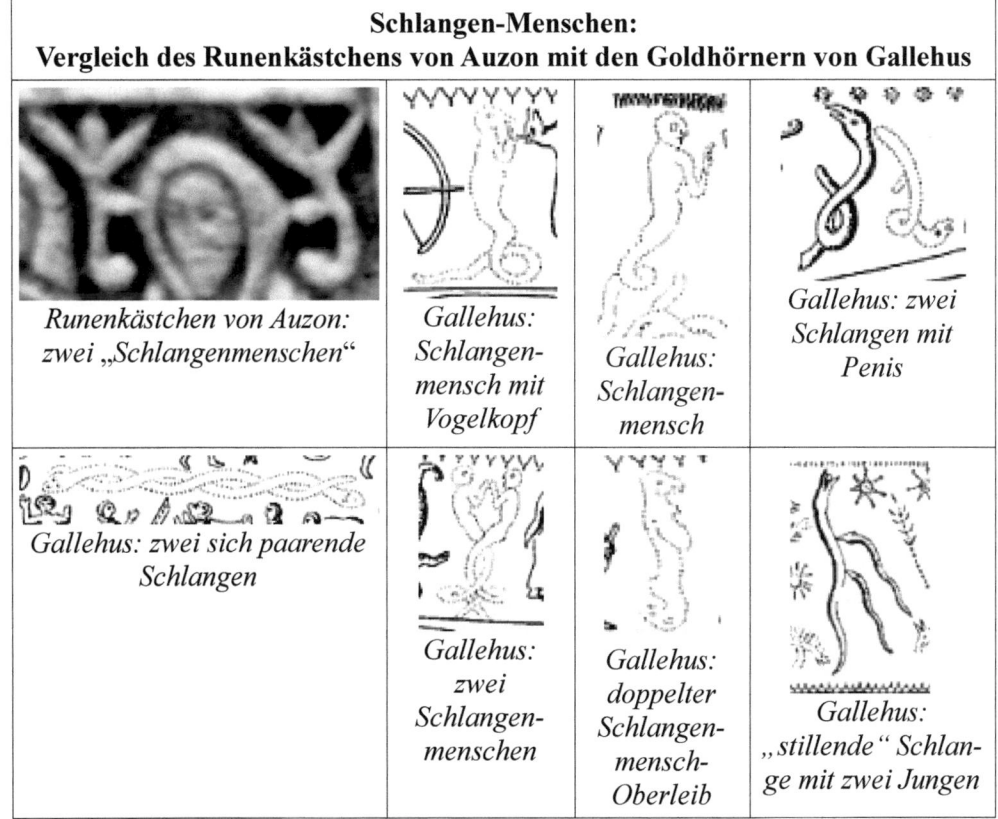

Schlangen-Menschen:
Vergleich des Runenkästchens von Auzon mit den Goldhörnern von Gallehus

Die Ähnlichkeit der Schlangenmenschen auf den beiden Goldhörnern von Gallehus (400 n.Chr.) und dem Runenkästchen von Auzon (650 n.Chr.) ist deutlich zu erkennen. Die Schlangenmenschen auf den beiden Goldhörnern sind der König auf seiner Jenseitsreise während seiner Krönung. Sie sind die Vorläufer z.B. von dem Zwerg Fafnir aus der Sigurd/Siegfried-Sage, der sich in einen Drachen verwandelte und dann seinen (Grab-)Schatz bewachte.

Die doppelte Schlange und das Schlangenpaar sind ein Symbol für die Wiederzeugung im Jenseits. Am interessantesten ist der Mann, dessen Wurzelchakra (zwischen seinen Beinen) von der eingerollten Schlange berührt wird, da diese Darstellung genau den Abbildungen der Kundalini-Schlange im indischen Yoga entsprechen.

Das Kundalini-Yoga ist eng mit der Astralreise, also dem Verlassen des eigenen Körpers als „Seelenvogel" verbunden: Wenn man die Kundalini erweckt, erlebt man fast immer auch eine Astralreise, und wenn man die Astralreise erlernt, erlebt man fast immer auch das Innere Feuer der Kundalini.

zunehmende Stilisierung des Schlangen-Menschen				
Gallehus: Mann zwischen zwei Schlangen	*Gallehus: stilisierter Mann und Schlange*	*Gallehus: stilisierter Mann*	*Gallehus: stilisierter Kopf der Großen Mutter oder des Königs auf der Jenseitsreise*	*Symbol der französischen Könige: Fleur de Lys („Lilie")*

Der „Mann mit den zwei Schlangen" und der „Mann mit der Kundalini" sitzen zudem in der für die Erweckung der Kundalini benutzten Yoga-Haltung, die „Vir-Asana" („Helden-Asana") genannt wird.

Aus der zunehmenden Stilisierung der Darstellung dieser Haltung, die ein zentrales Element bei der Krönung gewesen sein muß, ist mit der Zeit das französische Königszeichen „Fleur de Lys" entstanden.

Bödwild trägt neben ihrem Kopf somit das Symbol für die Wiederzeugung im Jenseits, die in der Wieland-Sage als ihre Vereinigung mit Wieland erscheint. Diese Schlangen lassen vermuten, daß sich diese Vereinigung im Zusammenhang mit „Wieland in der Schlangengrube" abspielte – zumal auf dem Runenstein von Klinte eine Frau mit Schlange vor der Schlangengrube steht.

links: Wieland und Bödwild beim Trinken des Mets; rechts: Bödwild nach der Verführung und Wieland (oder Egil) beim Beschaffen der Federn für seine Flügel

Ganz rechts ist auf diesem Bild noch eine weitere Szene zu sehen: Wielands Bruder fängt vor der Schmiede vier Gänse, damit sich Wieland aus deren Federn zwei Flügel fertigen kann.

Da in der Thidrek-Sage gesagt wird, daß Egil Wieland die Federn beschafft hat, ist die Identität dieses „Gänse-Mannes" recht sicher.

I 18. Odin als Schmied

In der Gesta danorum („Geschichte der Dänen") des Mönches Saxo grammaticus („Saxo der Schriftkundige") findet sich eine Schilderung des Odin als Schmied.

In der betreffenden Mythe nimmt Odin nacheinander die Gestalt eines Kriegers, eines Schmiedes und eines Heilers/Magiers an, um zu der Königstochter Rindr zu gelangen. Diese drei Gestalten des Odin entsprechen in der Wielandsage Egil, Wieland und Slagfid.

Diese Geschichte spielt nach dem Tod des Baldur, der aufgrund von Lokis List durch Hödur ermordet worden ist. Durch ein Orakel erfuhr Odin, daß Hödur nur durch den Sohn von sich und der Erdgöttin Rindr, die hier zu einer Königstochter geworden ist, gerächt werden kann. Es handelt sich bei dieser Geschichte also um die Weiterentwicklung der Vorstellungen über den Tod und die Wiedergeburt des ehemaligen Sonnengott-Göttervaters Tyr, weshalb die Schmiede-Verwandlung des Odin eine Umdeutunng des Tyr-Wieland als Schmied im Jenseits sein muß.

Der folgenden Episode merkt man an vielen Stellen die Haltung des Mönches Saxo an, der zum einen möglichst genau berichten, aber zum anderen die Dinge auch aus christlicher Sicht erklären will.

Nachdem Odin bereits erfolglos in der Gestalt eines Kriegers um die Königstochter Rindr geworben hat, kehrt er in der Gestalt eines Schmiedes an den Königshof zurück.

Im darauffolgenden Jahr nahm Odin das Aussehen eines Ausländers an und kehrte an den Hof des Königs von Litauen zurück, denn er wollte seine Absicht, mit der er voller Verlangen gekommen war, nicht einfach aufgeben. Es war für die, die ihm begegneten, kaum möglich, ihn wiederzuerkennen, denn er hatte sein Gesicht unter Schmutz verborgen und seine alten Gesichtszüge waren von frischem Ruß verdeckt.

Er sagte, daß sein Name Roster sei und daß er ein geschickter Schmied sei. Und das, was er anfertigte, war eine Ehre für sein Handwerk, denn er bildete die Köpfe vieler Menschen in allerschönster Weise aus Bronze nach, so daß er große Mengen an Gold von dem König erhielt und von ihm damit beauftragt wurde, Schmuck für die Frauen herzustellen. Nachdem er viele schöne Dinge für die Frauen, die sie nun trugen, hergestellt hatte, bot er der Jungfrau Rinda einen Armreif an, den er mit viel mehr Aufwand poliert hatte als alle anderen und dazu noch einige Ringe, die er mit genausoviel Mühe verziert hatte.

Odins Schmied-Name „Roster" ist ein Kurzform von „Hrosstheow" und bedeutet schlicht „Ruß-Diener".

Das Herstellen von lebensechten Köpfen wird in der Thidrek-Sage auch von Wieland berichtet.

Bei seiner Verwandlung in eine Heilerin nannte sich Odin „Wecha". Dieser Name ist von dem germanischen Wort „wäha" für „weihen" abgeleitet. Er ist eine Weiterentwicklung des Gottesnamen „We", mit dem in der Dreiheit „Woden, Wili, We" der Stand des Priesters/Heilers bezeichnet wird.

Der Sohn des Odin und der Rindr erhielt den Namen „Wali". Da Wali anderen Texten zufolge den Baldur rächte, als er gerade mal eine Nacht alt war, ist offensichtlich, daß Wali der wiedergeborene Sonnengott-Göttervater Tyr ist, da nur dieser nach nur einer Nacht bereits wieder siegreich ist, d.h. aus dem Jenseits zurückkehrt (siehe „Wali" in Band 19).

Es ist anzunehmen, daß die ganzen „W-Namen", die im Zusammenhang mit Wieland auftreten, letztlich alle der Gott Tyr sind, der immer wieder als sein eigener Sohn wiedergeboren wird:

- Wilkinus = „Wille" (= „Wil")
- Wieland/Völund/Welent = „Kunstfertiger, Handwerker"
- Wadi (Wielands Vater) = „Watender"
- Wali (Gott) = „Auserwählter"
- Waldere/Walter = „Herrscher"
- Wittige = „Baum" = „Mann"

Diese Namen würden alle zu Tyr im Jenseits passen: Er ist ein Mann, ein reist in einem Baum bzw. mithilfe eines Baumes in das Jenseits, er watet durch den Sund in das Jenseits, er ist der Jenseitsherrscher, er ist ein kunstfertiger Schmied, und er ist der (zur Wiedergeburt) Auserwählte. Als Schmied gehört er auch zu dem Stand der Bauern und Handwerker, die durch „Wil" repräsentiert werden.

I 19. Ein Schmied in der Gesta danorum

Der Mönch Saxo der Schriftkundige berichtet hier u.a. auch seine eigene Ansichten über die Goldschmiede und die Waffenschmiede.

Wieland erscheint hier als lüsternen Goldschmied – eine grobe Umdeutung der Wiederzeugung des Wieland mit Bödwild ...

Starkad ist eine Saga-Variante des Tyr und ist somit der Diesseits-Aspekt des Tyr und die „Tages-Seite" des Wieland.

Ingilds Schwester Helga hatte sich dazu verführen lassen, durch liebevolles Beisammensein die Flamme eines gewissen niedergeborenen Goldschmiedes zu erwidern, der geschickt mit sanften Worten war und ihr verschiedene der kleinen Geschenke gab, die am besten die Wünsche einer Frau umgarnen. Seit dem Tod des Königs (Frode) *hatte es niemanden mehr gegeben, der die Tugenden des Vaters den Kindern lehrte und sie war ungeschützt und hatte keinen Vormund.*

Als Starkad von wiederholten Erzählungen von Reisenden darüber gehört hatte, konnte er es nicht ertragen, die Lüsternheit des Schmiedes ungestraft zu lassen, denn er achtete stets darauf, daß er die Freundlichkeit in seinem Geiste wahrte, aber daß er auch stets alle Anmaßung bestrafte.

Saxo erschafft aus Starkad zunehmend einen „altdänischen, vorchristlichen Tugendwächter". Das bedeutet auf jeden Fall, daß Starkad auch noch zur Zeit des Saxo eine vorwiegend positive Gestalt gewesen sein muß – ähnlich den Königen Helgi und Heidrek. Der ehemalige Götterkönig Tyr ist in den Gestalten des Starkad, des Helgi, des Heidrek und auch in der des Sigurd/Siegfried zu einem vorbildlichen König bzw. Krieger geworden.

So eilte er, um diese kühne und gewaltige Unverschämtheit zu züchtigen, da er wünschte, der Waisen (Helga) *die Wohltaten zurückzuzahlen, die er einst von* (ihrem Vater) *Frode erhalten hatte.*

Daher reiste er durch Schweden und ging zu dem Haus des Schmiedes und stellte sich in die Nähe seiner Türschwelle und verbarg sein Gesicht hinter einer Kapuze, um seine Entdeckung zu vermeiden.

Der Schmied, der die Lehre, daß „manchmal starke Hände unter einem ärmlichen Gewand zu finden sind", noch nicht gelernt hatte, beschimpfte ihn und befahl ihm, sich schnellstens von seinem Haus zu entfernen und sagte, daß er die letzten, ärmlichen Essensreste unter der ganzen Schar der Bettler haben solle. Doch der alte Mann, dessen verinnerliche Selbstbeherrschung ihm Geduld verlieh, blieb dennoch dort und erforschte nach und nach die Zügellosigkeit seines Gastwirtes, denn sein Verstand war stärker als seine Impulse, weshalb er seine ständig wachsende Wut zügeln konnte.

Da näherte sich der Schmied mit unverhüllter Schamlosigkeit und warf sich in ihren Schoß und bat sie, daß sie das Haar seines Hauptes mit ihrer jungfräulichen Hand kämme.

Er hob auch seinen Lendenschurz empor und verlangte von ihr, daß sie half, seine Flöhe zu herauszulesen, und forderte von dieser Frau von edler Herkunft, daß sie nicht dabei errötete, wenn sie ihre süßen Finger in seinen stinkenden Schurz steckte. Als er nun dachte, daß er nun einen freien Weg zu seinen Vergnügungen hätte, wagte er es, seine gierigen Hände in ihr Gewand zu stecken und seine zögernden Hände auf ihre Brüste zu legen. Doch sie sah, als sie sich umschaute, den alten Mann, der in der Nähe stand und den sie einst gekannt hatte, und schämte sich. Da lehnte sie die gierigen und verlangenden Finger ab und stieß die unkeuschen Hände fort und sagte dem Mann, daß er sich mit den Waffen üben solle und daß er seinen lüsternen Spaß beenden solle.

Starkad, der neben der Tür gesessen und sein Haupt verhüllt hatte, war durch diesen Anblick bereits so wütend geworden, daß er nicht mehr die Geduld aufbringen konnte, seine Hand länger zurückzuhalten, sodaß er seinen Umhang niederwarf und mit seiner rechten Hand sein Schwert ergriff und es zog.

Den Schmied, dessen einzige Kunst Lüsternheit war, packte ein großer Schrecken, als er sah, daß es nun zum Kampf kommen würde, und da er jegliche Hoffnung, sich selber zu verteidigen, aufgab, sah er in der Flucht die einzige Rettung in seiner Not, doch es war genauso schwer, durch die Tür zu stürmen, die von seinem Feind gehalten wurde, als in seinem Haus den Krieger zu erwarten.

Schließlich setzte die Not seinem Zögern ein Ende und er urteilte, daß die Gefahr, in der seine kleine Chance für Sicherheit lag, besser war, als die sichere und nahe Bedrohung. Auch wenn die Flucht sehr schwer erschien, schien ihm die Flucht doch eher Hilfe zu bringen und der kürzere Weg zu Sicherheit zu sein. Daher warf er jedes Zögern fort, da ihm dies ein Übel zu sein schien, das ihm nicht die geringste Hilfe war, sondern möglicherweise das unvermeidbare Ende.

Doch als er gerade die Türschwelle erreicht hatte, schlug ihn der alte Mann in seine Schenkel, sodaß er dort halbtot stürzte und niederfiel.

Der, der ihn niedergeschlagen hatte, dachte bei sich, daß er sorgsam darauf achten solle, seine berühmten Hände nicht für den Tod eines gemeinen Holzkohle-Bläsers herzugeben, und fand, daß die Schande die schamlose Leidenschaft besser strafen würde als der Tod. Viele Männer denken, daß der, der ein Unglück erleiden muß, schlimmer bestraft ist als der, der sofort getötet wird.

Die Szene des lahmen Schmiedes geht auf Wieland den Schmied zurück, der der Gott Tyr in der Unterwelt ist, der sich dort sein bei seinem Tod zerbrochenes Schwert neuschmiedet. Diese Mythe ist hier bei Saxo schon sehr stark verformt, umgedeutet und weiterentwickelt worden.

„Holzkohlen-Bläser" ist eine Kenning für den Schmied und den Goldschmied, da das Feuer in der Esse des Grobschmiedes und auch das deutlich kleinere Feuer des Goldschmiedes aus glühender Holzkohle besteht, dessen Hitze mithilfe eines Blasebalges bzw. beim Goldschmied durch ein Blasrohr reguliert wird.

So kam es dazu, daß die Maid, die niemals Eltern gehabt hatte, die sich um sie gekümmert haben, sich wie eine wohlerzogene Frau zu benehmen begann und für sich selber die Rolle des wachsamen Vormundes übernahm.

Als Starkad umherblickte und sah, daß die Hausmitglieder über den Verlust ihres Meisters trauerten, häufte er durch Beschimpfungen Schande auf den verwundeten Mann und begann solcherart zu spotten:

„Warum schweigt das Haus und ist entsetzt?
Woher kommt dieser neue Kummer?
Und wo wird dieser verliebte Ehemann nun liegen,
nachdem der Stahl ihn für seine schändliche Lust gestraft hat?
Wird er noch irgendetwas von seinem Stolz
und von seiner eitlen Gier behalten?
Bleibt er bei seinem Bestreben?
Glüht seine Lust noch wie zuvor?

Er soll eine Stunde im Gespräch mit mir verbringen
und meinen Haß von gestern mit freundlichen Worten besänftigen!
Sieh zu, daß Dein Gesicht freundlicher dreinschaut
und sorge dafür, daß keine Klage in Deinem Haus erschallt!
Laß keine Klagen in Deinem Haus erschallen
oder die Gesichter werden trüb von Sorge werden!"

Während die Rede oben, die im lateinischen Original nicht in Verse gegliedert ist, wie der Rest eines alten Skalden-Liedes wirkt, ist der nun folgende zweite Teil von Starkads Rede in erster Linie wieder ein christlich-moralischer Kommentar des Mönches Saxo des Schriftkundigen.

„Ich wollte erfahren, wer in Liebe für die Maid entbrannt ist und derart zu meinem geliebten Schützling hingezogen wird. Da zog ich eine Kapuze über, damit mich mein gut bekanntes Antlitz nicht verrät. Da kam der gierige Schmied mit lüsternen Schritten und mit eingeübten Gesten herein und er machte ihr schönen Augen, als er sich wieder verbeugte. Seine Schutz war ein Mantel aus Biberfell, seine Sandalen waren mit Edelsteinen eingelegt, sein Umhang war mit Gold bestickt. Ein prächtiges Band

hielt seinen geflochtenes Haar zusammen und eine vielfarbige Schnur hielt seine in alle Richtungen fallenden Locken zusammen.

Daraus entstand ein träges und aufgeblasenes Temperament. Er bildete sich ein, daß Reichtum der hohen Geburt gleichkommt und Geld wie edle Vorväter ist und bemaß seinen Stand mehr nach seinen Schätzen als nach seinem Blut. So kam der Stolz in ihn und Anmaßung führte zu vornehmer Kleidung, denn dieser Lump begann zu glauben, daß ihn seine Gewänder den Hochgeborenen gleich mache – er, der Holzkohlen-Bläser, der den Wind in Tierhäuten fängt und mit ständigem Blasen schnauft, der mit seinen Fingern in der Asche sucht und der immer wieder durch das Ziehen des Blasebalges die Luft einsaugt und der mit einem kleinen Fächer einen Atemhauch erschafft und das glimmende Feuer aufglühen läßt!

Dann ging er zu dem Schoß der Maid, lehnte sich an sie und sprach: 'Maid, kämme mein Haar und fange die hüpfenden Flöhe und entferne das, was mich sticht!'

Dann setzte er sich und breitete seine Arme aus, die unter dem Gold schwitzten, fläzte sich auf die weichen Kissen und lehnte sich auf seinen Ellbogen zurück, um seinen Schmuck gut zur Geltung zu bringen – gerade so, wie ein bellender Köter den zusammengerollten Bogen seines krummen Schwanzes streckt.

Doch sie erkannte mich und begann ihren Verehrer und seine gierigen Hände zurückzuweisen und sagte ihm, wer ich es sei und sprach: 'Beherrsche Deine Finger, zügle Dein Verlangen, achte darauf, daß Du den alten Mann, der nah bei der Türe sitzt, zufriedenstellst, denn sonst wird Dein Vergnügen zu Leid werden. Ich glaube, daß Starkad gekommen ist und daß sein aufmerksamer Blick Deine Taten beobachtet.'

Der Schmied antwortete: ' Erbleiche nicht wegen dem friedlichen Raben und wegen dem alten Mann, denn der Mächtige, den Du fürchtest, hat sich niemals zu einer solch gemeinen und unwürdigen Verkleidung herabgelassen. Der starke Mann liebt das glänzenden Gewand und sucht sich Kleider, die seinem Mut entsprechen.'"

Ein solches Verkleiden als alter, ärmlicher Mann wird ansonsten von Odin beschrieben. Es stellt sich daher die Frage, ob Saxo oder diejenigen, die ihm diese Geschichte erzählt haben, ein Odin-Motiv auf Tyr-Starkad übertragen haben oder ob Tyr-Starkad evtl. einst auch als „armer Wanderer" aufgefaßt worden ist.

Das Motiv der Sonne als Wanderer ist bei den Indogermanen gut bekannt. Bei den Germanen hat sich davon Widars Schuh erhalten, bei den Kelten das Motivs des Sonnengottes als Schuster (Lugh) und zumindestens bei den Griechen auch als armer Wanderer (Jason).

„*Dann enthüllte und zog ich mein Schwert und als der Schmied floh, schlug ich in seinen Hintern – seine Pobacken lagen offen und waren von den Knochen abgeschlagen und seine Innereien waren zu sehen.*"

Die folgenden Sätze zeigen deutlich, daß sie von einem christlichen Mönch stammen:

"Dann erhob ich mich und schlug mit meiner Faust auf den Mund der Maid, sodaß Blut aus ihren geschlagenen Nasenlöchern floß. Da wurden ihre Lippen, die an übles Gelächter gewohnt waren, feucht von Tränen, das mit Blut vermischt war – sie ihre törichte Liebe mußt für all die Sünden bezahlen, die sie mit sanften Augen begangen hatte.

Der Spaß dieser unglückseligen Frau ist vorbei, die blind von Verlangen wie eine geile Stute losstürmte und ihre Lust zu dem Grab ihrer Schönheit machte.

Du hast es verdient, für Geld an ausländische Leute verkauft zu werden und an einer Mühle mahlen zu müssen – sofern nicht Blut aus Deinen gepreßten Brüsten kommt und bezeugt, daß Du fälschlicherweise beschuldigt worden bist und der Mangel an Milch beweist, daß Du das Verbrechen nicht begangen hast.

Obgleich ich glaube, daß Du frei von diesem Fehler bist, achte darauf, daß Du keine verdächtigen Male an Dir trägst, öffne Dich für keine lügenden Zungen und höre nicht auf das geschwätzige Volk, denn bereits ein kleines Wort verrät die Gedanken des niederen Menschen.

Achte Deine Großväter, ehre Deine Väter, vergiß nicht Deine Eltern, schätze Deine Vorväter hoch ein; achte darauf, daß Dein Fleisch und Blut seine Ehre bewahrt.

Welcher Wahnsinn ist über Dich gekommen?

Und Du, schamloser Schmied, welches Schicksal hat Dich dazu getrieben, Dich in Deiner Lust einer Hochgebornen zu nähern?

Und was hat Dich, Maid, die Du der edelsten Betten wert bist, dazu getrieben, Dich solch niederer Liebe hinzugeben?

Sage mir, wie konntest Du es wagen, mit Deinen rosigen Lippen einen Mund, der nach Asche stinkt, zu schmecken oder auf Deinen Brüsten Hände zu ertragen, die schmierig von der Holzkohle sind, oder die Hände an Deine Seiten zu lassen, die die glühenden Kohlen umwenden, und die Handflächen, die durch den Gebrauch von Zangen hart geworden sind, Deine reinen Wangen berühren zu lassen, und das Haupt, das mit Rußstückchen bestreut ist, zu halten und in Deine weißen Arme zu nehmen?

Ich erinnere mich daran, wie sich die Schmiede voneinander unterscheiden, denn einst hat mich einer von ihnen geschlagen. Alle haben den Namen ihres Berufes gemeinsam, doch die Herzen in ihnen sind von unterschiedlichem Temperament."

Nun vergleicht Starkad die Waffenschmiede mit den Goldschmieden:

Ich halte die für die besten, die die Schwerter und Speere der Kämpfer für den Krieg schmieden, deren Verhalten ihren Mut zeigt, die ihre Herzen durch den Ernst ihres Berufes offenbaren, deren Arbeit ihr Können zeigt.

Dann gibt es auch die, deren hohle Formen Bronze enthalten, da sie die Abbilder der verschiedensten Dinge aus geschmolzenem Gold erschaffen, die Erzadern schmelzen und das Metall in neuen Formen erhärten lassen. Doch die Natur hat diese mit einem sanfteren Gemüt versehen und hat die Hände, denen sie diese seltene Geschicklichkeit verliehen hat, mit Feigheit belegt. Oft entwenden diese Männer, während die Hitze des Feuers die Bronze schmilzt, die in die Gußform gegossen wird, hinterlistig Stückchen des Goldes von den Klumpen, woraufhin dann das Gefäß nach dem Metall dürstet, daß sie gestohlen haben."

So sprach Starkad und genoß seine Worte ebenso wie seine Werke und kehrte zu Halfdan zurück und nahm seine Dienste bei ihm wieder in der engsten Freundschaft auf und ließ niemals von dem Kriegshandwerk ab, damit er seinen Geist von Vergnügungen fernhielt und diese durch seine ständige Waffenübungen ärgerte.

I 20. Zwerge als Meisterschmiede

In der Edda sind die Zwerge die Meisterschmiede und auch allgemein die Hersteller der magischen Gegenstände der Götter. Auf Veranlassung des Loki stellten die beiden Zwerge Brock („Grobschmied") und Sindri („Funke") Thors Hammer Mjöllnir, Odins Speer Gungnir, Odins Ring Draupnir, Sifs goldene Haare, Freyrs Schiff Skidbladnir und Freyrs goldenen Eber her.

Der Vater dieser beiden Zwerge hieß „Iwaldi", d.h. „All-König" oder „Allmächtiger". Ein solcher Name steht ganz offensichtlich nur dem Göttervater Tyr selber zu, woraus sich ergibt, daß die beiden Zwerge die Söhne des Tyr, also die beiden Pferde vor seinem Streitwagen („Alcis") sind.

Auch der Göttermet wurde von einem Zwergenpaar gebraut. Sie hießen Fjalar und Gjalar.

In den Isländersagas wird mehrfach berichtet, daß Zwerge die magischen Schwerter der Germanen herstellten. Das ursprüngliche Motiv wird vermutlich das Schmieden bzw. Neuschmieden des Schwertes des Tyr gewesen sein.

Auffälligerweise sind es sowohl in der Edda als auch in den Isländersagas stets zwei Zwerge, die diese magischen Gegenstände anfertigen. Die einzige Ausnahme ist die Siegfriedsage, in der nur Regin das Schwert schmiedet, da sich sein Bruder Fafnir bereits in einen Drachen verwandelt hat und die übrigen Schätze der Zwerge bewacht.

Die einzigen Wesen, die in den Mythen der Indogermanen stets zu zweit auftreten, sind die Dioskuren, die Pferde-Zwillinge, die den Wagen der Sonne und des Göttervaters zogen. Sie wurden oft als die Kinder des Göttervaters aufgefaßt. So waren die griechischen Dioskuren Castor und Pollux, die die Söhne des Zeus und der Leda waren. Bei der Zeugung der beiden hatte Zeus die Gestalt eines Schwanes, d.h. eines Seelenvogels angenommen. Die Dioskuren haben offenbar mit Zeus Seele, d.h. mit seiner Wiedergeburt zu tun.

Das zentrale Motiv der Indogermanen war der Sonnenaufgang, den sie sich als eine Wiedergeburt der Sonne bzw. des Göttervaters durch die Himmelsgöttin vorstellten. Das Erscheinen der Sonne bzw. des Göttervaters am Morgen wurde als ein Ausritt auf seinem Sonnenwagen, der von den beiden Pferden/Jünglingen gezogen wurde, angesehen. Wenn nun der Göttervater-Sonnengott am Abend starb und am Morgen wiedergeboren wurde, lag es nahe, dasselbe auch für seine Pferde-Söhne anzunehmen. Zudem ist es wahrscheinlich, daß seine Pferde-Söhne ihn bei seiner Reise durch die Unterwelt unterstützten.

Bei den Kelten, Römern, Germanen, Griechen und Skythen, also bei den westlichen und zentralen Indogermanen formte sich der Göttervater zu einem Schwertgott um: Nuada bei den Kelten, Tyr bei den Germanen, Mars bei den Römern, Ares bei den Griechen und Papaios bei den Skythen. Zumindest von den Kelten und Germanen und mit großer Wahrscheinlichkeit auch von den Skythen ist bekannt, daß der Schwertgott-Göttervater am Abend starb und dabei seine rechte Hand verlor. Zudem zerbrach bei seinem Tod offenbar auch sein Schwert – zumindest findet sich dieses Motiv mehrfach in den Isländersagas und auch in der Siegfriedsage.

Die Vermutung liegt nahe, daß die beiden hilfreichen Pferde-Zwillinge auch mit dem Neuschmieden des Schwertes assoziiert wurden. Da sie auch als Menschen angesehen wurden und sich in der Unterwelt befanden, waren sie zwei Tote, d.h. zwei Zwerge. Das Neuschmieden des Schwertes des Göttervaters kann dann der Keim dafür gewesen sein, daß die beiden Pferde-Zwillinge in Zwergengestalt auch alle anderen magischen Gegenstände der Götter herstellten. Die beiden Zwerge, die auch im Jenseits die Söhne des Tyr sind, der in der Unterwelt zu einem Riesen wird, haben das Schmiede-Handwerk von ihrem Vater übernommen.

In einem weiteren Schritt ist dann der Tod der Pferde-Zwillinge am Abend, die nun als zwei Zwerge aufgefaßt wurden, entsprechend dem Wesen der Heldensage als Rache o.ä. umgedeutet worden. Dadurch entstand das Motiv des Todes der Zwillinge in der Schmiede-Sage: das Ermorden der beiden Söhne des Königs Nidud durch Wieland. Auch Siegfried ermordet die beiden Brüder Regin den Schmied und Fafnir den Drachen.

Die beiden Zwillinge wurden schließlich zu dem achtbeinigen „Doppelpferd" Sleipnir des Odin sowie zu seinen beiden Wölfen (Krieger-Aspekt der Zwillinge) und zu seinen beiden Raben (Seelenvogel-Aspekt der Zwillinge).

Die Entwicklung der Pferde-Zwillinge			
zwei Pferde vor einem Streitwagen	*Doppelpferd, Pferde-Mensch*	*zwei Pferde*	*achtbeiniges Pferd (Sleipnir)*
Fürstengrab von Kivik (Südschweden) 1000 v.Chr.	Goldhörner von Gallehus (Süddänemark) 400 n.Chr.	Runenstein von Ardre (1) (Gotland, Schweden) 1050 n.Chr.	Runenstein von Ardre (2) (Gotland, Schweden) 1050 n.Chr.

Das Neuschmieden des Schwertes des Sigurd/Siegfried und sein Drachenkampf sind am Portal der Stabkirche von Hylestad in Norwegen dargestellt worden. Da diese Kirche um 1225 n.Chr. erbaut worden ist, sind die Schnitzereien zur selben Zeit gefertigt worden wie Snorri Sturluson die Edda niedergeschrieben hat.

Regin schmiedet für Siegfried ein Schwert

Siegfried zerbricht eins der Schwerter, die Regin geschmiedet hat

Siegfried tötet Fafnir

Siegfried leckt das Fett des Drachenherzens von seinen Fingern ab und versteht die Stimmen der Vögel im Baum

Siegfried tötet Regin

I 21. Vogel-Verwandlungen bei den Germanen

Wielands Verwandlung in einen Vogel steht in der germanischen Mythologie nicht alleine da. Odin verwandelte sich in einen Adler, Loki in einen Falken und die Walküren in Schwäne. Oft geschieht die Verwandlung durch das Anziehen eines Schwanenkleides, eines Falkenhemdes o.ä.

Einige dieser Vogelverwandlungen sind auf den Runensteinen dargestellt worden:

Runenstein von Hammars:
Mitte: Gunnlöd mit dem Horn, aus dem Odin den Met getrunken hat; rechts ihr Vater Suttung; links Odin „im" Adler (links Odins Beine, sein Kopf ist im Adlerkopf)

Runenstein von Ardre:
Wieland verläßt als Vogel (Gans/Schwan) die Schmiede; links Bödwild; rechts neben der Schmiede die beiden enthaupteten Söhne des Königs Nidud

Runenstein von Ardre:
Seelenvogel über einem Pferd über einem Toten

Einweihungsszene auf dem Runenstein von Ardre:
in der Mitte klein in dem „Kasten" der Einzuweihende; darüber das Hrungnir-Herz und ein Adler; rechts wird ihm ein Adler gereicht und von oben kommt eine riesige Adlerkralle herab

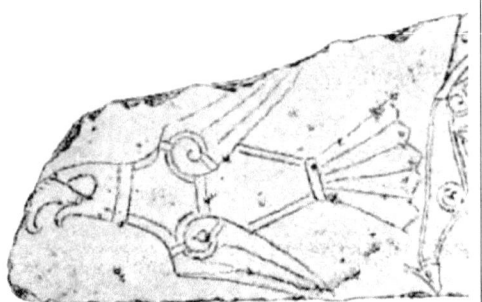

*Runenstein von Alstad:
Adler*

*Runenstein von Taengelgaerda:
drei Adler über Kriegern*

*Runenstein von Sanda:
oben außen: zweiköpfige Schlange mit Runen (drei Männernamen); Mitte: Odin mit Speer, Thor mit Hammer und Freyr (?) mit Sichel; oben: Kammer mit dem toten Krieger (?), Odin mit Speer und evtl. Frigg; neben der Kammer der Seelenvogel (Schwan?) des Toten und rechts ein Hrungnir-Herz (Seelensymbol)*

*Runenstein von Böksta:
Odin jagt den Hirsch, der für die Bestattung gebraucht wird; rechts oben fliegt die Seele des Wikingers, für den der Stein errichtet wurde, davon; links unten der Ski- und Bogen-Gott Ullr*

Der Adler Farseti („Weitsehender") auf der Krone des Weltenbaumes Yggdrasil ist vermutlich identisch mit Odin als Adler und mit Tyr als der Riesenadler Hraesvelgr und Tyr-Thiazi als Adler. Möglicherweise ist die riesige Adlerkralle auf dem Runenstein von Ardre die Kralle des Hraesvelgr.

Ursprünglich wird er der Seelenvogel des Göttervaters Tyr gewesen sein, der u.a. dem Adler des Zeus und dem Adler des Jupiter entspricht.

Da der Weltenbaum der Weg vom Diesseits ins Jenseits ist, ist er auch ein Ort, an dem man die Seelenvögel antreffen kann.

Das bekannteste „Seelenvogel auf Baum"-Motiv ist vermutlich die Taube auf dem Haselstrauch auf dem Grab der Mutter von Aschenputtel, die Aschenputtel ihre Kleider bringt.

I 22. Vogelverwandlungen in den Grimm'sche Märchen

Die Vogelverwandlung ist als Motiv auch aus anderen Grimm'schen Märchen gut bekannt:

\multicolumn{2}{c}{Vogelverwandlungen in Grimm's Märchen}
Märchen	*Motiv*
Die zwölf Brüder	durch das Abbrechen von zwölf Lilien verwandeln sich die zwölf Brüder in zwölf Raben
Der liebste Roland	die Stieftochter verwandelt Roland in einen See und sich in eine Ente auf dem See
Hänsel und Gretel	eine Ente trägt beide Kinder über einen See
Die sieben Raben	eine Schöpfkelle fällt in eine Quelle, woraufhin die sieben Söhne in sieben Raben verwunschen werden
Die sechs Schwäne	die Hexentochter näht sechs Schwanenhemden für die sechs Söhne, die sich dann in sechs Schwäne verwandeln
Jorinde und Joringel	die Hexe verwandelt Menschen in Vögel
Die Rabe	die Tochter wird durch einen Fluch zum Raben

I 23.   Jakob Grimm: Deutsche Mythologie

Unter den göttlichen helden pflagen Herakles und Prometheus, der das heilende feuer gab, und Chiron dieser kunst: ihnen dürfen schon der nordische Mimir, unser Wate und Wieland sich zur seite stellen, ein heilkraut heißt Wielandswurz und in übung der schmiedekunst steht Wieland Prometheus gleich.

... ...

Aus Magns lexicon hole ich aber noch einige andere merkwürdige pflanzennamen nach. die viola Martis, französisch violette de Mars, heißt in Island Týsfiôla, Týrsfiôla, was baare übersetzung des lateinischen namens scheint, der weniger den gott als den monat ausdrückt, neuhochdeutsch merzviole.

Wichtiger ist das norwegische Tyrihialm (Tyris galea) oder Thoralm, Thorhialm (Thori galea), Thorhat (Thori pileus) für aconitum, wozu das neuhochdeutsche eisenhütlein, schwedisch und dänisch stormhat (sturmhut) stimmt, es scheint einer ähnlichkeit der blumengestalt mit dem helm oder hut abgesehn: die pflanze heißt aber auch wolfskraut, dänisch ulveurt, englisch wolfbane, dänisch ulvebane, ulvedöd, was sich auf Týrs kampf mit dem wolf deuten und wiederum mit jenem wolfsbast, garou vergleichen läßt, da auch andre benennungen zwischen daphne und aconitum schwanken. ja wolfsbast darf an die dem Fenrisûlfr angelegte fesseln læðing (dänisch leding), drômi und gleipnir gemahnen.

Noch ein name für daphne wurde schon angegeben: Wielandsbeere, neben dem nordischen Velandsurt für den heilkräftigen baldrian (die valeriana), so daß die deutung wieder auf einen der größten helden unsers alterthums führt, dessen vater der heilkundige Wate war.

Da hier dieselben Pflanzen (Daphne = Seidelbast / Aconitum = Eisenhut) sowohl als Tyrhalm als auch als Wolfskraut und auch als Wielandsbeere bezeichnet werden, kann man davon ausgehen, daß es sich bei Tyr, Wieland und dem Wolf um dieselbe Gestalt handelt: Der ehemalige Göttervater Tyr ist im Jenseits der Schmied Wieland und als Wolfskrieger hatte er einst die Gestalt und den Namen Fenrir.

I 24. Verletzte Götter bei den Germanen

Wielands Lähmung ist nicht die einzige Verletzung in den Mythen der Germanen. Es gibt eine ganze Reihe solcher Motive:

<u>Wieland</u> wurden die Kniesehnen durchtrennt.

<u>Tyr</u> biß der Fenris-Wolf die rechte Hand ab. Vermutlich war dies ursprünglich ein zyklisches Thema, das sich auf den Sonnenuntergang bzw. die kürzer werdenden Tage im Herbst bezog.

<u>Odin</u> opferte eins seiner Augen dem Mimir, um aus seiner Quelle trinken zu dürfen und dadurch Weisheit zu erlangen.

<u>Thor</u> blieb von dem Kampf mit dem Riesen Hrungnir ein Steinsplitter im Kopf stecken.

<u>Sif</u> wurde von Loki ihr goldenes Haar abgeschoren. Von den Zwergen wurde ihr neues, nachwachsendes goldenes Haar erschaffen. Ihr Haar ist ein Symbol für das Getreide.

<u>Baldur</u> wurde auf Anstiften des Loki durch seinen blinden Bruder Hödur getötet. Nach dem Ragnarök kam er jedoch aus der Hel zurück ins Diesseits. Auch dies wird ein zyklischer, jährlicher Vorgang gewesen sein.

<u>Aurvandil</u> fror bei seinem Aufenthalt in Eliwagar („Eiswogen"), d.h. in den Gletschern im Norden, die ein Symbol für das Jenseits waren, ein Zeh ab, der von Thor an den Himmel geworfen wurde, wo er jetzt die Venus ist.

<u>Thors Ziegen</u> konnten von Thor geschlachtet, verspeist und durch seinen Hammer Mjöllnir aus ihrem Fell und ihren Knochen neu erschaffen werden. Seit Thiazi bei einer solchen Mahlzeit einen Beinknochen einer der beiden Ziegen verletzte, hinkt diese Ziege.

<u>Beli</u>, der Riese, dessen Name „Leuchtender, Sonne" bedeutet, wurde von Freyr beim Ragnarök mit einem Hirschgeweih getötet. Es ist anzunehmen, daß dieser Tod bei dem Sonnenriesen Beli auch ein zyklischer Vorgang gewesen ist. Aufgrund dieser recht seltsamen Todesart, die zudem an den Sonnenhirsch aus dem „Sonnenlied" der Edda erinnert, wird sich dies Motiv wohl auf ein Sonnen-Ritual beziehen.

> Freyrs Schwert, das Freyr für seiner Braut Skadi gab, ist eigentlich keine Verletzung, sondern ein Verlust, der aber zu seinem Tod beim Ragnarök führte.
>
> Tyrs Schwert zerbrach den Motiven aus den Isländersagas zufolge am Abend bzw. im Herbst und wurde am Morgen bzw. im Frühling neu geschmiedet.

Der größte Teil dieser Verletzungen steht im Zusammenhang mit dem Jahreszyklus. Die Verletzung und ihre Heilung wird daher wohl eine Umdeutung des zyklischen Wechsels von Tod und Wiedergeburt sein. Die Gottheit wird beim Eintritt in die Unterwelt verletzt (stirbt) und bei der Rückkehr aus der Unterwelt wieder geheilt (wiedergeboren). Solche „mythologischen Verharmlosungen" finden sich des öfteren in der Entwicklung von Religionen.

In der Wieland-Sage sind keine Hinweise auf einen Zyklus erkennbar. Sie sind aber auch nicht zu erwarten, weil der zyklische Charakter bei der Übertragung in die historisch orientierte Sage generell verlorengeht. Diese Entwicklung ist auch schon in der Edda zu beobachten, in der die Götterdämmerung (Ragnarök) bereits als ein einmaliges Ereignis dargestellt wird, aber noch einen Rest seines zyklischen Charakter bewahrt hat, da Baldur und die Menschen anschließend wiedergeboren werden.

Der bekannteste dieser zyklischen Vorgänge, die zu einem einmaligen Ereignis umgedeutet worden sind, ist sicherlich die biblische Sintflut.

Angesichts dieser Herkunft der „Verletzungen der Götter" in den germanischen Mythen kann man auch Wielands Lähmung als ein Jenseitsreise-Motiv werten.

I 25. Zusammenfassung

Die Thidreksage hat die Vorgeschichte des Völund-Liedes überliefert. Das Völund-Lied berichtet seinerseits die Walküren-Episode, die in der Thidreksage fehlt.

Das Deor-Lied berichtet zusätzlich von „Wieland in der Schlangengrube", was durch zwei Runensteine bestätigt wird. Die Mythe über Odin und Gunnlöd sowie die Bilder auf den Goldhörnern von Gallehus ergänzt diese Schlangensymbolik.

Der Runensteine von Klinte und das Runenkästchen von Auzon fügen der Wieland-Sage zusätzlich noch eine Belagerung des Egil und der Aelrun in einer Festung hinzu.

Die Gesta Danorum stellt Wieland, Egil und Slagfid als Aspekte des Odin und somit als eine einzige Gestalt dar.

Das Waltharis-Lied und das Waldere-Lied berichten lediglich, daß Wieland ein sehr guter Schmied gewesen ist und das Schwert Mimung sowie eine gute Rüstung für seinen Sohn Walther hergestellt hat.

Aufgrund der Vielzahl dieser „Puzzlesteine" besteht die Möglichkeit, die Vorstellungen der Germanen über den Schmied Wieland zum einen in ihrer zeitlichen Entwicklung zu betrachten und zum anderen die Teile zu einem vollständigeren Bild zusammenzusetzen.

Die zeitliche Einordnung der Wieland-Quellen

Zeit	Quelle
100 - 0 n.Chr.	de bello gallico (55 v.Chr.)
0 - 100 n.Chr.	
100 - 200 n.Chr.	
200 - 300 n.Chr.	
300 - 400 n.Chr.	
400 - 500 n.Chr.	Goldhörner von Gallehus (400 n.Chr.)
500 - 600 n.Chr.	Wieland-Brosche von Uppakra (500 n.Chr.)
600 - 700 n.Chr.	Runenkästchen von Auzon (650 n.Chr.)
700 - 800 n.Chr.	Beowulf-Epos (700 n.Chr.)
800 - 900 n.Chr.	
900 -1000 n.Chr.	Gosforth-Kreuz (930 n.Chr.) Deor-Lied (950 n.Chr.) Waltharis-Lied (950 n.Chr.) Runenstein von Klinte (950 n.Chr.) Thorsdrapa (985 n.Chr.) Runenstein von Ardre (1) (1000 n.Chr.)
1000 -1100 n.Chr.	Waldere-Lied (1050 n.Chr.)
1100 -1200 n.Chr.	Runenstein von Ardre (2) (1150 n.Chr.)
1200-1300 n.Chr.	Gesta danorum (1200 n.Chr.) Völund-Lied (1220 n.Chr.) Odin und Gunnlöd (1220 n.Chr.) Prosa-Edda (1225 n.Chr.) Saga über Hrof Kraki (1250 n.Chr.) Thidreksage (1250 n.Chr.) Völsungen-Saga (Sigurd) (1270 n.Chr.)

Aus diesen Quellen läßt sich nun zumindestens in groben Zügen eine „Gesamtfassung" der Wieland-Sage herleiten:

Alle Szenen aus den Wieland-Quellen					
Thidreksage (1250 n.Chr.)					
Wilkinus erhält einen Sieg-Segen (Siegesstein) von Odin. Er hat einen Sohn mit Namen Wadi. Wadi ist ein Riese. Wadi hat einen Sohn mit Namen Welent. Welent geht bei dem Schmied Mimir (Tyr) in die Lehre. Wadi trägt Welent über den Sund. Welent geht bei den Zwergen (Tyr-Söhne: „Alcis") in die Lehre.					
Beowulf-Epos (700 n.Chr.)	***Waltari-Lied*** (950 n.Chr.)	***Waldere-Lied*** (1050 n.Chr.)	***Edda*** (1220 n.Chr.)	***Gesta Danorum*** (1220 n.Chr.)	***Thidrek-Sage*** (1250 n.Chr.)
guter Schmied: Brünne	guter Schmied: Rüstung	guter Schmied: Schwert Mimung	guter Schmied: Schwert, Schmuck	guter Schmied: Waffen, Schmuck	guter Schmied: Waffe
Thidreksage (1250 n.Chr.)					
Wieland bleibt auf Bitten der Zwerge ein weiteres Jahr. Wadi muß Wieland genau nach einem Jahr abholen, sonst stirbt Wieland. Wadi läßt Wieland ein Schwert da. Wadi kommt drei Tage zu früh und stirbt in einem Erdrutsch (Bestattung in einem Hügelgrab).					
Thidreksage (1250 n.Chr.)			***Völund-Lied*** (1220 n.Chr.)		
Wieland tötet die Zwerge und raubt ihre Werkzeuge und Schätze.			Wieland tötet die beiden Söhne des Nidud (Loki).		
Thidreksage (1250 n.Chr.)					
Wieland treibt in einem Baumstamm einen Fluß hinab bis ins Meer und wird am Hof des Königs Nidud aufgenommen.					

Gesta Danorum (1220 n.Chr.)	*Thidreksage* (1250 n.Chr.)
Odin stellt naturgetreu Bronzebüsten her.	Wieland stellt die lebensechte Statue des Rygger her.
Waldere-Lied (1050 n.Chr.)	*Thidreksage* (1250 n.Chr.)
Wieland schmiedet das Schwert Mimung.	Wieland schmiedet das Schwert Mimung.

Thidreksage (1250 n.Chr.)

Wieland besteht erfolgreich einen Schmiedewettstreit.
König Nidud verspricht dem, der seinen Siegstein holt, Bödwild zur Frau. Wieland holt den Stein, wird aber aufgrund eines Verrates vom Königshof vertrieben.

Völund-Lied (1220 n.Chr.)

Wieland hat zwei Brüder: Egil und Slagfid. Sie reisen über das Eis nach Ulfdalir am Ulfsiar. Dort treffen sie Alwit, Swanwit und Aelrun und leben mit ihnen sieben Jahre zusammen.
Nach der Trennung der drei Paare schmiedet Wieland 700 Ringe, von denen einer der Walküre Alwit gehört.

Deor-Lied (650 n.Chr.)	*Völund-Lied* (1220 n.Chr.)	*Thidreksage* (1250 n.Chr.)
Wieland wird von Nidud mit Sehnen gefesselt.	Wieland wird von König Niduds Kriegern gefangen.	Wieland wird von König Nidud gefangen.

Gesta Danorum (1220 n.Chr.)	*Thidreksage* (1250 n.Chr.)
Odin geht in der Gestalt eines Kriegers, dann eines Schmiedes und schließlich eines Heilers an den Hof des Königs.	Wieland kann fliehen, aber kehrt als Koch getarnt an den Hof des Königs zurück.

Thidreksage (1250 n.Chr.)

Wieland wird erkannt und gefesselt.

Völund-Lied (1220 n.Chr.)		*Thidreksage* (1250 n.Chr.)		
König Nidud hat Wielands Schwert.		König Nidud hat das Duplikat des Schwertes Mimung.		

Deor-Lied (650 n.Chr.)	*Runenkästchen* (750 n.Chr.)	*Völund-Lied* (1220 n.Chr.)	*Thidreksage* (1250 n.Chr.)
Wieland wird von König Nidud mit Sehnen gefesselt.	Wielands Sehnen werden zerschnitten.	König Nidud zerschneidet Wielands Sehnen.	König Nidud zerschneidet Wielands Sehnen.

Völund-Lied (1220 n.Chr.)	**Thidreksage** (1250 n.Chr.)
Schmiedearbeiten	Schmiedearbeiten

Deor-Lied (650 n.Chr.)	*Runenkästchen* (750 n.Chr.)	*Ardre-Runenstein* (1050 n.Chr.)	*Völund-Lied* (1220 n.Chr.)	*Thidreksage* (1250 n.Chr.)
Wieland tötet zwei Söhne des Königs.	Wieland tötet zwei Söhne des Königs.	Wieland tötet zwei Söhne des Königs.	Wieland tötet zwei Söhne des Königs.	Wieland tötet zwei Söhne des Königs.

Völund-Lied (1220 n.Chr.)
Wieland fertigt aus den Köpfen der beiden Königssöhne zwei Schädelschalen und schenkt sie dem König. Die Augen sendet er als Edelsteine der Königin.

Edda (1220 n.Chr.)	*Völund-Lied* (1220 n.Chr.)
Wieland fertig aus den Zähnen der Königssöhne eine Kette für Bödwild.	Vier Zwerge fertigen die Kette Brisingamen für Freya, die als Lohn dafür mit jedem von ihnen eine Nacht verbringt.

Gallehus (400 v.Chr.)	*Edda* (1220 n.Chr.)
Schlangenmenschen	Odin verwandelt sich in eine Schlange um zu Gunnlöd in den Berg (Hügelgrab) zu reisen.

Runenkästchen (750 n.Chr.)		*Völund-Lied* (1220 n.Chr.)		*Edda* (1220 n.Chr.)	*Thidreksage* (1250 n.Chr.)
Wieland und Bödwild trinken Met.		Wieland und Bödwild trinken Met.		Odin trinkt Gunnlöds Göttermet.	Wieland und Bödwild trinken Met.
Gallehus (400 v.Chr.)	*Deor-Lied* (650 n.Chr.)	*Runenkästchen* 750 n.Chr.	*Völund-Lied* (1220 n.Chr.)	*Edda* (1220 n.Chr.)	*Thidreksage* (1250 n.Chr.)
Paarung von Schlangen(-menschen).	Wieland und Bödwild vereinen sich.	Wieland und Bödwild vereinen sich.	Wieland und Bödwild vereinen sich.	Odin und Gunnlöd vereinen sich.	Wieland und Bödwild vereinen sich.
Deor-Lied (650 n.Chr.)		*Völund-Lied* (1220 n.Chr.)		*Gesta Danorum* (1220 n.Chr.)	*Thidreksage* (1250 n.Chr.)
Bödwild ist schwanger.		Bödwild ist schwanger.		Rindr ist schwanger.	Bödwild ist schwanger.
Deor-Lied (650 n.Chr.)		*Klinte-Runenstein* (950 n.Chr.)			*Ardre-Runenstein* (1050 n.Chr.)
Wieland in der Schlangengrube.		Wieland in der Schlangengrube. Eine Frau mit einer Schlange in der Hand steht einmal an der Grube und einmal etwas von ihr entfernt.			Wieland in der Schlangengrube.

Thidreksage (1250 n.Chr.)

Egil kommt an den Hof des Königs, der ihn zu dem „Apfelschuß" auffordert. Egil tritt in den Dienst des Königs.

Runenkästchen von Auzon (650 n.Chr.)	*Thidreksage* (1250 n.Chr.)
Egil beschafft Wieland Gänsefedern für seine Flügel.	Egil beschafft Wieland Gänsefedern für seine Flügel.

Ardre-Runenstein (1050 n.Chr.)	*Völund-Lied* (1220 n.Chr.)	*Edda* (1220 n.Chr.)	*Thidreksage* (1250 n.Chr.)
Wieland verwandelt sich in einen Adler.	Wieland erschafft sich Vogelflügel.	Tyr-Tiazi und Odin verwandeln sich in einen Adler. Loki verwandelt sich mit Freyas Falkenhemd in einen Falken; die Walküren benutzen Schwanenhemden.	Wieland fertigt sich Vogelflügel.

Völund-Lied (1220 n.Chr.)	*Thidreksage* (1250 n.Chr.)
Wieland verspottet König Nidud.	Wieland verspottet König Nidud.

Thidreksage
(1250 n.Chr.)
Wieland klemmt sich eine Blase voll Blut unter die linke Achsel. Egil schießt auf Befehl des Königs auf seinen Bruder und trifft die Blase.

Runenkästchen von Auzon (650 n.Chr.)	*Klinte-Runenstein* (950 n.Chr.)
Egil und Aelrun werden in einer Festung belagert. Aelrun ist einem Tempel.	Egil und Aelrun werden in einer Festung belagert. Bei ihnen ist ein Rind.

Thidreksage
(1250 n.Chr.)
König Nidud stirbt. Sein Sohn Otung verzeiht Wieland. Wieland heiratet Bödwild.

Waltari-Lied (950 n.Chr.)	*Waldere-Lied* (1050 n.Chr.)	*Thidreksage* (1250 n.Chr.)
Wielands Sohn heißt Waltharis.	Wielands Sohn heißt Waldere.	Wielands Sohn hießt Wittig.

In dieser Zusammenstellung aller bekannten Szenen aus der Wieland-Sage bleiben einige Ungereimtheiten. Am auffälligsten ist der Aufenthalt der drei Brüder bei den drei Walküren, der ein wenig unmotiviert am Anfang des Völund-Liedes steht.

Die Ähnlichkeit zwischen Alwit und Bödwild läßt vermuten, daß beide Frauen dieselbe Person sind – vermutlich ist bei der Umdeutung der ursprünglichen Jenseitsreise-Mythe in eine Helden-Sage aus der Walküre eine Königstochter geworden. Da dem Verfasser des Völund-Liedes beide Motive bekannt waren, hat er sie, um vollständig zu sein, hintereinandergereiht.

Der Aufenthalt der drei Brüder im Jenseits bei den Walküren wäre dann die Wurzel der einzelnen Jenseitsreisen in der Sage: Wieland in der Schlangengrube und Egil in der Festung.

Man kann vermuten, daß es auch eine entsprechende Szene mit Slagfid gegeben hat. Für Slagfid, der die Priester/Heiler repräsentiert hat, würde eine solche Jenseitsreise am wichtigsten sein, da er nur aufgrund seiner dabei erlangten Verbindung zu den Göttern Priester und Heiler sein konnte.

Aus der Kombination des Jenseitsreisemotives mit den drei Stände scheint so etwas wie eine „Einweihung der Vertreter der drei Stände" entstanden zu sein:

     - die Jenseitsreise des Fürsten bei seiner Krönung bzw. des Kriegers beim Erlernen der Kampfekstase,
     - die Jenseitsreise des Priesters/Heilers bei seiner Priesterweihe und
     - die Jenseitsreise des Bauern/Handwerkers bei seiner Einweihung.

Es ist jedoch fraglich, ob es einen solche „Bauern-Einweihung" tatsächlich gegeben hat. Sie wird eher eine Art Ergänzung zur Herstellung der „mythologischen Vollständigkeit" gewesen sein.

Solche Einweihungen sind von so gut wie allen indogermanischen Völkern bekannt. Sie sind um 600 v.Chr. aus den früheren Jenseitsreisen der Schamanen entstanden. Die bekanntesten von ihnen sind die Mysterien von Eleusis und die Mithras-Mysterien. Vermutlich wird ihre Entsprechung bei den Germanen auf dem Runenstein von Bunge dargestellt.

Runenstein von Bunge: Einweihung

Auf diesem Runenstein ist ein klein dargestellter Mann in einer Art Kiste zu sehen, um die herum zwei Priester und fünf Krieger stehen. Über dem „Mann in der Kiste" ist an drei Stellen ein Adler zu sehen, der vermutlich derselbe Vogel bei drei verschiedenen „Tätigkeiten" ist: oben der Seelenvogel des Mannes, rechts der symbolische „Segen" durch die Gemeinschaft und oben (riesige Adlerklaue) der Segen durch die Götter. Über dem Mann befindet sich das „Hrungnir-Herz", das die Seele und die „Richtigkeit" darstellt.

In diesen Ritualen wurde der Einzuweihende oft einen Schacht o.ä. hinabgelassen, der den Eingang zur Unterwelt darstellt. Bei den Persern (Mithras) floß das Blut des Opferstieres in diesen Schacht, bei den Kelten (Druiden) wurde er mit Wasser gefüllt und dem Menschen in dem Schacht durch sein Fast-Ertrinken zu einem Nahtod-Erlebnis verholfen, die Griechen und Thraker blickten nur in diesen Schacht hinab – und die Germanen scheinen für diesen Zweck einen „Kasten" benutzt zu haben. Auch die Festung des Egil gehört zu dieser Symbolik.

Die Schlangengrube als Jenseits wird auch durch die Beschreibung der Halle der Hel als eines Saales, in dem Schlangen von der Decke hängen, bestätigt. Diese Grube und auch die Halle der werden sicherlich auch mit der Grabkammer in den Hügelgräbern assoziiert worden sein, in der der Geist des Toten als Schlange oder Drache lebte und seine Grabbeigaben bewachte.

Durch das Bestreben, alle Überlieferungen zu einer vollständigen Geschichte zusammenzufassen, sind in der Wieland-Sage mehrfache Darstellungen desselben Themas mit verschiedenen Bildern entstanden. Die wichtigsten dieser Mehrfachszenen beziehen sich auf die Jenseitsreise:

Mehrfachszenen im Wieland-Lied: die Jenseitsreise	
Reise ins Jenseits	*Reise zurück ins Diesseits*
Welents Getragenwerden durch den Sund durch seinen Vater Wadi auf dem Weg zu den Zwergen	Welents Treiben in einem Baumstamm im Fluß und im Meer bei seiner Rückreise von den Zwergen
Welents Hinabsteigens zu den Zwergen unter die Erde	Welents Rückkehr von ihnen
Wielands Fesselung und Werfen in die Schlangengrube	Wielands (vermutete) Befreiung aus der Schlangengrube
das Durchtrennen von Wielands Sehnen	Wielands Vogelverwandlung
Wielands Gefangenschaft auf der Insel	Wielands Verlassen der Insel (Flug)

Wadis Verschüttetwerden unter Steinen	Welents Rückkehr aus der Erde
die Reise der Brüder über das Eis	
die Vereinigung der drei Brüder mit den drei Walküren	die Trennung der drei Walküren von den drei Brüdern
Egils und Aelruns Verschanzen in der Festung	Egils und Aelruns (vermutetes) Verlassen der Festung
Wielands Zerraspeln des Schwertes Mimung	Wielands (Neu-)Schmieden des Schwertes Mimung

Eine weitere Verdoppelung sind Wielands zwei Lehren: bei Mimir, dem Eisenschmied der Hunnen, der mit dem weisen Tyr-Riesen Mimir aus der Edda identisch sein wird, sowie bei den Zwergen.

Ursprünglich wird Wieland der Meisterschmied in der Unterwelt gewesen sein, der erst durch seine Übertragung in den Sagenbereich einen „menschlichen Lebenslauf" erhalten hat, zu dem dann auch eine Lehre gehörte. Er lernte logischerweise bei den Wesen, die sich in der Unterwelt befanden und die Kunst des Schmiedens beherrschten, d.h. die dem Schmiedegott Wieland ähnlich waren: bei den Riesen und bei den Zwergen.

Es sind verschiedene Wurzeln der Wieland-Sage erkennbar:

    - der Schmiedegott im Jenseits,
    - die Jenseitsreise der Menschen (Bestattung, Priesterweihe, Krönung, Einweihung),
    - die Jenseitsreise der Götter (Tyr, Odin, Thor, Baldur),
    - die Wiederzeugung, die Wiedergeburt und das Wiederstillen (Met),
    - die Jenseitsgöttin (Freya/Hel, Walküren, Königstochter),
    - der Eingang ins Jenseits (Hügelgrab, Insel, Schlangengrube, Festung),
    - die Pferde-Zwillinge (Alcis, Sleipnir, Zwergenpaar, zwei Jünglinge), und
    - die drei Stände.

Es lassen sich verschiedene Entwicklungsschritte rekonstruieren, die die Wieland-Sage geprägt haben. Ihre genaue Reihenfolge ist nicht sicher – vermutlich werden sie sich über längere Zeit erstreckt haben und oft parallel verlaufen sein.
Die ersten vier Motive reichen bis in die frühe indogermanische Zeit zurück und werden daher die frühen germanischen Mythen geprägt haben.

Eine größere Änderung wird die Entstehung der Mysterienkulte um 600 v.Chr. bedeutet haben, da sie allen Menschen, die dies wünschten, eine Jenseitsreise ermöglichte.

Der letzte Punkt in der folgenden Übersicht, also die Übertragung der mythologischen Motive in den Bereich der Sage, wird in der Völkerwanderungszeit begonnen haben. Dies ist u.a. deshalb sehr wahrscheinlich, weil in dieser Epoche kriegsbedingt die Stellung des Fürsten bzw. Königs stärker wurde und dadurch die von der Jenseitsreise abgeleitete Krönungssymbolik allgemein prägender wurde. Diese „halbmythologische" Krönungssymbolik in Kombination mit der Biographie von Königen und wichtigen Kriegern oder Priestern war die Grundlage für die Heldensage. Außerdem wurde in dieser Zeit Odin anstelle von Tyr der nordgermanische Göttervater, was zu einer Auflösung der alten Tyr-zentrierten Mythen geführt hat.

Die Übertragung in den Bereich der Sage führte u.a. dazu, daß die zyklischen Vorgänge in den Mythen zu einmaligen Ereignissen umgedeutet wurden, die im Leben eines Fürsten oder Helden stattfanden. Das wichtigste Beispiel dafür in den germanischen Mythen ist Umdeutung des Jahreszyklus in den Ragnarök.

Folgende wichtige Motive und Entwicklungen der Wieland-Sage lassen sich unterscheiden:

1. Ursprung in den indogermanischen Mythen
2.800 v.Chr.

- Ort: konkret ein Hügelgrab („Schlangengrube"); symbolisch die Jenseitsinsel

- Ritual: die Jenseitsreise des Schamanen/Priesters bei Bestattungen

- Ritual: Trinken des Mets

- Ritual: die Verwendung von Schädelschalen im Ahnenkult

- Mythe: die nächtliche/winterliche Jenseitsreise des Tyr (Dhyaus)

- Mythe: die Hilfe der Pferdezwillinge bei der Wiedergeburt des Tyr im Jenseits

- Mythe: Tyr (Dhyaus) in der Unterwelt ist der Schmied, der sein eigenes Schwert neuschmiedet; später übernehmen manchmal die beiden Pferdezwillinge (zwei Zwerge) diese Aufgabe

- Mythe: die Wiederzeugung, die Wiedergeburt und das Wiederstillen des Tyr (Dhyaus) bzw. der Toten zusammen mit der Göttin (Freya/Hel)

- Mythe: das (Neu-)Schmieden des Schwertes für den Gott Tyr (Dhyaus) in der Unterwelt durch Wieland

2. Veränderungen im Zusammenhang mit der Entstehung der Mysterien
600 v.Chr.

- die Entstehung eines Urbildes der Jenseitsreise bei den „Einweihungen für alle", das in zunehmendem Maße die Mythen und Sagen prägte

3. Entwicklungen ab der Völkerwanderungszeit
400 n.Chr.

- der Gott Baldur wurde das allgemeine Urbild der Jenseitsreise

- eine differenzierte Darstellung der Einweihung für alle drei Stände:
    - Weihung der Priester
    - Krönung der Fürsten
    - Einweihung der Bauern und Handwerker (?)

- die Helden-Repräsentanten der drei Stände werden durch die Götter, die den drei Ständen entsprechen, inspiriert:
    - Krieger/Fürst: Odin/Tyr/Ullr/Thor   => Egil, Siegfried
    - Priester/Heiler: Hönir/We   => Slagfid, Odin
    - Bauern/Handwerker: Loki/Wili   => Wieland

- die Übertragung der Motive der Jenseitsreise in die Helden-Sage:
    - Walküre => Königstochter
    - Suche nach dem Segen der Asen => Rache
    - Jenseits, Grabkammer, Schlangengrube => Gefangenschaft, Festung
    - Reise ins Jenseits => Reise in die Ferne (Hunnen, über das Eis)
    - Tod der Pferdezwillinge => Ermordung der beiden Königssöhne
    - Freyas Kette Brisingamen => Kette aus den Zähnen der Söhne
    - rituell verwendete Schädelschalen => Schädelschalen aus Rache

- Zerfall des Gesamtbildes in den Mythen in Einzelthemen:
    - die einzelnen Bilder in den Mythen werden z.T. kaum noch verstanden

und umgedeutet: Schädelschale, Schlangengrube u.a.
- die Darstellung der drei Stände zerfällt in Einzelsagen, die nur noch lose zusammenhängen: Wieland-Sage, Egil-Sage, Dietrich-Sage, Siegfried-Sage

- die u.a. durch die Krönungssymbolik inspirierte Übertragung der Szenen der Jenseitsreise in die Biographie von Königen und Helden (Sagenbildung):
  - konkrete Menschen statt mythologische Wesen
  - die mythologischen Orte werden zu konkreten Orten
  - die zyklischen Vorgänge in den Mythen werden zu einmaligen Ereignissen

- die Hintereinanderreihung aller Varianten der ursprünglichen Jenseitsreisesymbolik, die vermutlich nicht mehr klar verstanden wird, in einer fortlaufenden Geschichte

- diese Sagen werden zum Teil unter neuen (z.T. historischen) Gesichtspunkten wieder zu einem Epos zusammengefügt: Nibelungen-Sage, Thidrek-Sage u.a.

- - -

Wielands Name bedeutet „kunstfertiger Handwerker". Seine Sage entstand vor allem durch die Übertragung der Tyr/Odin-Mythen in den Bereich der halbhistorischen Sage.

Die drei Brüder Wölund der Schmied, Egil der Bogenschütze und Slagfid sind aus der Aufteilung der Germanen in die drei Stände Krieger/Fürsten (Odin – Egil), Priester/Heiler (Hönir – Slagfid) und Bauern/Handwerker (Loki – Wieland) entstanden.

Die Wielandsage ist vor allem die Darstellung einer Jenseitsreise. Dieser Ursprung der Sage wird in sehr vielen Motiven sichtbar: das Überqueren des Eises, das Leben im Wolfstal, das Waten durch den Sund, das Treiben Wielands in einem Baum auf einem Fluß, sein Lernen bei dem Riesen Mimir und bei den Zwergen, eine Walküre als Geliebte, Wielands Lähmung, sein Leben als Gefangener auf einer Insel, seine Verwandlung in einen (Seelen-)Vogel u.a.

Der Tod von Welents Vater Wadi in einem Erdrutsch, als Welent aus der Unterwelt von den Zwergen zurückkehrte, ist eine Umdeutung der Wiedergeburt des sterbenden Wadi, „der in die Erde geht", als sein Sohn Welent, „der aus der Erde zurückkehrt". Das Vorbild für dieses Motiv ist die allnächtliche Reise der Sonne durch die Unterwelt.

Der Ring, den Welent für seine Walküren-Geliebte herstellt, ist eine Entsprechung zu Odins Draupnir, der ein Symbol für die erfolgreich bestandene Jenseitsreise bei einer Einweihung oder Krönung war.

Die Wieland-Sage ist eine Parallelbildung zur Siegfriedsage, die nicht Odin als

Schmied, sondern Odin als Krieger zum Thema hat. Beide Helden haben einen Ursprung in der Götterwelt: Odin gab Siegfrieds Vater Siegmund das Schwert Gram und Wielands Großmutter war eine Meerfrau. In der Wielandsage ist Egil die Verkörperung von Odin als Krieger. Das dritte Motiv des Odin als Priester/Heiler scheint keine dem Wieland oder dem Siegfried entsprechende Sagengestalt hervorgebracht zu haben.

Auch die Vogel-Verwandlung ist von Odin aus seiner Reise zu der Riesentochter Gunnlöd bekannt. Dort vereint er sich zunächst mit Gunnlöd, trinkt dann in drei Schlucken den Göttermet und verwandelt sich danach in einen Adler. Auch Welent und Bödwild trinken vor Welents Vogel-Verwandlung Met und verbringen drei Nächte miteinander. Das Met-Trinken ist als „Wiederstillen" eine Ergänzung zu dem Wiederzeugen und der Wiedergeburt.

Aus der ursprünglichen Vereinigung mit der Jenseitsgöttin wird in der Wieland-Sage die Walküre/Königstochter als Geliebte und schließlich durch das Rache-Motiv in den germanischen Sagen eine Vergewaltigung.

Die Lähmung des Wieland geht auf das Motiv der Verletzung der Gottheit beim Eintritt in die Unterwelt zurück. Die Entsprechung bei Odin ist das Opfern eines Auges, durch das er die Weisheit erlangt.

Die Ermordung der Zwillinge stammt schließlich von den beiden Pferde-Zwillingen vor dem Wagen des Sonnengottes-Göttervaters Tyr, die zusammen mit ihm beim Eintritt in die Unterwelt sterben. Sie wurden bei den Germanen „Alcis" genannt. Aus ihnen entstand das bei den Germanen weitverbreitete Motiv der beiden Zwerge als Hersteller der magischen Waffen und Geräte der Götter.

Ursprünglich wird Wieland der ehemalige Sonnengott-Göttervater in der Unterwelt beim Neuschmieden seines bei seinem Tod zerbrochenen Schwertes gewesen sein.

Wieland ist die Übertragung des ehemaligen Sonnengott-Göttervaters als „Schmiedegott" in den Bereich der Sage. Wieland verkörpert als Schmied vermutlich den „Dritten Stand" der Bauern und Handwerker.

Analog dazu wurde der Krieger/Fürst-Aspekt des Odin/Tyr/Ullr/Thor durch Egil bzw. unabhängig von der Wieland-Sage in Siegfried verkörpert.

Der Stand der Priester/Heiler erscheint in der Wieland-Sage als Wielands dritter Bruder Slagfid. Der Priester/Heiler hat jedoch keine der Wieland-Sage und der Siegfried-Sage vergleichbare Erzählung hervorgebracht. Am ehesten entspricht ihm noch Odin als Wanderer.

Die ursprünglichen Götter der drei Stände waren Odin der Krieger/Fürst, Hönir/ We der Priester und Loki der Bauer/Handwerker. Insbesondere bei Loki beschränken

sich die Mythen des Gottes aber keineswegs auf diese Funktion.
　Die Wieland-Sage enthält in leicht umgedeuteter Sagenform die Jenseitsvorstellungen der Germanen.

II Die Schmiedegötter der Indogermanen

Die Ursprünge der germanischen Schmied-Mythe lassen sich sehr viel klarer erfassen, wenn man sie mit den Schmiedegöttern der anderen indogermanischen Völker vergleicht, die zu diesem Thema eine reiche Überlieferung besitzen.

II 1. Wieland bei den Kelten

In der „Vita Merlini" des Engländers Geoffrey von Monmouth, die um ca. 1150 n.Chr., d.h. ca. 70 Jahre vor der „Edda" verfaßt wurde, wird Wieland namentlich erwähnt. Da Wieland auch auf dem angelsächsischen Runenkästchen von Auzon erscheint, das bereits um 650 n.Chr. angefertigt worden ist, enthält diese Nennung des Wieland keine neue Informationen.

Doch König Rydderch von Cumberland ließ Merlin Hunde und schnelle Pferde, Gold und strahlende Edelsteine und sogar Kelche, die der Schmied Wayland aus der Stadt Segontium gefertigt und graviert hatte, bringen.

Das Auftreten eines Schmiedes, der einen besonders schön gravierten Kelch hergestellt hat, mit dem König Rydderch seinen Schwiegerbruder Merlin aufmuntern will, erschient zunächst einmal nicht als etwas besonders Bemerkenswertes. Der Schmied hat jedoch den auffälligen Namen Wayland, der sehr an den germanischen Schmied Wieland erinnert. Zunächst einmal bedeutet das altenglische Wyland jedoch einfach nur „Goldschmied".

In der germanischen Wieland-Sage werden Wieland von seinem König beide Achillessehnen durchgetrennt, sodaß er nicht mehr laufen und daher nicht fliehen kann. Wieland muß für den König das Schwert Mimung schmieden, das so scharf ist, daß es ein Stück Wolle, daß auf einem Fluß gegen die ins Wasser gehaltene Klinge treibt, zerschneidet.

Wieland rächte sich aber an dem König, der ihn gelähmt hatte, indem er ihm eine minderwertige Kopie des Schwertes gab, Mimung für sich behielt, mit der Tochter des Königs ohne dessen Zustimmung ein Kind zeugte und sich selber Flügel schmiedete, mit denen er schließlich davonfliegen und aus der Gefangenschaft fliehen konnte.

Der keltische Schmiedegott Goibhniu konnte ein Schwert mit drei Hammerschlägen herstellen. Er war auch ein Unterweltsgott und besaß daher einen Kessel mit Met, der jeden, der davon trank, von allen Krankheiten und sogar von dem Tod befreite.

Das Schwert ist auch in der keltischen Mythologie ein wichtiger Gegenstand. Er ist das Kennzeichen und der wichtigste Besitz des Gottes Nuada. Man kann davon ausgehen, daß es von dem Schmiedegott Goibhniu hergestellt worden ist.

Wenn nun in Geoffreys Geschichte ein von Wayland geschmiedeter Kelch erwähnt wird, könnte dies durchaus auf den Met-Kessel des Schmiedegottes in einer früheren, ursprünglicheren Version der Lebensgeschichte Merlins zurückgehen.

Da in der germanischen Wielandsage der Schmied schließlich mit selbstgebauten Flügeln seine Gefangenschaft verläßt, kann man die Wielandsage wohl als Parallele zu dem Schmied Wayland ansehen, da das Fliegen ein Hinweis auf den Seelenvogel und somit auf das Erleben einer Astralreise bei dem Nahtoderlebnis ist. Die Gefangenschaft des Wieland entspräche dann dem Aufenthalt des Merlin im Wald: beides symbolisiert das Jenseits.

Man kann daher wohl auch davon ausgehen, daß Merlin bei seiner Einweihung anschließen einen Trank Met aus dem Kessel des Schmiede- und Unterweltgottes Goibhniu erhielt, der den Met der Heilung und der Wiedergeburt darstellte. Die Vereinigung Wielands mit der Tochter des Königs wäre dann ein Hinweis auf die Wiedergeburt.

II 2. Der keltische Schmiedegott Goibhniu

Der Name des keltischen Schmiedegottes bedeutet „Schmied". Diese Berufsbezeichnung findet sich auch im Altirischen als „gobae", im Mittelwalisischen als „gofein", im Gallischen als „gobed", im Altkeltischen als „gobanos", im Lateinischen als „faber" sowie mit etwas anderer Bedeutung im Litauischen als „gabija" („Heiliges Herdfeuer") und als „gabus" („talentiert, geschickt").

Diese Berufsbezeichnung ist auf das Westindogermanische (Germanen, Kelten, Römer, Slawen) beschränkt und wird ursprünglich in etwa „gabh" gelautet haben. Dieses Wort geht auf das indogermanische Verb „ghabh" für „ergreifen" zurück.

Interessanterweise wird dieses Wort im Slawischen (Litauen) mit dem Heiligen Herdfeuer und mit Geschick assoziiert. Dies entspricht dem Namen des Schmiedes Wieland.

Goibhniu war der Sohn des Gottes Esarg Tuirbe Trágmar („Esarg Axtwerfer") und der keltischen Muttergöttin Danu (Dana). Esarg war ein Halbriese. Sein Name bedeutet vermutlich „Feuer".

Die Waffen des Goibhniu waren stets tödlich, da sie u.a. Wundbrand verursachten. Die drei Brüder Goibhniu der Schmied, Luchtainé der Zimmermann und Creidhné der Goldschmied stellten zusammen die Waffen der Tuatha de Danan („Volk der Göttin Dana" = keltische Götter) für deren Kampf gegen die Fomorii-Riesen her.

Diese drei Brüder wurden auch „Tri Dée Dána", die drei Götter der Kunst genannt.

Manchmal erscheinen sie auch zusammen mit Dian Cecht dem Heiler als die vier Handwerksgötter. Alle vier sind Söhne des Halbriesen Esarg und der Muttergöttin Dana.

Goibhniu besaß den Met, der die Götter vor Krankheit und Alter bewahrte und der sie unverletzbar und unsterblich machte. Dieser Met wurde bei dem „Fest des Goibhniu" aus einem großen Kessel getrunken, den Goibhniu aufbewahrte.

Ein recht ähnliches Motiv ist die magische Kuh, die Goibhniu besaß. Sie gab soviel Milch, daß damit ganz Irland ernährt werden konnte.

Eines Tages stahl der Riesenkönig Balor das Halfter dieser Kuh, dem sie stets folgte. Daher mußte Goibhniu seitdem seine Kuh ständig bewachen, damit sie nicht zu Balor in die Unterwelt lief. Als eines Tages Cian („Leben, König"), Sohn des Heiler-Gottes Dian Cecht („schnell zubereiteter Trank"), Enkel des Göttervaters Dagda („Tages/Sonnen-Gott") den Schmiedegott Goibhniu bittet, ihm ein Schwert zu schmieden, weist Goibhniu Cian an, solange seine magische Kuh zu hüten. Als Goibhniu jedoch Cian zu sich rief, damit er ihm beim Härten der Klinge half, ließ Cian die Kuh unbe-aufsichtigt – und die Kuh lief sofort zu Balor. Daraufhin mußte Cian sie aus der der Unterwelt zurückholen, in der er mit Balors Tochter den Sonnengott Lugh zeugte, der dann bei Goibhniu aufwuchs.

Eines Tages wurde Goibhniu von dem Halbriesen Ruadan, dem Sohn der Göttin Brigid mit einem Speer, den Goibhniu selber geschmiedet hatte, angegriffen und verwundet. Goibhniu tötete Ruadan mit diesem Speer und heilt sich selber noch gerade rechtzeitig an der Lebensquelle der Tuatha de Danan. Ruadan war der erste Gott, der gestorben ist.

Goibhniu hat auch das Schwert des Gottes Nuada geschmiedet, das dessen wichtigster Besitz war. „Nuada" bedeutet „Wasser-Dyaus", also „Sonnengott-Göttervater in der nächtlichen Wasserunterwelt". Er entspricht dem keltischen Schwertgott Tyr. Dagda ist der Sonnengott-Göttervater am Tage, d.h. im Diesseits und Nuada ist derselbe Gott in der Nacht, d.h. im Jenseits.

Goibhniu soll zusammen mit dem Heiler-Gott Dian Cecht an einer schmerzvollen Krankheit gestorben sein.

In einem Lied des Barden Dallan finden sich die Verse: *"Wäre ich der mit süßer Stimme begabte Schmied, / dem Feuer-Schmied wäre ich treu."* Dies klingt ganz so, als ob Goibhniu möglicherweise eine *„süße Stimme"* gehabt hätte – warum auch immer …

Auch bei den Kelten wurde der Sonnengott-Göttervater als Schmied aufgefaßt: Der junge, d.h. wiedergeborene Sonnengott Lugh Lamfadha wurde u.a. als Meisterschmied angesehen. Sein Name bedeutet „Der Leuchtende mit der langen (=geschickten) Hand". Er entwickelte sich mit der Zeit zu dem Elfen-Meisterschmied weiter, der in einem Hügelgrab wohnt. Dabei verwandelte sich sein Name nach und nach zu „Leprechaun".

Goibhniu und Wieland haben viele Ähnlichkeiten: Sie stellen das Schwert des Sonnengott-Göttervaters her, sie besitzen und trinken den Met, sie haben eine Wunde, sie sind letztlich selber der Sonnengott-Göttervater (Dagda/Nuada, Tyr/Odin) und sie sind mit der Wiederzeugung (Wieland, Cian) und der Jenseitsreise (Wieland, Cian) assoziiert.

Goibhniu („Schmied"), der Schmied der Tuatha de Danan, besaß eine magische Kuh, die ganz Irland mit ihrer Milch ernähren konnte. Balor, der Anführer der Fomorii, versuchte die Kuh zu stehlen, aber es gelang ihm nur, das Halfter mitzunehmen. Da die Kuh aber immer dorthin strebte, wo das Halfter war, mußte Goibhniu sie jetzt ständig bewachen.

Als Cian („Leben, König"), der Sohn des Heilgottes Dian Cecht („schnell zubereiteter Trank") und Enkel des Dagda den Schmiedegott darum bat, ihm ein Schwert zu schmieden, übergab Goibhniu die Kuh dem Cian, damit er sie solange behütete. Als Cian jedoch von einem Jungen die Botschaft erhielt, daß er Goibhniu beim Härten des Schwertes helfen solle, nahm er die Kuh nicht mit, sondern ließ sie alleine auf der Wiese, woraufhin sie sofort zu Balor Einauge lief.

Cian mußte nun die Kuh suchen gehen und gelangte dabei an den Unterweltfluß, über den ihn ein alter Mann in einem weiten Mantel übersetzte. Der Jenseitsfährmann war Manannan Mac Lir, aber Cian erkannte ihn nicht. Als Lohn für die Überfahrt mußte Cian seinen Mantel mit dem des Manannan tauschen – was eigentlich ein Lohn war, denn Manannans Mantel läßt seinen Träger unsichtbar werden. Der Lohn für die Rückfahrt sollte die Hälfte dessen sein, was Cian aus der Unterwelt mitbrachte. Cian erbat sich jedoch, daß das Halfter, das die Kuh zu Goibhniu zurückkehren lassen würde, davon ausgenommen war.

Cian gelang es mithilfe des magischen Mantels des Manannan Mac Lir bis zu Balor zu kommen. Dieser versprach Cian das Halfter, wenn es ihm gelänge, in der Unterwelt einen Apfelbaumgarten anzulegen, obwohl Balors Atem jede Pflanze töten konnte. Schließlich gelang es Cian und die ersten Äpfel konnten geerntet werden.

Dem Fomorii-König Balor war durch eine Prophezeiung vorhergesagt worden, daß er durch die Hand seines Enkels sterben werde. Daher hatte Balor seine Tochter Ethne („Ginster") in einen Kristallturm eingeschlossen. Cian entdeckte diesen Kristallturm und gelang mithilfe der Druidin Birog und seines magisches Mantels in diesen Turm, wo sich Cian und Ethne ineinander verliebten und den Sonnengott Lugh zeugten. Als Balor die Geburt des Kindes entdeckte, schleuderte er ihn ins Meer. Die Druidin Birog rettete jedoch den Säugling und gab ihn dem Meeresgott Manannan in Pflege.

Cian erhielt von Ethne das Halfter und floh vor der Rache des Balor zurück in das Diesseits. Die Hälfte dessen, was Cian dem Jenseitsfährmann (Manannan Mac Lir) geben mußte, war der Sonnengott, der die Hälfte seiner Zeit in der Wasserunterwelt des Manannan Mac Lir verbringen mußte: seinen Weg unter der Erde während der Nacht.

II 3.   Der römische Schmiedegott Vulcanus

Vulcanus ist einer der ältesten Götter der Römer, der schon in den frühesten Schriften erwähnt wird. Er ist der Schmied der Götter, der die Waffen für die Götter und Halbgötter herstellt wie z.B. das goldene Szepter des Jupiter, die Rüstung des Apollon oder die Pfeile der Diana und des Apollon. Er fertigt aber auch Schmuck an.

Seine Schmiede befindet sich unter dem Ätna auf Sizilien, manchmal auch unter der Insel Volcano vor der nordöstlichen Küste Siziliens, wo sich ein weiterer aktiver Vulkan befindet – sozusagen eine „Zweigniederlassung" der göttlichen Schmiede. Der Name des Gottes läßt vermuten, daß man alle Vulkane als Schmieden dieses Gottes auffaßte.

Als Schmiedegott wurde Vulcanus mit Hammer, Zange, Amboß, Schmiedeschürze und mit dem Donnerkeil, den er für Jupiter schuf, dargestellt. Er war der Schutzpatron der Schmiede. Als Gott der Feuer unterstanden ihm auch alle Berufe, die mit dem Herd zu tun hatten wie Koch und Bäcker – dies erinnert daran, daß sich Wieland am Hofe des Königs Nidud als Koch zu tarnen versucht hat.

Vulcanus war auch der Gott des Feuers und der Blitze. Er wurde jedoch als friedliebend angesehen und war daher auch der Beschützer vor Feuersbrünsten.

Die folgende Mythe enthält neben den ursprünglichen römischen Motiven auch schon Szenen aus den Vorstellungen der Griechen über ihren Schmiedegott Hephaistos – beide Gottheiten waren sich jedoch sehr ähnlich.

Vulcanus war der Sohn des Jupiter und der Juno, der beiden höchsten Gottheiten der Römer. Der neugeborene Sohn der beiden war jedoch klein und häßlich und schrie aus Leibeskräften. Juno war so entsetzt, daß sie ihn vom Olymp hinabwarf. Vulcanus fiel einen Tag und eine Nacht lang und stürzte schließlich ins Meer, wobei er sich eines seiner Beine brach, das nie wieder richtig heilte, sodaß er zeitlebens hinkte. Vulcanus sank wie ein Stein in die kalten, blauen Tiefen des Meeres, wo ihn die Meeresnymphe Thetis fand und ihn in ihre Unterwasserhöhle mitnahm und dort wie ihren eigenen Sohn aufzog. Dort spielte Vulcanus mit den Delphinen und mit Perlen.

Später in seiner Kindheit fand er am Strand die Überreste des Feuers eines Fischers und war von dem heißen, glühenden Holz fasziniert. Vulcanus legte seine kostbare glühende Holzkohle vorsichtig in eine Muschel und nahm sie mit in seine Unterwasserhöhle und entzündete dort ein Feuer mit ihr. Am ersten Tag blickte Vulcanus stundenlang in die Glut. Am zweiten Tag entdeckte er, daß aus bestimmten Steinen Eisen, Silber und Gold herausschwitze, wenn man das Feuer mit einem Blasebalg noch heißer machte. Am dritten Tag hämmerte er das abgekühlte Metall in verschiedene Formen: Ketten, Armreifen, Schwerter und Schilde.

Vulcanus schmiedete für seine Stiefmutter Thetis Messer mit Griffen, in die er Perlen einlegte, und für sich selber einen silbernen Streitwagen, der von Seepferdchen gezogen wurde. Er erschuf sogar Sklavenmädchen aus Gold, die ihn bedienen mußten.

Einmal verließ Thetis ihre Unterwasserhöhle, weil sie auf den Olymp eingeladen war. Sie trug eine schöne Kette aus Silber mit Saphiren, die Vulcanus für sie geschmiedet hatte. Juno bewunderte diese Kette und frug Thetis, woher sie auch eine solche Kette bekommen könnte. Da errötete Thetis und Juno wurde mißtrauisch und entdeckte schließlich, daß aus dem Baby, das sie einst ins Meer geworfen hatte, ein begabter Schmied geworden war.

Juno war wütend und verlangte, daß Vulcanus zu ihr heimkäme, was er jedoch ablehnte. Er sandte Juno jedoch einen schönen Thron aus Silber und Gold, der mit Perlmutt eingelegt war. Juno war entzückt über dieses Geschenk und setzte sich auf den Thron, der sie jedoch mit Fesseln band, die vorher nicht sichtbar gewesen waren.

Drei Tage lang saß Juno auf diesem Thron und konnte nicht schlafen, sich nicht strecken und nichts essen. Schließlich griff Jupiter ein und versprach Vulcanus die Venus, die Göttin der Liebe und Schönheit, zur Frau, wenn er Juno wieder freigäbe. Damit war Vulcanus einverstanden.

Später errichtete sich Vulcanus eine Schmiede unter dem Ätna auf Sizilien. Man sagt, daß immer dann, wenn ihm Venus untreu ist, Vulcanus wütend wird und das rotglühende Metall mit solch einer Wut hämmert, daß Funken und Rauch aus der Spitze des Vulkans aufsteigen.

Eines Tages fing Vulcanus Venus und ihren Liebhaber Mars während ihrer Umarmung in einem Netz und rief dann alle Götter herbei, um die beiden zu demütigen.

Später stellte Vulcanus auch die Throne der anderen Götter her.

Vulcanus hatte den Beinamen Mulciber, das sich von dem lateinischen Verb „mulcara" für „durchprügeln" ableitet. Hier wird Vulcanus offensichtlich als Schmiedegott aufgefaßt, der das glühende Metall „durchprügelt".

Das älteste Heiligtum des Vulcanus lag ursprünglich außerhalb Roms am Fuße des Kapitol-Hügels. Dies war einer der ältesten römischen Tempel, der der Sage nach von Romulus selber gegründet wurde. Das Heiligtum des Vulcanus bestand ursprünglich aus einem ca. 5m hohen Podest, von dem ein 3,95m langer und 2,80m breiter Rest gefunden worden ist. Er ist obenauf mit roter Farbe bemalt und mit Abflußrinnen versehen. Zudem finden sich auf ihm einige Gruben, die Gräber gewesen sein könnten.

Auch neben diesem Felsen gab es einige solcher Gruben.

Dieses Vulcanus-Heiligtum stammt von ca. 800 v.Chr. In der Nähe des Heiligtums fand sich eine griechische Vase, die um 600 v.Chr. gefertigt worden ist und auf der der griechische Schmiedegott Hephaistos abgebildet ist. Offensichtlich haben auch schon die damals in Südostitalien lebenden Griechen die Übereinstimmung zwischen Vulcanus und Hephaistos bemerkt.

Von diesem Vulcanus-Felsen aus haben in der Frühzeit der römischen Republik die Könige und Magistrate ihre Reden an das Volk gehalten. Sowohl die Wahl dieses Ortes als auch die Gründung dieses Heiligtums durch Romulus sprechen dafür, daß Vulcanus in der frühesten Zeit eng mit der Herrschaft verbunden gewesen sein muß. Dazu paßt auch, daß er der Sohn des Jupiter und der Juno war.

Sein Hinabwerfen in das Meer durch Juno könnte auf eine Jenseitsreise zurückgehen. Falls dies zutrifft, ist Vulcanus ursprünglich wahrscheinlich der von Juno wiedergeborene Jupiter gewesen. Dann wäre Vulcanus mit dem König der Götter identisch und somit auch der Schutzpatron der irdischen Könige. Für diese Deutung spricht auch, daß sowohl Jupiter als auch Vulcanus als Gott der Blitze angesehen wurden und Vulcanus oft den Donnerkeil, den er für Jupiter angefertigt hat, selber in seiner Hand hält.

Die rotgefärbte Felsenplattform als Heiligtum des Vulcanus findet eine Parallele bei den Skythen, die in der südrussischen Steppe nördlich des Schwarzen Meeres lebten und vermutlich das Volk sind, das die ursprüngliche Lebensweise der Indogermanen am besten bewahrt hat. Dieses kriegerische, nomadische Hirtenvolk errichtete einmal im Jahr eine große Plattform aus Reisig, die 25m im Quadrat groß und ca. 8m hoch war. Auf ihr wurde einem eisernen Schwert, das vermutlich den obersten Gott Papaios („Vater") darstellte, Menschen geopfert. Dabei wurde diesen Menschen der rechte Arm abgehackt und ihr Blut über das Schwert gegossen.

Dies erinnert daran, daß dem germanischen Gott Tyr der Arm von dem Fenris-Wolf abgebissen wird. Die rote Farbe des Vulcanus-Felsens könnte das Opferblut darstellen. Die Deutung der Gruben auf diesem Felsen als Jenseitstore paßt gut zu dieser Verbindung zu dem Schwertgott-Göttervater-Sonnengott Tyr/Jupiter/Papaios, da sein nächtlicher Weg durch die Unterwelt das Urbild aller Jenseitsreisen gewesen ist.

„Papaios" ist die zweite Hälfte des Namens „Dhyaus Papaios", der auf den indogermanischen Namen „Dhyaus pater" („Sonnen-Vater") zurückgeht. Dieser Göttername ist auch die Wurzel von „Zeus pater" und von „Ju-piter" („deus-pater"). Papaios entspricht recht genau dem germanischen Schwertgott Tyr.

Diese Deutung des „Felsens des Vulcanus" in Rom bestätigt die Auffassung des Vulcanus als „wiedergeborener Jupiter in der Unterwelt". Daraus wurde dann mit der Zeit in den Mythen Vulcanus als „Sohn des Zeus".

Das hinkende Bein des Vulcanus und die durchtrennten Kniesehnen des Wieland sind gut als Entsprechung zu den abgehackten Armen der Opfer in dem skythischen

Papaios-Ritual und zu der vom Fenris-Wolf abgebissenen Hand des Tyr erkennbar. Anscheinend wurden dem Göttervater bei seinem Tod Hände und Füße verletzt oder abgehackt – wie sich dies noch in der Vösungen-Saga bei König Jörmunrek („Großkönig") findet, in dessen Geschichte viele Elemente aus den Tyr-Mythen eingefügt worden sind.

Die Schmiedetätigkeit des Vulcanus und des ihm verwandten Wieland bezieht sich vermutlich schon sehr früh sowohl auf das Schwert als auch auf den Donnerkeil, d.h. den Blitz des „dhyaus pitar". Vermutlich ist der Blitz bei den Westgermanen, bei denen das Motiv des Schwertgottes entstanden ist, zu dem Schwert des „dhyaus pitar" weiterentwickelt worden. Wenn dies zutreffen sollte, wäre das Schwert des Tyr ein „Blitz-Schwert" ...

Aufgrund der alljährlichen Wiederkehr des Todes und der Wiedergeburt des Göttervater-Schwertgottes wurde aus dem Herstellen des Schwertes mit der Zeit das Zerbrechen des Schwertes beim Tod und das Neuschmieden des Schwertes vor der Wiedergeburt des Schwertgottes.

Dem entspricht bei den Germanen u.a. das Neuschmieden des Schwertes Gram durch den Zwerg Regin für Siegfried, der die Bruchstücke dieses Schwertes von seinem Vater Siegmund geerbt hatte: Das Schwert zerbricht beim Tod des Vaters und wird für den Sohn, der der „wiedergeborene Vater" ist, neugeschmiedet.

Die Deutung Siegfrieds als wiedergeborener Siegmund wird dadurch bestätigt, daß in dem Beowulf-Epos, das um ca. 750 n.Chr. verfaßt wurde, Siegmund den Drachen erschlägt und nicht, wie 500 Jahre später in der Edda, sein Sohn Siegfried.

Vulcanus ist offenbar der Göttervater Jupiter in der Unterwelt kurz vor seiner Wiedergeburt. Er war in früher Zeit, wie die Gruben auf seinem rotbemalten Ritual-Felsen zeigen, eng mit der Jenseitsreise verbunden. Auch darin gleicht er dem Wieland.

In den Vulcanus-Mythen entspricht Venus der Bödwild in den Tyr-Wieland-Mythen, wobei Bödwild sicherlich als eine Sagen-Varianten der Frea angesehen werden kann, die die „germanische Venus" ist.

Vulcanus hatte eigene Priester, die Flamen („Wind") hießen. Sein Hauptfest, das am 23. August gefeiert wurde, hieß „Vulcanalia". Bei diesem Fest wurde ein großes Feuer entzündet, in das man lebende Fische und kleine lebende Tiere warf – anstelle der vorher üblichen Menschenopfer, die den Opfern der Skythen für Papaios entsprochen haben werden.

Der Termin dieses Festes markiert in etwa den Beginn der Regenzeit nach der sommerlichen Dürre. Dies ist deshalb interessant, weil mit diesem Termin ein wichtiges Ereignis in den meisten indogermanischen Mythen verbunden ist: Der Sieg des Donnergottes über die Regenräuberschlange.

Als der für den Ackerbau so wichtige Regen in der frühen Jungsteinzeit aufgrund einer langandauernden Wärme- und Trockenperiode merkbar weniger wurde, stellten die sommerlichen Dürrezeiten ein ernstes Problem dar. Man wird sich daher gefragt haben, wo der Regen wohl geblieben sein mochte. Aufgrund der Vorstellung, daß alles Wasser der Quellen aus der Wasserunterwelt unter der Erde kommt, kam man anscheinend zu dem Schluß, daß sich auch der Regen im Sommer dort unten befinden mußte. Es stellte sich jedoch Frage, warum er dort unten blieb und nicht heraufkam: Was hielt ihn dort unten fest?

Dort unten in der Wasserunterwelt war die Große Mutter, die alle Menschen im Jenseits wiedergebar. Sie war den Menschen jedoch gut gesonnen und kam deshalb für eine solche Untat nicht infrage. Ein weiteres Wesen, das dort unten wohnte, war die Schlange, die den Weg in das Jenseits und auch die Menschen, die in das Jenseits reisten, darstellte. Da auch die Sonne solch ein Jenseitsreisender war und die Schlange den Weg ins Jenseits bzw. im Fall der Sonne den Weg durch das Jenseits darstellte, mußte diese Jenseitsweg-Schlange vom Sonnenuntergangspunkt im Westen unter der Erde hindurch bis zum Sonnenaufgangspunkt im Osten reichen – ein wahrhaft riesige Schlange, der man es durchaus zutrauen konnte, auch die Regenwolken festhalten zu können.

Die Regenwolken selber waren mit dem Himmelsgott assoziiert worden, der durch den Regen die Erde befruchtete. Dadurch war er zum Regen-, Blitz- und Donnergott geworden. Wenn man den Verlauf des Wetters während des Jahres betrachtete, konnte man erkennen, daß die riesige Regenräuberschlange sich im späten Frühling zum Himmel emporschlich und leise die Regenwolken stahl und sie in der Unterwelt gefangenhielt – woraufhin die sommerliche Dürre begann. Im Spätsommer oder frühen Herbst gelang es dann dem Regengott endlich, der Riesenschlange auf seine laute, tobende Weise den Regen wieder abzunehmen – die spätsommerlichen Gewitter waren ein deutliches Zeichen dieses Kampfes zwischen dem Donnergott und der Riesenschlange.

Dieser Kampf zwischen dem Donnergott und der Regenräuberschlange findet sich bei den Germanen in Resten zwischen Thor und der Midgartschlange (die im Meer-Wasser lebt) wieder.

Der Blitz des Regen-, Blitz- und Donnergottes wurde bei den Indogermanen schon früh auf den Göttervater Dhyaus Pitar übertragen und bildete seine wichtigste Waffe. Daher ist es gut möglich, daß bei dem Fest des Vulcanus am 23. August eigentlich der Sieg des Donnergottes über die Regenräuberschlange gefeiert wurde. Dann wäre zunächst der Göttervater an die Stelle des Donnergottes getreten, der dann wiederum von Vulcanus abgelöst wurde, der der „Göttervater in der Unterwelt kurz vor seiner Wiedergeburt" war. Vulcanus als der wiederkehrende Göttervater paßte so gut zu dem Motiv des wiederkehrenden Regens, daß er in das Fest miteinbezogen wurde.

Diese mythologischen Bilder fügten sich zusammen, weil sich auch der Donnergott bei seinem Kampf mit der Regenräuberschlange in der Unterwelt befand, in der diese den Regen verborgen hat. Die Rückkehr des Donnergottes von seinem erfolgreichen Kampf gegen die riesige Regenräuberschlange und die Rückkehr des wiedergeborenen Sonnengott-Göttervaters aus der Unterwelt sind anscheinend in diesem Fest im Spätsommer zu einem Ereignis zusammengefaßt worden.

Möglicherweise sind auch beide Vorstellungen auch von anfang an eins gewesen und haben sich erst nach und nach zu zwei Motiven ausdifferenziert.

Leider hat der griechische Geschichtsschreiber Herodot nicht überliefert, wann die Skythen ihr Papaios-Fest gefeiert haben. Es wäre gut denkbar, daß es sich auch bei dem Papaios-Fest um ein Herbstfest gehandelt hat.

Die Römer hingen während des Vulcanalia-Festes ihre Wäsche und Stoffe in die Sonne. Möglicherweise könnte ein Zusammenhang zwischen diesem Brauch und dem Göttervater bestehen, da dieser in den indogermanischen Mythen auch als Sonnengott aufgefaßt worden ist.

Vulcanus wurde mit den Göttinnen Vesta (Tempelfeuer, Herdfeuer), Stata Mater, Maiestas und Maia (Wachstum der Pflanzen) verbunden. In den Mythen erscheint jedoch vor allem Venus als seine Frau. Möglicherweise sind zumindestens einige der anderen Göttinnen Aspekte der Venus.

Vulcanus ist auch ein Gott der Zeugungskraft. Er ist der Vater von:

>1. Caeculus, der Gründer von Praeneste (Palestrina). Seine Mutter wurde von einem Funken aus dem Herdfeuer befruchtet.
>2. Cacus, ein Räuber, der in der Nähe von Rom lebte und Feuer speien konnte. Er hatte eine Schwester mit dem Namen Caca, die aber nicht explizit als Tochter des Vulcanus erwähnt wird. Ihr war ein heiliger Bezirk mit einem ewigen Feuer geweiht.
>3. Servius Tullius, der römischer König wurde. Seine Mutter wurde von einem Penis befruchtet, der in der Asche eines heiligen Feuers erschien.
>4. Vermutlich war Vulcanus auch der Vater von Romulus, dem Gründer von Rom (und von seinem Bruder Remus)
>6. Cecrops, König von Athen.
>7. Erichtonius, König von Athen.
>8. Über seine Söhne Philammon, Corynetes, Cercyon, Philottus und Spinther ist nichts Näheres bekannt.

Diese Liste der Söhne des Vulcanus zeigt, daß er mit den römischen und griechischen Königen verbunden gewesen ist. Dies paßt zu der Auffassung des Vulcanus als Jupiter in der Unterwelt, da die Könige durch ihre Jenseitsreise zu dem Göttervater bei ihrer Krönung symbolisch zu „Söhnen des Göttervaters" wurden.

Cacus und Caca, die beiden Söhne des Vulcanus, könnten mit den beiden Königssöhnen, die Wieland tötete, identisch sein. Cacus und Caca wären dann dieselben Brüder wie Castor und Pollux, den beiden Pferde-Zwillingen vor dem Wagen des Jupiter in der römischen Mythologie. Für diese Gleichsetzung spricht, daß Castor und Pollux die Söhne des Zeus/Jupiter waren. Cacus und Caca wären dann gewissermaßen die Namen von Castor und Pollux in der Unterwelt.

\multicolumn{3}{c}{Der Göttervater und die Pferde-Zwillinge}
Göttervater	*„Ort" des Göttervaters*	*Pferde-Zwillinge*
Jupiter	Jupiter im Diesseits	Castor und Pollux
Vulcanus	Jupiter im Jenseits	Cacus und Caca (?)
Zeus	(keine Unterscheidung)	Castor und Pollux
Tyr	Tyr im Diesseits	Alcis-Zwillinge
Ullr	Tyr im Jenseits	zwei Zwerge
Odin	(keine Unterscheidung)	Sleipnir („Doppel-Pferd")

Die Herstellung goldener Sklavinnen durch Vulcanus hat bei den Germanen eine Entsprechung in dem Schnitzen der beiden ersten Menschen aus zwei Bäumen durch die drei Asen Odin, Hönir und Loki. In der Gesta Danorum stellt Odin Portraitköpfe der Frauen am Hof des Königs her und in der Weiland-Sage fertigt Wieland eine lebensechte Statue des Rygger an.

Antike Darstellungen des Vulcanus

Italien, 250 v.Chr.

Italien, Vulcanus 150 n.Chr.

Köln, 200 n.Chr.

Mainz, ca. 200 n.Chr.

Jupiter und Juno werfen den jungen Hephistos aus dem Himmel, unten empfängt ihn Thetis, Ostia, 200 n.Chr.

II 4. Der slawische Schmiedegott Svarog

Der slawische Gott Svarog ist vor allem aus dem Hypatian Codex bekannt, der eine Sammlung älterer Schriften ist, die um ca. 1450 n.Chr. zusammengestellt worden ist. Sie enthält die slawische Übersetzung eines griechischen Textes, der um ca. 550 n.Chr. niedergeschrieben wurde. In diesem Text werden die Slawen „Ägypter" genannt und die Namen der slawischen Götter durch die Namen der entsprechenden griechischen Götter erläutert.

In diesem Text heißt es:

„Dann begann die Herrschaft des Feosta (Hephaistos)*, den die Ägypter* (Slawen) *Swarog nennen. … Während seiner Herrschaft fielen Zangen vom Himmel und es wurden mit ihnen das erste mal Waffen geschaffen; vor dieser Zeit kämpften die Menschen nur mit Keulen und Steinen.*

Es war auch Feosta (Hephaistos)*, der den Frauen befahl, nur noch einen einzigen Mann zu haben. …*

… deshalb wurde er von den Ägyptern Svarog genannt.

Nach ihm herrschte sein Sohn. Dessen Name war Helios und sie nannten in Dazbog. … Sonnen-Zar, Sohn des Svarog – das ist Dazbog."

In einigen anderen mittelalterlichen Texten wird noch ein weiterer Gott des Feuers genannt: Svarozic. Sein Name bedeutet „kleiner Svarog", d.h. „Sohn des Svarog". Er war ein Kriegsgott. Svarozic wachte über die Einhaltung des obengenannten Monogamie-Gebots. Die Strafe für den Bruch dieses Gebotes war der Tod im Feuerofen.

Dazbog könnte der Gott der Sonne und Svarozic der Gott des irdischen Feuers gewesen sein. Beide Svarog-Söhne würden dann vermutlich einen Aspekt des Svarog darstellen. Vielleicht waren beide Söhne aber auch identisch, d.h. Svarozic und Dazbog waren zwei Namen für denselben Gott: der Sonnengott in der nächtlichen bzw. winterlichen Unterwelt als Schmied.

In den Berichten der slawischen Missionare erscheint Svarog vor allem als Gott des Feuers.

Der Name Svarog leitet sich von der indogermanischen Wurzel „svar" für „Licht, strahlender Himmel" ab, aus der heraus auch die indische Bezeichnung „Svarga" für „Himmel, Paradies" entstanden ist.

Aus diesen Texten ergibt sich zumindestens skizzenhaft der Charakter des Svarog:

- Er ist der Feuer- und Schmiedegott.
- Er erfand die Waffen.
- Er war ursprünglich vermutlich auch der Sonnen- und Himmelsgott.

- Er war der Vater des Sonnengottes Dazbog.
- Aufgrund seines Namens (Svar = Himmels-Jenseits) war er evtl. auch ein Gott des Jenseits.
- Er befahl die Monogamie (für die Frauen).
- Er war der Vater des Feuer- und Kriegsgottes Svarozic. Möglicherweise war Svarozic („kleiner Svarog") der wiedergeborene Svarog. Diese Symbolik würde gut zu einem Sonnengott passen, der jeden Morgen und jeden Frühling wiedergeboren wird.

Diese „mythologischen Konturen" des slawischen Schmiedegottes lassen immerhin erkennen, daß ihm dieselbe indogermanische Mythe zugrundeliegt wie dem germanischen Wieland und dem römischen Vulcanus.

II 5. Der griechische Schmiedegott Hephaistos

Der Name „Hephaistos" leitet sich von „hemero-phaistos" ab, was „Tag-scheinen", also „der, der am Tag scheint" bedeutet. Damit ist offensichtlich die Sonne gemeint. Dieser Name gehört eindeutig zu dem indogermanischen Dhyaus, der bei den Griechen zu Zeus wurde. „Dhyaus" und folglich auch „Zeus" und „Tyr" bedeutet „Tag, Strahlender, Scheinender". Dies würde zu der Auffassung des indogermanischen Schmiedegottes als dem Göttervater in der Unterwelt passen, der sich dort nach seinem Tod am Abend bzw. im Herbst selber mit der Jenseitsgöttin wiederzeugt und daher als sein eigener Sohn wiedergeboren wird. Auch bei den Griechen ist der Schmiedegott der Sohn des Göttervaters Zeus und der Göttermutter Hera.

Manchmal wurde er auch nur als der Sohn der Hera (ohne Vater) angesehen, was ein recht sicherer Hinweis auf die Wiedergeburtssymbolik ist, denn in diesem mythologischen Motiv ist der Vater mit dem Sohn identisch. In dieser Vorstellung liegt auch generell die Wurzel der „Jungfraugeburt".

Der Zusammenhang zwischen Zeus und Hephaistos wird noch deutlicher, wenn man die Mythe über den Kampf zwischen Zeus und Typhon betrachtet. Die Schlange Typhon wurde entweder als Kind der Erdgöttin Gaia und des Unterweltgottes Tartaros angesehen oder als Kind der Hera, die die Schlange durch Erlaubnis der Erdgöttin Gaia ohne Zeugung gebar. Typhon ist also deutlich als ein Wesen der Unterwelt erkennbar. Typhon war riesengroß und hatte hundert Schlangen- oder Drachenköpfe. Manchmal hatte er auch den Oberkörper eines geflügelten Mannes – er ist der Tote (Mensch) als Seelenvogel (Flügel) und als Toten-Schlange bzw. auf der Reise ins Jenseits (Schlange). Typhon sprach die Sprache der Götter und vieler Tiere.

Zunächst besiegte Typhon den Zeus, setzte ihn in einer Höhle gefangen, nahm ihm alle Waffen ab und durchtrennte ihm die Sehnen. Dies entspricht der Gefangenschaft und dem Hinken des Schmiedegottes – die Parallele zu Wieland ist nicht zu übersehen.

Erst als Hermes dem Zeus zu Hilfe eilte und ihm seine Sehnen zurückgab und ihm zudem einige Listen verriet, gelang es Zeus schließlich nach einem langem Kampf Typhon zu besiegen. Da Hermes der Seelenführer ist, ist es deutlich, daß diese Mythe ursprünglich eine Jenseitsreise des Zeus beschreibt.

Möglicherweise hat das Motiv des „Fesselns des Wieland mit Sehen" aus dem Deor-Lied dieselbe Wurzel wie das Rauben der Sehnen des Zeus durch Typhon und ihr Wiedereinfügen durch Hermes. Von diesem Sehnenfessel-Motiv könnte evtl. auch die magische Fessel, mit der in der Edda der Fenris-Wolf gebunden wird, sowie Lokis Fesseln aus dem Darm seines Sohnes abgeleitet worden sein. Die „Sehnen-Fessel" wäre dann eine Jenseitsreise-Fessel.

Zeus warf den Ätna auf Typhon und konnte ihn so endlich gefangensetzen. Die Ausbrüche dieses Vulkans kommen durch die Wut des Typhon zustande. Auch der

Ätna als Ort der Verbannung des Typhon zeigt, daß die Zeus-Typhon-Mythe und die Hephaistos-Mythe dieselbe Wurzel haben und daß Vulcanus und Hephaistos derselbe Gott sind.

Der Kampf des Zeus mit dem Schlangenungeheuer Typhon entspricht recht sicher dem Liegen des gefesselten Wielands in der Schlangengrube: Zeus und Wieland können sich beide nicht bewegen, bei beiden liegt dies an den Sehnen (durchgetrennt bzw. herausgeschnitten), beide sind symbolisch in der Unterwelt (Grube bzw. Höhle) und beide sind mit dem Schmied verbunden (Wieland ist ein Schmied; Vulcanus wohnt im Ätna). Dieser Teil der Wieland-Sage scheint demnach bis zu den Indogermanen zurückzureichen.

Hephaistos hatte viele Beinamen, die sein Wesen beschrieben: der Lahme („Amphigueis"), der mit unsicheren Beinen („Kullopodion"), der Kupferschmied („Chalkeus"), der vom Ätna („Aetnaeus"), der Geschickte („Polumetis") und der geschickte Handwerker („Klutotechnes"). Diese beiden letzten Namen entsprechen genau der Bedeutung des Namens „Wieland".

Er wurde auch wie der König von Athen, als dessen Vaters er angesehen wurde, „Erichtonius" („Streit-Erde") genannt.

Hephaistos war der Gott des Feuers, der Vulkane, der Schmiede, der Metalle, der Metallgewinnung, der Handwerker, der Technik, der Künstler und der Bildhauer. Seine Symbole sind der Schmiedehammer, der Amboß, die Zange, die (Doppel-)Axt und die Wachtel.

Wie die Zwerge in den germanischen Mythen stellte Hephaistos alle magischen Gegenstände der griechischen Götter und Helden her:

\multicolumn{3}{c}{von Hephaistos hergestellte (magische) Gegenstände}
Besitzer	*Gegenstand*	*(magische) Wirkung*
Olymp	12 eiserne Hallen für die Götter	?
	Palasttor	?
Götter	Throne	?
Hera	Thron mit unsichtbaren Fesseln	fesselte Hera
Zeus	Zepter	Herrschaftssymbol
	Donnerkeil/Blitzbündel	Blitze werfen
Zeus/Athene/ Apollon	Aegis (goldener Schild aus Ziegenfell, auf dem Orakelschlangen und das Haupt der Gorgo befestigt waren)	wenn es geschüttelt wird, entstehen Blitz, Donner und Nacht

Besitzer	Gegenstand	(magische) Wirkung
Helios	Sonnenwagen	Fahrt der Sonne über den Himmel
Hephaistos	„Räderstuhl" oder Streitwagen	Fortbewegung (Hephaistos ist lahm)
	Dreibein (Hocker)	laufen eigenständig zum Olymp und zurück
	Maschinen aus Bronze	vollbrachten auf technisch/magische Weise die verschiedensten Arbeiten
	zwei Dienerinnen aus Gold („Roboter")	erledigen alle Arbeiten
	(unsichtbares) Netz	mit ihm wurden Ares und Aphrodite gefangen
Aphrodite	Charis (Gürtel aus Gold und Edelsteinen)	erzeugt eine unwiderstehliche erotische Ausstrahlung
Hermes	geflügelter Helm	fliegt damit schneller als das Licht
	geflügelte Sandalen	
Eros	Bogen und Pfeile	erzeugen Verlangen
Harmonia	Halsschmuck	brachte Streit und Mord
Ares	Rüstung	?
Artemis	Bogen	?
Kretas Wächter	Riese Talos aus Bronze	glüht, wenn er wütend wird
Prometheus	Kette	Prometheus an den Kaukasus gefesselt
Herakles	Klapper (Instrument)	vertreibt Monster-Vögel
Menschen	Pandora (Frau) und ihr Pithos (Krug; meist „Dose der Pandora" genannt; ursprünglich war dies das Füllhorn)	die erste Frau

Besitzer	Gegenstand	(magische) Wirkung
Pelops	Schulter aus Elfenbein	sie wurde dem zerstückelten und wiederbelebten Pelops eingesetzt, da sie fehlte
Aietes (in Zeus' Auftrag)	Stiere	speien Feuer
Agamemmnon	Stab	Herrschaftssymbol
Achilles	Rüstung, Waffen, Schild	?
Aeneas (in Aphrodites Auftrag)	Schild	?

Die laufenden Dreibeine des Hephaistos entsprechen von ihrer Funktion her den Besen der Hexen, den fliegenden Teppichen des Orients, den Flügeln an den Sandalen des Gottes Hermes, dem magischen Schiff des keltischen Sonnengottes Lugh, dem magischen Schiff Skidbladnir des Gottes Freyr und den Flugschuhen des Loki, denn sie ermöglichten alle die Reise („Flug") zu den Göttern, d.h. ins Jenseits.

Sie entsprechen auch dem Fell, auf das sich die Germanen beim „Utiseta" („Draußensitzen") setzten, um ihre Ahnen zu rufen. In den Mysterien von Eleusis sitzt Demeter auf einem solchen dreibeinigen Hocker, auf dem ein Ziegenfell liegt. Solche „Hocker mit Fell" sind auch von den Druiden bekannt, die für ihre Jenseitsreisen ein Geflecht aus Ebereschenzweigen benutzten, auf das sie ein Stierfell legten. Auch die ägyptischen Schamanen („Sem-Priester") setzen sich im Bestattungsritual auf einen flachen Tisch mit vier Löwenbeinen und hüllten sich in ein Fell. Auch aus Harappa in Indien ist diese Szene gut bekannt.

Der Hocker, der flache Tisch und das Zweig-Geflecht sind letztlich der Weltenbaum, der Diesseits und Jenseits verbindet – entsprechend laufen die Dreibeine des Hephaistos auch zwischen der Unterwelt unter der Erde (Vulkan), der Erde (Diesseits) und dem Olymp hin und her. Das (Stier-)Fell auf dem Sitz ist das Fell des Opfertieres, das den Toten und später allgemein den Jenseitsreisenden die für ihre Wiederzeugung notwendige Zeugungskraft geben sollte.

Hera warf den Hephaistos als Neugeborenen wegen seiner Häßlichkeit vom Olymp hinab. Er fiel ins Meer und wurde dort von Thetis aufgezogen. Er rächte sich später an seiner Mutter dadurch, daß er ihr einen goldenen Thorn sandte, der sie fesselte.

Schließlich besänftigte Dionysos die Wut des Hephaistos über seine Mutter Hera, gab ihm Wein zu trinken und führte ihn auf einem Maulesel zurück auf den Olymp.

Dabei trug Dionysos die Werkzeuge des Schmiedegottes: Hammer, Zange und Doppelaxt.

Zeus gab dem Hephaistos die Aphrodite zur Frau, die ihn jedoch mit Ares betrog. Beide führte er den Göttern vor, nachdem er sie mit einem unsichtbaren Netz während ihrer Vereinigung gefangen hatte. Die Götter brachen daraufhin in ein schallendes Gelächter aus.

Als sich die Göttin Athena weigerte, eine Nacht mit Hephaistos zu verbringen, weil er so häßlich war, floh sie vor ihm sodaß sein Samen auf die Erde fiel und die Erdgöttin Gaia befruchtete. Sie gebar den Erichthonius, der von Athena aufgezogen und von einer Schlange bewacht wurde. Später wurde er zum König von Athen.

Auf der Insel Lemnos vereinte sich Hephaistos mit der Nymphe Cabeiro, die daraufhin die beiden Kabiren gebar, die später zu Schmieden wurden. Diese Zwillinge waren die Hauptgötter eines phrygisch-thrakischen Mysterienkultes.

In Sizilien vereinte er sich mit der Nymphe Aetna, die ihm die Zwillinge Palici gebar, die zwei sizilianische Geysire verkörpern.

Hephaistos hatte wie Vulcanus auch einen Sohn, der zum Räuber wurde. Er hieß Periphetes („Keulenträger").

Die Herkunft des Hephaistos und des Vulcanus aus derselben indogermanischen Mythe ist offensichtlich.

Die beiden Kabiren und die beiden Palici sind sicherlich wieder die beiden Pferde-Zwillinge in der Unterwelt – zumal die beiden Kabiren zu einem Mysterienkult gehören, deren Kern stets eine Jenseitsreise war, und die beiden Palici Geysire waren, die man als Analogien zu dem Vulkan des Schmiedegottes auffassen kann.

Die „Erdzeugung" der Erichtonius durch Hephaistos und Gaia könnte auf eine Szene aus dem Krönungsritual zurückgehen, da in ihr der zukünftige König in die Unterwelt unter der Erde reist, um sich dort mit der Großen Mutter zu vereinen. Diese wurde oft als Erdgöttin aufgefaßt, weil sie eine „Göttin in der Erde/Unterwelt" war.

Der sich im Jenseits wiederzeugende zukünftige König wurde oft dem Göttervater gleichgesetzt, wodurch der König dann der „Sohn des Gottes" wurde. Diese Symbolik findet sich auch bei Christus, bei den ägyptischen Pharonen („Sohn der Sonne") und vielen anderen Herrschern und Herrscherinnen.

Illias 1, 471:

Jetzt begann Hephästos, der kunstberühmte, zu reden,
Seiner Mutter zu Gunst, der lilienarmigen Here:
„Heillos traun wird solches zuletzt, und gar unerträglich,
Wenn ihr beid' um Sterbliche nun euch also entzweiet,

Und zu Tumult aufreizet die Himmlischen! Nichts ja genießt man
Mehr von der Freude des Mahls; denn es wird je länger, je ärger!
Jetzt ermahn' ich die Mutter, wiewohl sie selber Verstand hat,
Unserem Vater zu nahn mit Gefälligkeit, daß er hinfort nicht
Schelte, der Vater Zeus, und uns zerrütte das Gastmahl.
Denn sobald er es wollte, der Donnergott des Olympos,
Schmettert' er uns von den Thronen; denn er ist mächtig vor allen,
Aber wohlan, Du wollest mit freundlichen Worten ihm schmeicheln;
Bald wird wieder zu Huld der Olympier uns versöhnt sein."
Jener sprach's, und erhub sich, und nahm den doppelten Becher,
Reicht' in die Hand der Mutter ihn dar, und redete also:
„Duld', o teuerste Mutter, und fasse Dich, herzlich betrübt zwar!
Daß ich nicht, Ddu Geliebte, mit eigenen Augen es sehe,
Wann er Dich straft; darin sucht' ich umsonst, wie sehr ich mich härmte,
Rettung: schwerlich ja mag dem Olympier einer begegnen!
Denn schon einmal vordem, als abzuwehren ich strebte,
Schwang er mich hoch, bei der Ferse gefaßt, von der heiligen Schwelle.
Ganz den Tag hinflog ich, und spät mit der sinkenden Sonne
Fiel ich in Lemnos hinab, und atmete kaum noch Leben;
Aber der Sintier Volk empfing mich Gefallenen freundlich."

Illias 18, 391:

Drauf dem kunstberühmten Hephästos rief sie zu und sagte:
„Tritt hervor, Hephästos; die Herrscherin Thetys bedarf Dein."
Ihr antwortete drauf der hinkende Feuerbeherrscher:
„Traun ja, so ist die erhabne, die edelste Göttin daheim mir,
Welche vordem mich gerettet im Schmerz des unendlichen Falles,
Als mich die Mutter verwarf, die entsetzliche! welche mich Lahmen
Auszutilgen beschloß. Da duldet' ich Wehe des Herzens,
Hätt' Eurynome nicht und Thetys im Schoß mich empfangen,
Jene, des kreisenden Stroms Okeanos blühende Tochter.
Dort neun Jahre verweilt' ich, und schmiedete mancherlei Kunstwerk,
Spangen und Ring', und Ohrengehenk', Haarnadeln und Kettlein,
Dort in gewölbter Grott'; und der Strom des Okeanos ringsher
Schäumte mit brausendem Hall, der unendliche: keiner der andern
Kannte sie, nicht der Götter, und nicht der sterblichen Menschen;
Sondern Thetys allein und Eurynome, die mich gerettet.
Diese besucht uns jetzo im Haus'; und darum gebühret mir,

Froh der lockigen Thetys den Rettungsdank zu bezahlen."

Illias 18, 468:

Dieses gesagt, verließ er sie dort, und ging in die Esse,
Wandt' in das Feuer die Bälg' und hieß sie mit Macht arbeiten.
Zwanzig bliesen zugleich der Blasebälg' in die Ösen,
Allerlei Hauch aussendend des glutanfachenden Windes,
Bald des Eilenden Werk zu beschleunigen, bald sich erholend,
Je nachdem es Hephästos befahl zur Vollendung der Arbeit.
Jener stellt' auf die Glut unbändiges Erz in den Tiegeln,
Auch gepriesenes Gold, und Zinn, und leuchtendes Silber;
Richtete dann auf dem Block den Amboß, nahm mit der Rechten
Drauf den gewaltigen Hammer, und nahm mit der Linken die Zange.
Erst nun formt' er den Schild, den ungeheuren und starken,
Ganz ausschmückend mit Kunst. Ihn umzog er mit schimmerndem Rande,
Dreifach und blank, und fügte das silberne schöne Gehenk an.
Aus fünf Schichten gedrängt war der Schild selbst; oben darauf nun
Bildet' er mancherlei Kunst mit erfindungsreichem Verstande.
Drauf nun schuf er die Erd', und das wogende Meer, und den Himmel,
Auch den vollen Mond, und die rastlos laufende Sonne;
Drauf auch alle Gestirne, die rings den Himmel umleuchten,
Drauf Plejad' und Hyad', und die große Kraft des Orion,
Auch die Bärin, die sonst der Himmelwagen genannt wird,
Welche sich dort umdreht, und stets den Orion bemerket,
Und allein niemals in Okeanos' Bad sich hinabtaucht.

Illias 1, 607:

Dort wo jedem vordem der hinkende Künstler Hephästos
Bauete seinen Palast mit erfindungsreichem Verstande.

Illias 18, 369:

Aber Hephästos' Palast erreichte die Herrscherin Thetys,
Sternenhell, unvergänglich, in strahlender Pracht vor den Göttern,
Welchen aus Erz er selbst sich gebaut, der hinkende Künstler.

Ihn dort fand sie voll Schweiß um die Blasebälge beschäftigt,
Eiferig: denn Dreifüße bereitet' er, zwanzig in allem,
Rings zu stehn an der Wand der wohlgerundeten Wohnung.
Goldene Räder befestigt' er jeglichem unter den Boden;
Daß sie von selbst annahten zur Schar der unsterblichen Götter,
Dann zu ihrem Gemach heimkehreten, Wunder dem Anblick.
Sie nun waren so weit gefertiget; nur noch der Henkel
Zierat fehlte daran; jetzt fügt er sie, hämmernd die Nägel.

Illias 19, 364:

Mitten auch wappnete sich der edle Achilleus.
Ihm von den Zähnen ertönt' ein Geknirsch her: aber die Augen
Funkelten, gleich wie lodernde Glut; und das Herz ihm erfüllte
Unausduldsamer Schmerz. So heftig ergrimmt auf die Troer,
Nahm er das Göttergeschenk, das Hephästos' Kunst ihm geschmiedet.
Eilend fügt' er zuerst um die Beine sich bergende Schienen,
Blank und schön, anschließend mit silberner Knöchelbedeckung;
Weiter umschirmt' er die Brust ringsher mit dem ehernen Harnisch;
Hängte sodann um die Schulter das Schwert voll silberner Buckeln,
Eherner Kling'; und darauf den Schild auch, groß und gediegen,
Nahm er, der ferne den Glanz hinsendete, ähnlich dem Vollmond.

Homerische Hymnen: An Hephaestus

Singe, Muse mit der klaren Stimme, über Hephaestos,
den für seine Erfindeungen Berühmten.
Zusammen mit der strahlend-äugigen Athene
lehrte er die Menschen ruhmreiches Handwerk überall in der Welt
– Menschen, die zuvor wie wilde Tiere in Höhlen in den Bergen hausten.
Doch nun haben sie durch Hephaestos,
den berühmten Schmied, die Handwerke gelernt;
mühelos leben sie nun ein friedvolles Leben
in ihren eigenen Häusern das ganze Jahr hindurch.
Sei gnädig, Hephaestos und gewähre mir Erfolg und Gedeihen.

Antike Darstellungen des Hephaistos

Hephaistos, ca. 400 v.Chr.

Hephaistos

Haphaistos gibt Thetys die Waffen für Achilles, 485 v.Chr.

Hephaistos und Thetys, ca. 400 v.Chr.

Hephaistos, ca. 500 v.Chr.

Hephaistos in seinem „geflügelten Rollstuhl"

Hephaistos, ca. 500 v.Chr.

Pompeji 50 n.Chr.

die Rückkehr des Hephaistos, 565 v.Chr.

die Rückkehr des Hephaistos, 530 v.Chr.

die Rückkehr des Hephaistos (Mitte mit Fackel und Zange) auf den Olymp

Dionysos, Hephaistos und Thetys, 525 v.Chr.

Der Wein-trukene Hephaistos wird von Thetys auf einem Esel zum Olymp gebracht, ca. 400 v.Chr.

Der Wein-trukene Hephaistos wird von Thetys auf einem Esel zum Olymp gebracht, ca. 400 v.Chr.

der Wein-trunkene Hephaistos stützt sich auf einen Satyr, 425 v.Chr.

Hephaistos (lins), 435 v.Chr.

Es ist auffällig, wie oft die Rückkehr des Hephaistos auf den Olymp dargestellt wotden ist – sie muß einst ein zentrales Element in den Hephaistos-Mythen gewesen sein. Diese Rückkehr wird auf die Wiedergeburt des Sonnengott-Göttervaters (Zeus) am Morgen zurückgehen. Sie entspricht in der Wieland-Mythe dem Fortfliegen des Wieland als Gans/Schwan.

II 6. Der griechisch-kretische Schmied Daidalos

Der Name Daidalos beutet „der kunstvoll arbeitet". Dieser Name ist daher identisch mit dem Beinamen „Klutotechnes" des Hephaistos und dem Namen „Wieland", die beide genau dieselbe Bedeutung haben. Dies kann allerdings nicht uneingeschränkt als weiterer Beweis dafür genommen werden, daß Wieland, Hephaistos und Daidalos eine gemeinsame indogermanische Wurzel haben, denn „kunstfertiger Handwerker" ist ein sehr naheliegender Name für einen Meisterschmied oder einen Schmiedegott. Da sich jedoch auch die Mythen dieser drei Götter in vielen Punkten gleichen, wird man von einer indogermanischen Mythe, die diesen drei Schmieden und auch dem keltischen Goibhniu zugrundeliegt, ausgehen können.

Wie der römische Gott Vulcanus und auch Wieland hat Daidalos Statuen hergestellt, die lebensecht wirkten – die des Vulcanus waren sogar lebendig. Daidalos war nicht nur Künstler, sondern auch Handwerker, Baumeister und Erfinder. Er soll unter anderem die Säge, den Bohrer, das Senkblei und den Fischleim erfunden haben.

Daidalos' Schwester schickte ihren Sohn Perdix zu Daidalos in die Lehre. Der Neffe stellte sich bald als begabter Schüler heraus, der durch seinen Einfallsreichtum auffiel und die Säge und den Zirkel erfand. Daidalos konnte diesen Rivalen nicht ertragen und stürzte ihn von der Akropolis hinab. Die Göttin Athene, die Genialität sehr schätzte, sah ihn jedoch fallen und rettete sein Leben, indem sie ihn in einen Vogel verwandelte, der seither seinen Namen trägt (Perdix = Rebhuhn). *Daidalos wurde wegen dieser Tat aus Athen verbannt.*

Auf der Insel Kreta fand er am Hofe des Königs Minos Asyl. Minos hatte von Poseidon als Bestätigung für seine Krönung einen weißen Stier aus dem Meer gesandt erhalten. Der Stier gefiel König Minos jedoch so sehr, daß er ihn, anstatt ihn wie üblich zu opfern, behielt.

Poseidon wurde darüber wütend und belegte Minos Frau Pasiphaë, die eine Tochter des Sonnengottes Helios war, mit dem Zauber, sich in diesen Stier zu verlieben. Pasiphaë beauftragte daher Daidalos, ihr eine künstliche Kuh herzustellen, in die sie sich legen und so mit dem Stier vereinigen konnte. Der Sohn, den sie daraufhin gebar, hatte einen Menschenleib, aber den Kopf eines Stieres: der Minotauros.

Daidalos mußte nun für König Minos ein Labyrinth erbauen, in dem er den Minotauros einsperrte. Dieses Labyrinth war so geschickt gebaut, dass selbst Daidalos kaum den Weg aus ihm hinausfand, als er es fertiggestellt hatte.

König Minos sperrte Daidalos und dessen Sohn Ikaros nach der Vollendung des Labyrinthes in einen Turm, damit niemand das Geheimnis der Herkunft des Minotauros erfahren konnte. Daidalos hatte jedoch schon vorher Ariadne, der Tochter des Königs Minos verraten, daß man leicht wieder hinausfindet, wenn man am Eingang das Ende eines Wollknäuels festbindet, das Knäuel beim Hineingehen in das Labyrinth abwik-

kelt und beim Hinausgehen dann diesem „roten Faden" folgt. Aufgrund dieses Hinweises konnte später Ariadnes Geliebter Theseus in das Labyrinth eindringen und den Minotauros töten.

Daidalos fertigte jedoch für sich und seinen Sohn aus Wachs und aus den Federn der Seevögel Flügel und flog mit Ikaros zusammen zum griechischen Festland hinüber. Ikaros flog aber in seinem Übermut zu hoch, sodaß die Hitze des Helios den Wachs schmolz und Ikaros in das Meer hinabstürzte und starb.

Bei der Bestattung seines Sohnes auf der Insel Ikaria saß ein Rebhuhn in der Nähe, das der von Daidalos getötete Perdix war. So wurde der durch das Hinabstürzen durch Daidalos getötete Perdix durch den Sturz des Ikaros gerächt.

Daidalos fand auf Sizilien bei König Kokalos Asyl. Dort errichtete er dem Apollon einen Tempel und weihte ihm seine Flügel.

König Minos sann jedoch auf Rache und fuhr mit seiner Flotte nach Sizilien. Um Daidalos zu finden, erdachte er eine besondere List. Er stellte die Frage: „Wie zieht man einen Faden durch ein spiralig gewundenes Schneckenhaus?" Daidalos fand die Lösung: Er bohrte das Gehäuse an der Spitze an, befestigte an einem Ende des Fadens eine Ameise, die er durch das Loch kriechen ließ und lockte sie am Ende des Spiralgangs mit einem Tropfen Honig an. König Kokalos hörte von der Lösung, erzählte sie dem Minos und verriet so unbeabsichtigt den Daidalos, denn König Minos ging davon aus, daß nur Daidalos eine Antwort auf diese Frage finden könne.

Als Minos Daidalos' Auslieferung verlangte, täuschte Kokalos dem Minos Gastfreundschaft vor und lud ihn zum Bade, wo Minos durch Kokalos Töchter ermordet wurde.

In dieser Sage finden sich viele Parallelen zu der Wieland-Sage: Beide sind „kunstfertige Handwerker" und beide Namen haben auch genau diese Bedeutung. Beide werden direkt bzw. indirekt durch die Taten einer Königin eingesperrt. Beide töten einen bzw. zwei junge Männer. Beide erschaffen sich Flügel zum Fliegen bzw. verwandeln sich in einen Adler.

Auch Perdix gehört zu dieser Gruppe: Er wurde von oben in die Tiefe hinabgestürzt, von einer Göttin gerettet und verwandelte sich daraufhin in einen Vogel (Rebhuhn). Auch Daidalos Sohn Ikaros teilt diese Symbolik – auch wenn er nicht gerettet wurde.

Das Labyrinth, das Daidalos erschuf, ist ein Symbol des Jenseitsweges. Die Abbildung dieses Labyrinthes ist auf vielen vorindogermanischen Darstellungen aus Kreta zu sehen – es war allerdings kein Irrgarten, sondern ein kunstvoll gewundener Weg ohne Abzweigungen.

| *Labyrinth* | *Labyrinth* | *Labyrinth* |
| *Syrien, 1240 v.Chr.* | *Knossos, Kreta, 450 v.Chr.* | *Chatres, 1200 n.Chr.* |

Die Krönung bestand damals aus dem symbolischen Tod des Königs, für den ein Stier geopfert wurde, mit dem er identifiziert wurde, damit er dessen Zeugungskraft erhielt und sich dann im Jenseits erfolgreich mit der Muttergöttin wiederzeugen konnte, woraufhin er dann von ihr wiedergeboren wurde. Dadurch wurde er zu einem „Stier-Mann" – zu einem Minotauros.

In der Zeremonie wurde er dabei meist auf das noch blutige Fell des Stieres gelegt oder in es eingehüllt. Manchmal vereinte sich auch die Königin, die die Jenseitsgöttin vertrat, mit dem geopferten Stier. Aus dieser Ritual-Szene wurde die von Daidalos technisch organisierte Vereinigung der Königin Pasiphaë mit dem weißen Stier.

Wenn der König dann im Ritual wiedergeboren aus dem Jenseits zurückkehrte, hatte er die Verbindung zu den Göttern erlangt, die er für seine Herrschaft als König brauchte. In seiner wiedergeborenen Gestalt ist der König dann ein Adler – dieser Teil der Mythe wurde sozusagen auf Daidalos „ausgelagert", der sich auch nicht mehr in einen Adler verwandelt, sondern sich wie Wieland auf technische Weise Flügel erschafft.

Das Motiv der Wasserunterwelt zeigt sich darin, daß der weiße Stier dem König Minos von dem Meeresgott Poseidon gesandt wird.

II 7. Der kretische Gott Velchanos

In Kreta wurde seit mindestens 300 v.Chr. der Gott Velchanos als der junge Zeus verehrt, der in seiner Jugend auf dem Berg Ida auf Kreta lebte. Velchanos ist offensichtlich mit Vulcanus identisch und entspricht auch dessen Auffassung als der junge (weil wiedergeborene) Jupiter in der Unterwelt.

Velchanos ist wie Vulcanus und Hephaistos der Gott des Feuers. Seine Vereinigung mit der Großen Göttin entspricht der Vereinigung des Vulcanus mit Venus, des Hephaistos mit Aphrodite und des Wieland mit Bödwild. Venus/Aphrodite ist der Geliebte-Aspekt der Großen Göttin Juno/Hera im Zusammenhang mit der Wiederzeugung.

Velchanos sitzt auf den kretischen Darstellungen oft als junger Mann auf der Astgabel eines Baumes, der vermutlich der Weltenbaum ist und somit eine ursprünglichere und „humanere" Variante der Reise vom Himmel in die Unterwelt darstellt als der Sturz des Vulcanus und des Ikaros.

Velchanos wurde auch als Stier dargestellt. Die Identifizierung mit einem Stier ist eins der wichtigsten Motiv aus den Vorstellungen über die Wiederzeugung und daher auch aus dem Krönungsritual. In dieser Szene nahm die Große Göttin oft die Gestalt einer Kuh an. Auch Zeus verwandelte sich bisweilen in einen Stier – z.B. um die Europa zu entführen (und zu verführen). In der Zeus/Europa-Mythe ist der Zusammenhang mit der Wiederzeugung noch deutlich zu erkennen. In einer anderen Mythe behielt Zeus seine menschliche Gestalt, während seine Geliebte Io die Gestalt einer Kuh annahm. Diese „göttlichen Kühe und Stiere" sind eng mit der Minotauros-Mythe verwandt.

Zu dieser Auffassung des Velchanos paßt es, daß er der Gott der Weihung der Jugendlichen, d.h. ihrer Aufnahme in den Kreis der Erwachsenen, war. Auch diese Weihung war symbolisch eine Jenseitsreise, sodaß die Stiersymbolik auch in diesen Zusammenhang gehörte.

II 8. Der ossetische Schmiedegott Kurdalagon

Die Osseten, die auch Narten genannt werden, leben im Kaukasus und sind Nachfahren der Skythen, die zu dem östlichen Teil, also zu dem persisch-indischen Zweig der Indogermanen gehören. Die Skythen lebten in dem Ursprungsland der Indogermanen: in der südrussischen Steppe nördlich des Schwarzen Meeres und des Kaspischen Meeres. Die Osseten/Narten lebten im Kaukasus zwischen diesen beiden Meeren.

Der Schmiedegott der Osseten trägt den Namen „Kurdalagon", was „Schmied aus der Sippe der Alaeg" bedeutet. Die Alaeg waren einer der großen Stämme der Narten. Er trägt die Beinamen „Himmlischer" und „Himmelsschmied", da er wie alle nartischen Götter im Himmel wohnt. Manchmal wurde er auch Waergon genannt, was eine Variante von „Vulcanus" ist.

Bisweilen reitet Kurdalagon auf dem Kamm eines flammenden Wirbelsturmes zum Himmel zurück. Er zeigt auch den Toten das Pferd, auf dem sie ins Jenseits reiten können. Er wurde offenbar mit dem Jenseitsweg assoziiert.

Als Gott des Jenseitsweges war er auch für die Ernte, die den Tod der Pflanzen darstellte, von Bedeutung: Kurdalagon wurde im Herbst auf den Feldern mit einem Trinkhorn in der Hand verehrt.

Kurdalagon war aber auch mit der Geburt verbunden. So erscheint er z.B. auf dem Geburtsfest der Zwillinge Achsar („der Mutige") und Achsartag („der Mutigste"), die die nartische Form der beiden Dioskuren (Pferde-Zwillinge) sind, die ursprünglich einmal den Streitwagen der Sonne zogen.

Kurdalagon stellt verschiedene Waffen und Rüstungen her, aber auch den Pflug. Er hat auch einen magischen Pfeil erschaffen, mit dem man auf die Ferse des Gegners schießen muß, was an den Fuß als Symbol der Unterweltsreise des Sonnengottes und an die „Achillesferse" erinnert: die Sonne als Wanderer über den Himmel verletzt sich in vielen Mythen beim Eintritt in die Unterwelt bzw. verliert einen ihrer Schuhe – dies ist sicherlich eine verharmlosende Umdeutung ihres abendlichen Todes, der bei den Germanen (Wieland), Griechen (Hephaistos) und Römern (Vulcanus) mit einer Bein-Verletzung verbunden ist.

Für Afsati, den Gott der wilden Tiere, stellte Kurdalagon eine Hirtenflöte her, die alle und alles tanzen läßt, die diese Flöte hören: Menschen, Tiere, Bäume, Berge, Wolken ... Manchmal spielt diese Flöte auch von selber.

Die wichtigste Waffe, die Kurdalagon hergestellt hat, ist das Schwert Farink, das dem Kriegsgott Uastisrdschi gehört, der auf den skythischen Papaios zurückgeht und dem germanischen Schwertgott Tyr entspricht.

Der Schmiedegott der Narten kennt auch das Geheimnis der Unverwundbarkeit. Um sie den nartische Helden zu verleihen, hat er sie wochenlang in einem Feuer aus Holzkohle oder aus Drachenleibern geglüht, wobei das Feuer von zwölf Blasebälgen angefacht wurde und die glühenden Helden anschließend wie ein durchgeglühtes

Schwert in Wolfsmilch abgeschreckt wurden. Das Feuer, die Drachen und die Wölfe lassen vermuten, daß es sich hier um eine Einweihungs-Jenseitsreise des Helden handelt. Die Wolfsmilch entspricht dem Drachenblut in der Siegfriedsage und dem Wasser des Jenseitsflusses Styx in der Achilles-Legende, das diese beiden Helden unverwundbar machte. Das Feuer ist vermutlich eine Analogie zu der Waberlohe bzw. der Flammenwand als Jenseitseingang in der germanischen Mythologie.

Einer der nartischen Krieger spielte während seines Durchglühens auf dem zwölfsaitigen Fandir (Leier), was an an Gunnars Harfenspiel in der Schlangengrube bei den Germanen oder das Harfenspiel des Barden bei Merlins „Wahnsinn" (Jenseitsreise) erinnert. Anscheinend hatte das Spiel auf der Harfe bei den Einweihungsritualen der Indogermanen eine wichtige Funktion. Im Zusammenhang mit Wieland fehlt dieses Motiv jedoch – vermutlich weil auch der Repräsentant des Priester, Heiler und Skalden (Dichter) in der Sage fehlt.

Kurdalagon kann auch den oberen Teil des Schädels eines Menschen abtrennen und anschließend wieder aufsetzen, was vermutlich auch ein Symbol für die Jenseitsreise ist. Möglicherweise hängt dieses Motiv mit der Schädelschalen-Tradition zusammen.

Der Himmelsschmied reparierte einst das Sonnenrad, nachdem er vorher unwissentlich die Eisenstange geschmiedet hatte, mit der Soslan, der Loki der Narten, das Sonnenrad zerstört hatte, indem er die Eisenstange zwischen die Speichen des Sonnenrades gesteckt hatte.

II 9. Der persische Schmiedegott Kaveh

Der persische Dichter Firdausi verfaßte um 1.000 n.Chr. das Epos Shanama, in dem er über die avestischen (persischen) Sagen berichtet. In ihnen wurden die früheren Götter und Dämonen zu Königen und Helden. In diesem Epos wird u.a. auch über den Schmied Kaveh aus Isfahan berichtet, der gegen den König Zohak kämpft, der ursprünglich ein assyrischer Dämon gewesen ist.
  Der Name „Kaveh" stammt von dem indogermanischen Verb „kamp" für „biegen" ab. Der „Kaveh" ist somit „einer, der (das Metall) biegt", d.h. ein Schmied.

In Persien herrschte der grausame König Zohak, der aus einem anderen Land stammte und die Perser unterworfen hatte. Auf jeder seiner beiden Schultern lag eine Schlange und er war mit einer dritten Schlange umgürtet.
  Als Zohak zwei der Söhne des Schmiedes Kahveh tötete und sie seinen Schlangen vorwarf, begann Kaveh einen Aufstand gegen den König. Er band seine Lederschürze an eine Lanze und rief alle zum Kampf gegen Zohak auf. Aus diesem Banner wurde später die persische Standarte.
  Kaveh sammelte ein Heer um sich und fand Feridun, der zum Heerführer wurde. Sie eroberten die Heidenstadt Harrak, in der Zohak in seinem Palast, der höher als Saturns Himmel war, wohnte. Feridun erschlug im Palast alle Devs (Dämonen) *und Zauberer mit der eisernen Keule, die Kaveh für ihn geschmiedet hatte.*
  Zohak selber war jedoch auf einem Kriegszug in Hindostan. Als er mit seinem Dämonenheer zurückkehrte, schlug Feridun ihn und seine Dämonen nieder. Als Feridun jedoch den Zohak töten wollte, befahl ihm der persische Weise und Heilige Serusch, den König stattdessen an einen Felsen zu schmieden. So wurde Zohak in eine Höhle in dem Berg Devamend gebracht und dort angeschmiedet. Dort erschüttert er die Erde und sein Herzblut fließt vor ihm auf die Erde nieder.

Im Oktober wird das Mehrgan-Fest für den Sonnengott Mitra gefeiert, das auch als Feier des Sieges des Kaveh über Zohak angesehen wird. Das Fest liegt in dem Monat, in dem die Regenzeit nach der sommerlichen Dürre beginnt, sodaß auch diese Mythe aus dem Kampf des Donnergottes mit seinem Hammer (Feridun/Thor) gegen die Regenräuberschlange (Zohak/Midgartschlange) entstanden sein könnte.
  Kaveh ist eng mit dem germanischen Wieland verwandt. So wie Wieland das Schwert Mimung herstellt, so hat Kaveh die Eisenkeule für Feridun, der dem Thor entspricht, angefertigt. Der König Zohak hat in Persien dieselbe Rolle wie Loki bei den Germanen, der ebenfalls an einen Felsen gekettet wird und dort die Erdbeben verursacht. Die beiden von den Schlangen des Zohak getöteten Söhne des Kaveh entsprechen den beiden getöteten Söhnen des Königs Nidud – sie sind ursprünglich die Pferde-Zwillinge des Göttervaters gewesen. Die Schlangen selber entsprechen

vermutlich den Schlangen in der Grube, in der der gefesselte Wieland gelegen hat.

II 10.   Der indische Schmiedegott Kavja

Der indische Schmiedegott Kavja Usanas ist recht unbekannt. Er wird in der Überlieferung vor allem als Hersteller des Donnerkeiles des Gottes Indra erwähnt. Dieser Donnerkeil entspricht dem Schwert des Tyr-Wieland.

Sein Name ist mit dem des persischen Schmiedegottes Kaveh identisch. Der Name dieses Gott wird demnach bis mindestens zu der Zeit, in die Inder und Perser noch ein einziges Volk waren, zurückreichen, also bis ca. 1.800 v.Chr.

II 11.   Der etruskische Schmiedegott Sethlans

Die Etrusker gehören, wie ihre Sprache zeigt, nicht zu den Indogermanen. Bei ihnen findet sich jedoch auch ein Schmiedegott, der Ähnlichkeit mit dem Vulcanus der Römer, die die nördlichen Nachbarn der Etrusker waren, und dem griechischen Hephaistos hat. Vermutlich haben sich durch die jahrhundertelange Nachbarschaft der Römer und der Etrusker deren Mythen teilweise angeglichen.

Dieser Schmied in den Mythen der Etrusker hieß Sethlans und war der Gott des Feuers, der Blitze und der Schmiede und wurde schließlich allgemein zum Handwerkergott. Er ist in den Abbildungen an seinem Hammer und an seiner Zange erkennbar und hält auch oft eine Doppelaxt in seiner Hand. Er trägt eine konische, halbrunde Kappe.

Die ältesten Darstellungen des Sethlans stammen von ca. 550 v.Chr.

Die Etrusker kannten auch einen Gott, dessen Name dem des Vulcanus sehr ähnlich war: „Velchans". Über diesen Gott ist lediglich bekannt, daß ihm der März heilig war.

II 12. Der finnische Schmiedegott Ilmarinen

Die Finnen gehören ebenfalls nicht zu den indogermanischen Völkern, aber sie waren in Skandinavien seit 1800 v.Chr. die direkten Nachbarn der Germanen. Daher ist auch der Vergleich der indogermanischen Schmiedegötter mit Seppo („Schmied") Ilmarinen in den finnische Mythen interessant.

Die rege Austausch zwischen Finnen und Germanen läßt sich an vielen Dingen erkennen: Der Name „Finnland" stammt vom germanischen „Fen-Land", d.h. „Sumpfland" ab; die Lieder der finnischen Sänger heißen „Runen"; die drei Brüder in der Wieland-Sage sind Söhne des finnischen Königs; und Harald Haarschön, der erste norwegische König, nahm eine finnische Zauberin zur Frau.

Der finnische Schmied Ilmarinen aus dem Kalevala, das um 1835 von Elias Lönnrot aus alten Liedern zusammengefügt worden ist, ist wie Wieland auch ein Zauberer und erlebt viele Abenteuer, insbesondere die Reise zu der Jenseitsgöttin Louhi in der Unterwelt Pohjola, die wie bei den Germanen im kalten Norden liegt (Nifelheim). Die Göttin Louhi dort entspricht u.a. der germanischen Hel und der römisch-griechischen Venus/Aphrodite.

Ilmarinen ist ursprünglich der finnische Himmelsgott gewesen, der unter anderem die Himmelskuppel geschmiedet hat. Es findet sich also auch bei den Finnen eine enge Verwandtschaft zwischen dem Schmied und dem Himmels-, Sonnen- und Vatergott.

Die Geschichte des Ilmarinen wird in dem Epos Kalevala geschildert. Das folgende ist eine sehr kurze Zusammenfassung.

Seppo Ilmarinen wünschte sich die Tochter von Louhi, der Herrin des Nordlandes, zur Frau. Louhi, die eine mächtige Hexe war, verlangte dafür von Ilmarinen, daß er ihr den Sampo schmiedete.

Ilmarinen entfachte ein Feuer in seiner Schmiede und schmolz das Metall. Da formte sich in der Glut eine Armbrust, die jeden Tag ein Opfer brauchte. Ilamrinen zerstörte sie und schmolz sie wieder ein.

Ilmarinen entfachte ein zweites mal ein Feuer in seiner Schmiede und schmolz das Metall. Da formte sich in der Glut ein Schiff, das immer zum Kampf auslaufen wollte. Ilamrinen zerstörte es und schmolz es wieder ein.

Ilmarinen entfachte ein drittes mal ein Feuer in seiner Schmiede und schmolz das Metall. Da formte sich in der Glut eine Kuh, die immer wütend und kämpferisch war. Ilamrinen zerstörte sie und schmolz sie wieder ein.

Ilmarinen entfachte ein viertes mal ein Feuer in seiner Schmiede und schmolz das Metall. Da formte sich in der Glut ein Pflug, der alle Weiden und bepflanzten Felder aufwühlte. Ilamrinen zerstörte ihn und schmolz ihn wieder ein.

Ilmarinen entfachte ein fünftes mal ein Feuer in seiner Schmiede, rief die vier

Winde, damit sie in die Esse bliesen, und schmolz das Metall. Da formte sich in der Glut der Sampo: eine Zaubermühle, aus der Mehl, Salz und Gold fließen.

Da brachte Ilmarinen den Sampo der Zauberin Louhi, aber sie verweigerte ihm ihre Tochter. Schließlich gelang es Ilmarinen aber dennoch, sie für sich zu gewinnen.

Der Schmied Ilmarinen wollte sich an Louhi für die Weigerung, ihm ihre Tochter zu geben, rächen und ihr deshalb den Sampo rauben. Dazu tat er sich mit Väinämöinen und Lemminkäinen zusammen.

Väinämöinen war ein uralter Mann mit langem weißen Haar – denn er hatte schon vor seiner Geburt 730 Jahre im Leib seiner Mutter verbracht. Er war ein Sänger mit magischer Stimme: er konnte sich Dinge herbeisingen, Dinge mit seinem Gesang zerstören oder Dinge in der Erde versinken lassen. Zu seinem Gesang spielte er manchmal auf seiner Kantele, die er aus dem Unterkiefer eines Hechtes hergestellt hatte.

Lemminkäinen war ein junger Mann mit wallendem goldenem Haar. Auch er hatte um eine von Louhis Töchter geworben, aber sie hatte ihm drei Aufgaben gestellt: den Elch des Dämons Hiisi zu fangen, den feuerspeienden Hengst des Hiisi Zaumzeug anzulegen und schließlich noch den Schwan zu fangen, der auf dem Jenseitsfluß Tuonela schwimmt. Die beiden ersten Aufgaben gelangen ihm, doch bei der dritten scheiterte er und er wurde von einem blinden Hirten an dem Jenseitsfluß zerstückelt. Seine Mutter sammelte jedoch alle seine Teile zusammen und setzte sie wieder zusammen. Dann sandte sie eine Biene zu Ukko, dem höchsten Gott, um von ihm einen Tropfen Honig zu rauben, mit dem sie den Lemminkäinen wiederbelebte.

Der Raub des Sampo gelang, allerdings wurden der Schmied Ilmarinen, der Sänger Väinämöinen und der Jüngling Lemminkäinen von der Zauberin Louhi verfolgt und es kam zu einem Kampf, bei dem der Sampo schließlich zerstört wurde.

Als Ilmarinens Frau von einer Herde wilder Tiere getötet wurde, trauerte er sehr um sie und schmiedete sich eine Frau aus Gold und Silber, die er allerdings wieder zerstörte, weil sie kalt war.

Ilamrinen hat als Himmelsgott Ähnlichkeiten mit dem germanischen Tyr und als Schmied mit Wieland (Tyr im Jenseits).

Der alte, weise Väinämöinen gleicht in mancher Hinsicht dem ehemaligen germanischen Himmelsgott Tyr (im Diesseits) und seinem Nachfolger Odin.

Der von einem Blinden getötete und danach von seiner Mutter wiederbelebte Lemminkäinen ist eine Entsprechung zu dem germanischen Baldur.

Der Honigtropfen des höchsten Gottes Ukku, mit dem Lemminkäinen-Baldur ins Leben zurückgeholt wird, hat offensichtlich dieselbe Funktion wie der Göttermet der Asen.

Diese drei Männer könnten durchaus eine Entsprechung zu Wölund, Egil und Slagfid sein, die im Wölund-Lied die drei Söhne eines finnischen Königs sind. Der Schmied Ilamrinen entspricht genau dem Wieland. Der junge Krieger Lemminkäinen gleicht sowohl dem Egil als auch dem Baldur. Der alte Sänger Väinämöinen ist eine Entsprechung zu dem Priester/Heiler Hönir, der in der Wieland-Sage zu dem Krieger Slagfid umgedeutet worden ist.

Wie Wieland schmiedet auch Ilmarinen „besondere Gegenstände", unter denen die magische Mühle, die in der germanischen Tradition im Besitz von Fenja (Frigg) und Menja (Freya) befindet, die wichtigste ist. So wie sich Wieland mit Bödhild vereint, so vereint sich Ilmarinen mit der Tochter der Louhi (Wiederzeugung im Jenseits).

Väinämöinen entspricht Tyr im Diesseits und Ilmarinen Tyr im Jenseits.

				die drei Brüder			
Stand	*Rigr*	*Asen*	*Wielandsage*	*Siegfriedsage*	*Gesta Danorum*	*Märchen*	*Kalevala*
Krieger Fürsten	Jarl	Woden	Odin	Egil	Fafnir	Odin als Krieger	Bogenschütze	Lemminkäinen
Priester Heiler		We	Hönir	Slagfid	Oter	Odin als Heiler	Heiler	Väinämöinen
Bauern Handwerker	Karl	Wili	Loki	Völund	Regin	Odin als Schmied	Schmied	Ilmarinen
Sklaven	Thräl							

Die aus Metallen geschmiedete Frau ist auch von Vulcanus, Hephaistos und Daidalos bekannt. Sie war der Versuch, die Große Mutter durch technische Hilfsmittel zu ersetzen.

Die Harfe bzw. Kantele gehört hier zu dem Sänger. Vermutlich wird sie generell als das rituelle Instrument der Barden-Priester in die Schmiede-Sagen gelangt sein.

Der Raub des Sampo von der Jenseitsherrin Louhi entspricht dem Beschaffen des Metbrau-Kessels der Riesen durch Tyr und Thor im Hymirlied der Edda. Der Raub ist auch eine Analogie zu dem Raub des Göttermets, der im Besitz der Riesentochter Gunnlöd war, durch Odin.

Der Sampo wird ursprünglich wohl ein Hilfsmittel für die Wiedergeburt gewesen sein, da er sich im Besitz der Jenseitsgöttin Louhi befand. Er wird dann in die Quelle des diesseitigen Wohlstands umgedeutet worden sein (er spendet Mehl, Salz und

Gold).

Dieselbe Entwicklung findet sich auch bei dem Füllhorn, das ursprünglich der alle Menschen im Diesseits gebärende und im Jenseits wiedergebärende Schoß der Großen Mutter war, bevor er zum Spender reicher Ernten und noch später zur Quelle großer Schätze umgedeutet worden ist.

Die Zerstückelung des Lemminkäinen und seine Heilung durch seine Mutter erinnert sehr an die Zerstückelung des ägyptischen Gottes Osiris und seine Heilung durch Isis. Eine andere Analogie zu der Mythe von Isis und Osiris fand sich bei Wielands Einschließen in einem Baum, der einen Fluß hinab und übers Meer trieb. Diese Szenen scheinen sehr alt zu sein.

Im folgenden finden sich einige Auszüge aus der Kalevala, in denen über Ilmarinen berichtet wird.

Die magische Mühle

Kalevala 7, 303

Louhi, sie, Pohjola's Wirthin,
Redet Worte solcher Weise:
„O Du weiser Väinämöinen,
Einzig ew'ger Zaubersprecher,
Nimmer werd' nach Gold ich fragen,
Nimmer mich um Silber kümmern;
Gold ist wie der Kinder Blumen,
Silber wie der Rosse Zierath;
Kannst Du mir den Sampo schmieden,
Mir den bunten Deckel hämmern
Aus der Schwanenfeder Spitze,
Aus der Milch der güsten Stärke,
Einem einz'gen Gerstenkorne,
Aus der Wolle eines Schafes,
Ja, dann geb' ich meine Tochter,
Dieses Mädchen Dir zum Lohne,
Bringe Dich zum Heimathlande,
Daß Du dort die Vögel singen,
Dort den Kuckuck rufen hörst
An dem Saum des eignen Feldes."

Väinämöinen alt und wahrhaft
Redet Worte solcher Weise:
„Nicht kann ich den Sampo schmieden,
Nicht den bunten Deckel hämmern;
Bring mich nach dem Heimathlande:
Werde Ilmarinen senden,
Daß den Sampo er Dir schmiede,
Dir den bunten Deckel hämmre,
Deine Tochter sich gewinne,
Daß die Jungfrau er beglücke.
Dieser ist ein Schmied, wenn einer,
Ist ein Meister in den Künsten,
Hat den Himmel schon geschmiedet,
Hat der Lüfte Dach gehämmert,
Nirgend sieht man Hammerspuren,
Nirgend eine Spur der Zange."

Louhi, sie, Pohjola's Wirthin,
Redet Worte solcher Weise:
„Dem nur geb' ich meine Tochter
Und versprech' mein Kind nur jenem,
Der den Sampo für mich schmiedet,
Der den bunten Deckel hämmert
Aus der Schwanenfeder Spitze,
Aus der Milch der güsten Stärke,
Einem einz'gen Gerstenkorne,
Aus der Wolle eines Schafes."

Kalevala 10, 280

Ging den Sampo dann zu schmieden,
Ging den bunten Deckel hämmern,
Fragte nach der Schmiedestätte,
Suchte nach dem Schmiedezeuge,
War dort keine Schmiedestelle,
Keine Schmiede, keine Bälge,
Keine Esse und kein Amboß,
Keine Hämmer, keine Klopfer.

Sprach der Schmieder Ilmarinen,
Redet' Worte solcher Weise:
„Alte Weiber nur verzweifeln,
Schufte lassen 'was zur Hälfte,
Nicht ein Mann, ein schlechter selber,
Nicht ein Held von wen'gern Kräften!"

Suchte für die Esse ein Plätzchen,
Für die Bälge eine Stelle
Auf den dort'gen Landesstrecken,
An dem Rand der Nordgefilde.
Suchte einen Tag, den zweiten,
Endlich an dem dritten Tage
Kam ein buntgestreifter Steinblock,
Kam ein Fels ihm zu Gesichte:
Dahin läßt der Schmied sich nieder,
Dort bereitet er sich Feuer,
Einen Tag stellt er die Bälge,
An dem andern Tag die Esse.
Ilmarinen, er, der Schmieder,
Dieser ew'ge Schmiedekünstler,
Drängt die Stoffe in das Feuer,
In die Esse seine Arbeit,
Stellte Knechte an den Blasbalg,
Stellt' sie hin, um stets zu schüren.
Hastig trieben sie den Blasbalg,
Schürten voller Fleiß die Kohlen
Drei der schönsten Sommertage,
Drei der Sommernächte emsig,
Steine wuchsen an den Fersen,
Blöcke an der Zehen Spitzen.
An dem ersten Tage beugte
Selbst der Schmieder Ilmarinen
Sich herab um zuzuschauen
Auf dem Boden seiner Esse,
Was wohl aus dem Feuer käme,
Aus der Flamme sich erhöbe.
Aus dem Feuer drang ein Bogen
Mit dem Goldesglanz des Mondes,
Golden ganz mit Silberspitzen,

An dem Schaft von buntem Kupfer.
Schön von Anblick ist der Bogen,
Aber leider bösgeartet:
Frägt nach einem Kopfe täglich,
Zwei verlangte er am Festtag.

Dieser Bogen erinnert an das Schwert Tyrfing, daß jedesmal, wenn es aus der Scheide gezogen worden war, einen Menschen töten mußte. Tyrfing („Tyr-Finger") wird der Name des Schwertes des ehemaligen germanischen Sonnengott-Göttervaters Tyr gewesen sein.

Selbst der Schmieder Ilmarinen
Freut sich seiner keinesweges,
Bricht den Bogen von einander,
Wirft ihn wieder in das Feuer;
Ließ die Knechte wieder blasen,
Ließ sie unverdrossen schüren.
An dem zweiten Tage beugte
Selbst der Schmieder Ilmarinen
Sich herab um zuzuschauen
Auf dem Boden seiner Esse;
Aus dem Feuer drang ein Nachen,
Drang ein Boot mit braunem Scheine,
Golden ist der Bord verzieret,
Kupfern sind die Ruderhaken.
Schön von Anblick ist der Nachen,
Aber leider bösgeartet:
Zieht ganz ohne Noth zum Kampfe,
Ohne Anlaß zu dem Streite.

Ob hier eine Verbindung zu dem germanischen Totenschiff Naglfar besteht, das beim Ragnarök die Riesen zum Kampf bringt?

Selbst der Schmieder Ilmarinen
Freut sich seiner keinesweges,
Bricht das Boot in tausend Trümmer,
Wirft es wieder in das Feuer;
Ließ die Knechte munter blasen,
Ließ sie unverdrossen schüren.
An dem dritten Tage beugte

Selbst der Schmieder Ilmarinen
Sich herab um zuzuschauen
Auf dem Boden seiner Esse;
Eine Kuh dringt aus dem Feuer,
Golden strahlen ihre Hörner,
An der Stirn der Bär vom Himmel,
Auf dem Kopf das Rad der Sonne.
Schön vom Anblick war die Kuh wohl,
Aber leider bösgeartet:
Schlief beständig in dem Walde,
Ließ die Milch herab zum Boden.

Hier könnte eine Verbindung zu der Urkuh Audhumbla aus den germanischen Mythen bestehen.

Selbst der Schmieder Ilmarinen
Freut sich ihrer keinesweges,
Schneidet sie in kleine Stücke,
Wirft sie wieder in das Feuer;
Läßt die Knechte munter blasen,
Läßt sie unverdrossen schüren.
An dem vierten Tage beugte
Selbst der Schmieder Ilmarinen
Sich herab um zuzuschauen
Auf dem Boden seiner Esse;
Aus dem Feuer drängt ein Pflug sich,
Golden strahlet seine Spitze,
Kupfern ist der Schaft desselben,
Silbern ist der Knopf am Schafte.
Schön vom Anblick ist der Pflug wohl,
Aber leider bösgeartet,
Er durchwühlt die fremden Felder
Und durchfurcht die schönsten Wiesen.

Möglicherweise ist dies der Pflug der germanischen Göttin Gefion, mit der sie einen Teil von Schweden vom Land „losgepflügt" und als Insel Dänemark hinzugefügt hat.

Selbst der Schmieder Ilmarinen
Freut sich seiner keinesweges,
Bricht den Pflug gar rasch in Stücke,

Wirft ihn wieder in die Esse;
Läßt die Winde kräftig blasen,
Läßt den Sturm das Feuer schüren.
Rasch erbrausten da die Winde,
Ostwind blies und Westwind brauste,
Kräftig war des Südwinds Blasen,
Gar gewaltig stürmt der Nordwind,
Blasen einen Tag, den zweiten,
Blasen fort am dritten Tage,
Aus dem Fenster sprüht das Feuer,
Aus der Thüre fliegen Funken,
Auf zum Himmel Staubgewölke,
Mit den Wolken mischt der Rauch sich.
Ilmarinen, er, der Schmieder,
Beugte an dem dritten Tage
Sich herab um zuzuschauen
Auf dem Boden seiner Esse;
Sah den Sampo schon entstehen,
Sah den bunten Deckel wachsen.
Ilmarinen, er, der Schmieder,
Dieser ew'ge Schmiedekünstler,
Schmiedet mit behenden Schlägen,
Klopfet mit gar kräft'gem Hammer,
Schmiedet gar geschickt den Sampo,
Daß er Mehl auf einer Seite,
Auf der zweiten Salz er mahlet,
Auf der dritten Geld in Fülle.
Frisch geschmiedet mahlt der Sampo,
Schaukelt hin und her der Deckel,
Mahlt ein Maß beim Tagesanbruch,
Mahlt ein Maß, daß man es esse,
Mahlt ein zweites zum Verkaufen,
Mahlt ein drittes zum Verwahren.
Freudvoll war des Nordens Alte,
Brachte dann den großen Sampo
Nach des Nordlands Felsenberge,
In den festen Berg von Kupfer,
Hinter neun der besten Schlösser,
Wurzeln läßt er dorten schießen,
Neun der Klafter in die Tiefe,

Eine Wurzel in die Erde,
Eine an den Rand des Wassers,
In des Hauses Berg die dritte.

Das „Nordland" entspricht Niflheim. Die „9" ist auch hier das Symbol des Jenseits. Die drei Wurzeln erinnern an die drei Wurzel der Weltesche Yggdrasil.

<u>Das Schwert des Schmiedes Ilmarinen in der Unterwelt</u>

Kalevala *27, 273*

Darauf riß der Wirt Pohjola's
Seine Klinge von den Wänden,
Griff nach ihr, der feuerschneid'gen,
Redet Worte solcher Weise:
„O Du Ahti, Inselländer,
Du, der schöne Kaukomieli,
Laß uns unsre Schwerter messen,
Unsre Klingen nun beschauen,
Ob mein Schwert wohl besser sein mag,
Ob Deins, Inselländer Ahti!"

Sprach der muntre Lemminkäinen:
„Was wohl tauget meine Klinge,
Ist an Knochen fast zerbrochen,
Ist an Schädeln ganz verschrammet!
Aber sei dem wie ihm wolle,
Wenn das Gastgebot nicht besser,
Laß uns messen, laß uns schauen,
Wessen Schwert das bess're sein mag!
Hat mein Vater doch vor Zeiten
Ohne Scheu das Schwert gemessen,
Sollt' im Sohn der Stamm sich ändern,
In dem Kinde schlechter werden?"

Nahm das Schwert, ergriff das Eisen,
Zog die Klinge voller Feuer
Aus der filzbedeckten Scheide,
Aus dem ganz gewundnen Gürtel;

Messen dann und schauen beide
Ihrer beiden Schwerter Länge,
Länger war ein kleines Stückchen
Wohl das Schwert des Nordlandswirtes
Wie der Schmutzrand an dem Nagel,
Wie ein Halbgelenk des Fingers.

Sprach der Inselländer Ahti,
Er, der schöne Kaukomieli:
„Länger ist dein Schwert befunden,
Dir gehört der Hiebe erster."

Das Schmieden einer Frau

Kalevala 37, 1

Weint' der Schmieder Ilmarinen
Alle Abend nach dem Weibe,
Weinte schlaflos alle Nächte,
Alle Tage ohn' zu essen,
Klagte früh schon an dem Morgen,
Seufzet in des Tages Frühe,
Weil gestorben ihm die Eh'frau,
Weil die Schöne hingesunken;
Nicht ward in der Hand geschwungen
Seines Hammers Schaft von Kupfer,
Nicht zu hören war das Hämmern
In dem Laufe eines Monats.

Sprach der Schmieder Ilmarinen:
„Wehe mir, dem armen Knaben,
Weiß nicht, wie zu sein und leben;
Sitz' die Nächte oder schlafe,
Schwer ist's Nachts, die Einsicht schwanket,
Mühvoll und gar schwach die Kräfte.
Lange Weil' hab' ich am Abend,
Sauer wird es mir am Morgen,
Doch die Nächte sind noch schlimmer,
Bittrer ist's, wenn ich erwache,

Hab' nicht Sehnsucht nach dem Abend,
Hab' nicht Wehmuth ob des Morgens,
Keine Sorg' ob andrer Zeiten;
Sehnsucht hab' ich nach der Schönen,
Wehmuth hab' ich nach der Lieben,
Kummer um die Schwarzgelockte.
Oftmals hat zu diesen Zeiten,
Wenn ich auf den Daunen ruhte,
Mitternachts bei meinen Träumen
Schon umsonst die Faust gegriffen,
Ist die Hand umsonst geglitten
Tappend hin nach beiden Seiten."

Weiblos lebte nun der Schmieder,
Alterte so ohne Gattin;
Weinte zwei, ja drei der Monde,
Eben so auch in dem vierten,
Sammelt Gold dann aus dem Meere,
Silber aus des Meeres Fluthen;
Stapelt Holz in großen Haufen
Dreißig ganze Schlittenfuder,
Brennt das Holz dann ganz zu Kohlen,
Thut die Kohlen in die Esse.
Nimmt darauf von seinem Golde,
Nimmt ein Stück von seinem Silber,
Gleich an Größe einem Herbstlamm
Oder einem Winterhasen,
Stößt das Gold, damit es schmelze,
Steckt das Silber in die Esse,
Stellet Knechte hin zum Blasen,
Tagelöhner zu dem Blasbalg.
Kräftig blasen da die Knechte,
Drücken rasch die Tagelöhner
Mit den Händen ohne Handschuh,
Mit den Schultern ohne Hüte;
Selbst der Schmieder Ilmarinen
Rühret fleißig um das Feuer,
Will aus Gold sich ein Gebilde,
Eine Braut aus Silber schaffen.
Gut nicht blasen seine Knechte,

Kraftlos drücken sie den Blasbalg,
Selbst der Schmieder Ilmarinen
Fängt nun an recht frisch zu blasen;
Bläset, ein Mal, bläst das zweite,
Darauf bei dem dritten Male
Schaut er auf der Esse Boden,
Auf den Rand von seinem Ofen,
Was wohl aus der Esse käme,
Was sich aus dem Feuer drängte.
Kommt ein Schaf da aus dem Ofen,
Dringt hervor aus seiner Esse,
Haare hat's von Gold, von Kupfer,
Hat auch Haare, die von Silber,
Daß sich andre drüber freuen,
Ilmarinen sich nicht freute.

Sprach der Schmieder Ilmarinen:
„Mag der Wolf dergleichen hoffen!
Wünsch' aus Gold mir eine Gattin,
Eine Ehefrau aus Silber."

Stieß der Schmieder Ilmarinen
Drauf das Schaf zurück in's Feuer,
Fügte noch hinzu vom Golde,
Macht des Silbers Masse größer,
Stellt die Knechte hin zum Blasbalg,
Läßt die Tagelöhner blasen.
Eifrig blasen da die Knechte,
Drücken rasch die Tagelöhner
Mit den Händen ohne Handschuh,
Mit den Schultern ohne Hüte;
Selbst der Schmieder Ilmarinen
Schüret emsig um die Esse,
Will aus Gold sich ein Gebilde,
Eine Braut aus Silber schaffen.
Gut nicht blasen seine Knechte,
Kraftlos drücken sie den Blasbalg,
Selbst der Schmieder Ilmarinen
Fängt nun an recht frisch zu blasen;
Bläset ein Mal, bläst das zweite,

Darauf bei dem dritten Male
Schaut er auf der Esse Boden,
Auf den Rand von seinem Ofen,
Was wohl aus der Esse käme,
Was sich aus dem Feuer drängte.
Aus dem Feuer springt ein Füllen,
Dringt hervor dicht vor dem Blasbalg,
Goldenmähnig, silberköpfig,
Seine Hufen ganz aus Kupfer,
Daß sich andre drüber freuen,
Nicht sich Ilmarinen freuet.

Sprach der Schmieder Ilmarinen:
„Mag der Wolf dergleichen hoffen!
Wünsch' aus Gold mir eine Gattin,
Eine Ehefrau aus Silber."

Stößt der Schmieder Ilmarinen
In das Feuer rasch das Füllen,
Füget noch hinzu vom Golde,
Mehret noch des Silbers Masse,
Stellet Knechte an den Blasbalg,
Läßt die Tagelöhner blasen.
Eifrig blasen da die Knechte,
Drücken rasch die Tagelöhner
Mit den Händen ohne Handschuh,
Mit den Schultern ohne Hüte;
Selbst der Schmieder Ilmarinen
Schüret emsig in der Esse,
Will aus Gold sich ein Gebilde,
Eine Braut aus Silber schaffen.
Gut nicht blasen seine Knechte,
Kraftlos drücken sie den Blasbalg,
Selbst der Schmieder Ilmarinen
Fing nun an recht frisch zu blasen;
Bläset ein Mal, bläst das zweite,
Darauf bei dem dritten Male
Schaut er auf der Esse Boden,
Hin zum Rande seines Ofens,
Was wohl aus der Esse käme,

Was sich aus dem Feuer drängte.
Kommt ein Mädchen aus der Esse,
Von dem Balg mit goldner Flechte,
Silberhäuptig, goldenlockig,
Wunderschön am ganzen Leibe;
Daß die andern Furcht empfinden,
Ilmarinen sich nicht fürchtet.
Darauf schmiedet Ilmarinen,
Er, der Schmieder, das Gebilde,
Schmiedet Nächte ohn' zu ruhen,
Tagelang ohn' anzuhalten;
Füße gab er wohl der Jungfrau,
Füße ihr und bildet' Hände,
Doch nicht taugt der Fuß zum Gehen,
Nicht die Arme zum Umarmen.
Schmiedet Ohren wohl der Jungfrau,
Doch nichts hören konnten diese;
Meisterhaft schuf er den Mund ihr,
Schön den Mund, die Augen lebhaft,
Leider war der Mund ihr wortleer,
Ohne Anmuth auch das Auge.

Sprach der Schmieder Ilmarinen:
„Wäre eine schöne Jungfrau,
Wenn sie Worte nur besäße,
Mit Besinnung eine Zunge."

Zog darauf die schöne Jungfrau
Auf sein weiches Federlager,
Auf das sanfte Ruhekissen,
Auf das Bett von zarter Seide.
Darauf heizt' Schmied Ilmarinen
Seine Badstub' reich an Dämpfen,
Schaffet Seife hin zum Bade,
Bindet zweigereiche Besen,
Schaffet Wasser drei der Eimer,
Daß das Finklein sich nun wasche,
Daß das Ammerchen sich bade
Von des Goldes schmutz'gen Schlacken.
Zur Genüge hat der Schmieder,

Sich nach Herzenslust gebadet,
Streckt sich an der Jungfrau Seite
Auf dem weichen Federbette,
Auf dem stahlbeschlagnen Lager,
Auf dem eisernen Gestelle.
Darauf frägt Schmied Ilmarinen
Gleich schon in der Nächte ersten
Nach gehör'ger Zahl von Decken,
Sorgt für eine Menge Tücher,
Zwei, ja drei der Bärenfelle,
Fünf, ja sechs der wollnen Decken,
Um bei seiner Ehehälfte,
Bei dem goldnen Bild zu schlafen.
Warm genug war eine Seite,
Die die Decke gut verhüllte,
Die der Jungfrau zugewandte,
Die am Goldgebilde ruhte,
Diese Seite war voll Kälte,
War vor lauter Frost erstarret,
Drohte gar zu Eis zu werden
Und zu Stein sich zu verhärten.

Sprach der Schmieder Ilmarinen:
„Tauget nicht für mich die Jungfrau;
Will sie nach Wäinölä führen,
Väinämöinen sie verleihen,
Als Gefährtin für sein Leben,
Als ein Hühnchen ihm im Schoße."

Führt die Jungfrau nach Wäinölä;
Redet, als er hingekommen,
Worte solcher Weise sprechend:
„O du alter Wäinämöinen,
Nimm da hin ein hübsches Mädchen,
Eine Jungfrau schön von Aussehn,
Nicht gar breit ist sie am Munde,
Nicht zu weit sind ihre Wangen."

Väinämöinen alt und wahrhaft
Blickte hin auf das Gebilde,

Warf die Augen hin zum Golde,
Redet Worte solcher Weise:
„Weßhalb brachtest Du mir dieses,
Dieses goldne Ungeheuer?"

Sprach der Schmieder Ilmarinen:
„Weßhalb anders, als zum Besten:
Dir als Gattin für dein Leben,
Als ein Hühnchen Dir im Schoße."

Sprach der alte Väinämöinen:
„O Du Schmied, mein lieber Bruder!
Wirf die Jungfrau in das Feuer,
Schmied' draus allerlei Geräthe,
Oder führe sie nach Rußland,
Dein Gebilde zu den Deutschen,
Daß im Kampfe sie die Reichen,
Mächt'ge sie durch Krieg gewinnen;
Nimmer ziemt es meinem Stamme,
Niemals ziemte es mir selber
Eine goldne Braut zu wählen,
Eine silberne zu suchen."

Drauf verbot es Väinämöinen
Und versagt's der Freund der Wogen
Ernstlich dem Geschlecht, das wächset,
Dem Geschlecht, das sich erhebet,
Vor dem Golde sich zu neigen,
Vor dem Silber schwach zu werden;
Redet Worte solcher Weise,
Läßt auf diese Art sich hören:
„Wollet nicht, ihr armen Söhne,
Nicht ihr Helden, die ihr wachset,
Solltet ihr Vermögen haben
Oder dessen auch entrathen,
Wollet nie, so lang' ihr lebet,
Nie, so lang' das Mondlicht glänzet,
Nach den goldnen Mädchen freien,
Eine Silberbraut euch wählen!
Kalt nur ist der Glanz des Goldes,

Frost nur hauchet aus das Silber."

II 13. Weitere nicht-indogermanische Schmiedegötter

Zwei Schmiedegötter, die nicht zu den Indogermanen zählen, wurden schon beschrieben: der etruskische Sethlans und der finnische Seppo Ilmarinen.

Bei den nicht-indogermanischen Völkern scheinen Schmiedegötter eher selten zu sein. Über einige weitere sind jedoch Mythen und Sagen überliefert worden.

Aus Ugarit in Syrien ist ein Schmiedegott mit dem Namen „Kotar-Hasis" bekannt. Er war weder Gott noch Mensch, sondern stand zwischen beiden. Er entsprach daher in etwa den indogermanischen Helden, zu denen bei den Germanen vor allem Wieland und Siegfried gehören.
Kotar-Hasis war nicht nur Schmied, sondern auch Erfinder, Kulturbringer, Entdekker, Instrumentenbauer, Musiker, Baumeister, Wahrsager und Magier und er öffnet auch das Fenster des Göttervaters, damit der Regen auf die Erde gelangen kann. Er fertigte sowohl Schmuck aus Gold und Silber als auch die magischen Waffen und eine Rüstung für den Göttervater Ba'al (der germanische Beli und der keltische Bel).
Dieser Schmiede-„Held" ist wie die indogermanischen Schmiedegötter eng mit dem Göttervater verbunden und zugleich Schmied und Magier. Er ist auch der Verursacher des Beginns der Regenzeit und ist somit auch ein „Herbstfest-Schmiedegott".
Da es aber aus Mesopotamien nur dieser eine mythologische Schmied bekannt ist, kann man zwar vermuten, daß bereits die gemeinsamen Vorfahren der Indogermanen und der mesopotamischen Völker eine Schmied-Mythe hatten, aber ein einzelner Nachweis bei den Syrern ist ein etwas schwaches Fundament für eine solche Annahme – zumal diese gemeinsamen Vorfahren in einer Zeit lebten, in der das Schmiedehandwerk noch kaum eine Bedeutung hatte. Zudem waren die indogermanischen Hethiter und die Syrer Nachbarn und standen in regem Handelsaustausch miteinander – und damals übernahm man oft auch die Götter der Nachbarvölker in das eigene Pantheon.
Daher werden sich Kotar-Hasis und die indogermanischen Schmiedegötter entweder parallel entwickelt haben oder die Syrer haben den Schmiedegott von den Hethitern oder Griechen übernommen.

Manchmal wird auch der ägyptische Gott Ptah als Schmiedegott angeführt, was jedoch irreführend ist, da das Schmieden in den Mythen und dem Kult des Ptah nur eine sehr untergeordnete Rolle spielt.

In den Mythen der sibirischen Völker ist der Schmied hingegen eine wichtige Gestalt. Er ist dort allerdings ein Art Schamane und keine Gottheit, also ähnlich wie Wieland ein „Held".

II 14. Vergleich der Schmiedegötter

Das Bild der indogermanischen Schmiede(-götter) enthält viele Details. Um diese Eigenschaften, Qualitäten, Taten usw. besser erfassen zu können, werden sie in den folgenden Tabellen einzeln dargestellt. Diese Übersichten sind der Häufigkeit nach, mit der diese Motive auftreten, angeordnet.

Die Etrusker und die Finnen, die in diese Listen miteinbezogen worden sind, sind zwar keine indogermanischen Völker, aber sie standen mit ihnen in engem Austausch: die Etrusker mit den Römern und die Finnen mit den Germanen.

a) Die Namen

Bedeutung des Namens des Schmiedes		
Volk	*Gottheit u.ä.*	*Bedeutung des Namens*
Germanen	Wieland	„kunstfertiger Handwerker"
	Regin	„König"
	zwei Zwerge	Zwerg = „Gespenst, Totengeist, Dämon"
Römer	Vulcanus Beiname „Mulciber"	indogermanisch „wlkanos" „Schläger"
Etrusker	Sethlans	?
	Velchans	indogermanisch „wlkanos"
Kelten	Goibhniu	„Zugreifender" = Schmied
Slawen	Svarog	„Himmel, Paradies"
Kreta	Velchanos	indogermanisch „wlkanos"
Griechen	Hephaistos Beiname „Klutotechnes"	„am Tag Scheinender" (Sonne) „kunstfertiger Handwerker"
	Daidalos	„kunstfertiger Handwerker"
Osseten (Narten)	Kurdalagon, Beinamen	„Schmied aus der Familie der Aleg" „Himmlischer", „Himmelsschmied"
	Waergon	indogermanisch „wlkanos"
Perser	Kaveh	„(Metall)Bieger" = Schmied
Inder	Kavjah	„(Metall)Bieger" = Schmied
Finnen	Sempo Ilmarinen	„Schmied Wind"

Die Namen der indogermanischen Schmiedegötter und Schmiede bedeuten:

5x „Schmied"
4x „wlkanos"
2x „kunstfertiger Handwerker"; 1 x als Beiname
1x „Himmlischer"
1x „Sonne"
1x „Himmel, Paradies"
1x „Wind"
1x „Totengeist" (Zwerg)
1x „König"

Am häufigsten ist der Name „Schmied" – was nicht verwunderlich ist. Der Name bzw. Beiname „kunstfertiger Handwerker" ist ebenfalls naheliegend, da der Schmiedegott natürlich der beste aller Schmiede sein sollte.

Die ursprüngliche indogermanische Form von „Vulcanus" ist „wlkanos". Die Verbreitung des Namens „Vulcanus" und seine Varianten bei den Osseten, Griechen, Kretern und Etruskern spricht insgesamt für einen indogermanischen Ursprung dieses Namens, da diese Völker abgesehen von den Etruskern alle Indogermanen sind – falls der kretische Gott Velchanos nicht bis in die vorgriechische Zeit zurückreichen sollte.

Bei fünf indogermanischen Völkern gegenüber dem einen etruskischen Volk erscheint es sehr wahrscheinlich, daß die Etrusker den Namen „Vulcanus" von den Römern übernommen haben werden. Dies ist auch aufgrund der relativ geringen politischen, sozialen und kulturellen Bedeutung der Etrusker recht plausibel.

Die Namen „Vulcanus", „Velchans", „Velchanos" und „Waergon" sollten den Regeln der Lautentwicklung in den indogermanischen Sprachen auf ein ursprüngliches „wlkanos" zurückgehen. Das Wort „wlkanos" ist ein zusammengesetztes indogermanisches Wort, das aus den beiden Substantiven „wlk" für „Wolf" und „anos" für „Ring" besteht. Der Schmiedegott trägt somit den Namen „Wolfsring".

Es stellt sich die Frage, was mit einem „Wolfsring" im Zusammenhang mit dem Schmiedegott gemeint sein könnte. Der Wolf hatte bei den Indogermanen zum einen die Funktion des Wächters, weshalb sich auch die Krieger als „Wölfe" bezeichneten, und zum anderen in den Mythen die Funktion des Jenseitsführers, woraus dann sekundär der „Höllenhund" entstanden ist. Zu beiden Gruppen hat der Schmiedegott einen Bezug, denn er stellt die Waffen für die „Wolfskrieger" her und er lebt selber in der Unterwelt.

Der Ring ist von den drei westlichsten Völkern der Indogermanen, also den Kelten, Römern und Germanen, als Symbol für die Jenseitsreise bekannt – insbesondere der Draupnir der Germanen und der Torque der Kelten. Für sie würde das Wort „Wolfsring" vermutlich recht plausibel klingen: Er ist der Ring, den man erhält, wenn man bei einer Schamaneneinweihung oder einer Krönung den „Wolfsweg" ins Jenseits und zurück gereist ist und dadurch den Kontakt mit den Göttern erlangt hat.

Es sind zwar keltische Torques (der Torque ist ein offener Halsring) mit Stier- oder Löwenköpfen an ihren beiden Enden bekannt, aber keine mit zwei Wolfsköpfen. Lediglich zwei Armreifen enthalten in ihren filigranen Verzierungen möglicherweise je zwei stark stilisierte Menschen und Wölfe.

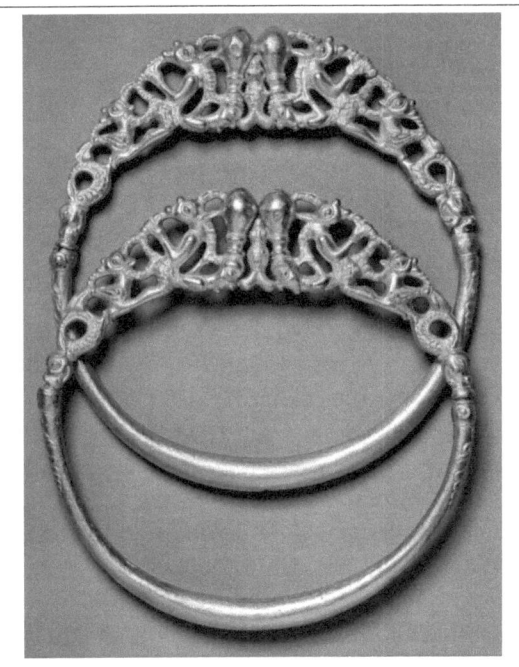
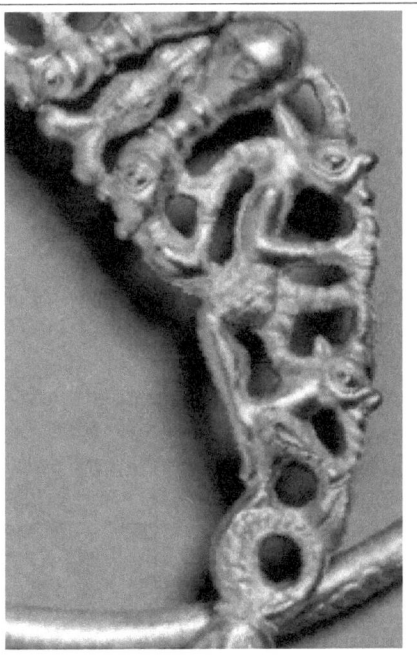

keltische Armreifen mit Wolfsmenschen (?)

Solch ein „Wolfstorque" wäre eigentlich ein naheliegendes Motiv gewesen, zumal sich auch bei den Kelten solch ein „Doppelwolf" findet wie z.B. auf dem Kessel von Gundestrup. Seine germanische Entsprechung ist der Doppelwolf unter der Walküre Aelrun auf dem Runenkästchen von Auzon. Ob man diese „Wolfsbögen" allerdings als „gestreckte Wolfsringe" auffassen darf, ist zumindestens fraglich. Geri und Freki, die beiden Wölfe des Odin, sind auch solch ein Wolfspaar.

Der Bogen zwischen den beiden Vogelköpfen über Aelrun, der vermutlich der Verbindung zwischen den beiden Wolfsköpfen unter ihr entsprechen wird, ähnelt einem Regenbogen. Die Regenbögen wurden von den Germanen („Bifröst") und auch von den Indern („Indradanush") als Brücke zu den Göttern aufgefaßt. Auch der „Leib" des

Doppelwolfes auf dem Kessel von Gundestrup hat eine „Regenbogen-Struktur".

Der „Wolfsring" könnte somit ein offener Halsring oder evtl. auch ein offener Armreif mit je einem Wolfskopf an den beiden Enden gewesen sein, dessen Mittelteil der Regenbogenbrücke Bifröst entsprach. In den Mythen der Germanen wacht an der Jenseitsbrücke über den Jenseitsfluß Gjallar der „Höllenhund" Garm, der dem Fenris-Wolf entspricht. Derartige Jenseitstor-Motive mit Wolf oder Hund sind bei den Indogermanen weitverbreitet.

Der Doppel-Wolf

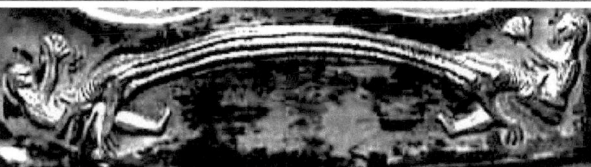

Doppelwolf auf dem Kessel von Gundestrup
Kelten, Dänemark
400 v.Chr.

Doppelwolf unter Aelrun
Germanen, England
750 n.Chr.

Bei den Skythen findet sich ein spiralig gewundener Armreif, auf dem sich neben anderen Tieren auch Wölfe oder Hunde befinden. Die Kunst und der Lebensstil der Skythen ist dem der ursprünglichen Indogermanen recht ähnlich geblieben.

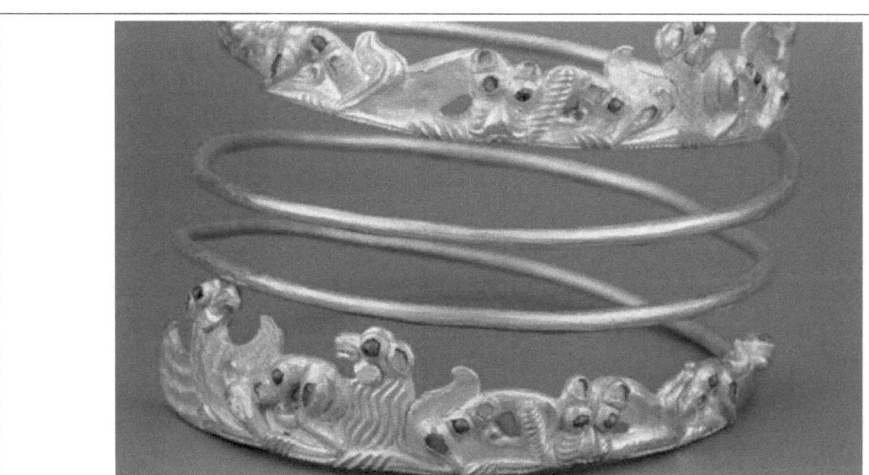

skythischer Armreif mit Adlern, Panther, Wölfen/Hunden u.a. Tieren

Arm- und Halsreifen mit Tierdarstellungen sind von den Indogermanen insgesamt sehr gut bekannt, sodaß es zumindest aus dieser Sicht ein „Wolfsring", d.h. „Wolfs-Armreif" oder „Wolfs-Halsreif" als (magisches) Schmuckstück sehr plausibel ist.

Der Wolfsring wäre dann wahrscheinlich das Kennzeichen für die bestandene Schamanen-Einweihung oder die Fürsten-Krönung, aber vielleicht auch für das Erlernen der Wolfskrieger-Ekstase, die bei den Germanen von den „Ulfhedinn" beherrscht wurde. „Ulf-hedinn" bedeutet „Wolfs-Fell(-Leute)".

Leider ist in den indogermanischen Mythen nirgends der Begriff „Wolfsring" erhalten geblieben und die Schmiedegötter treten auch nicht zusammen mit Wölfen oder Hunden auf, die den Totengottheiten zugeordnet werden.

Wenn man von der bei den Indogermanen üblichen Bezeichnung der Krieger als „Wölfe" ausgeht, könnte ein „Wolfsring" auch ein Ring aus Kriegern sein – vielleicht zum Schutz des Lagers oder der Herden.

Wenn man davon ausgeht, daß mit dem „Wolf" in dem Wort „Wolfsring" ein Krieger gemeint ist, dann könnte ein Wolfsring auch der „Ring eines Kriegers" sein. Vermutlich wird er diesen Ring bei seiner Aufnahme in den Kreis der Krieger erhalten haben. Bei dieser Kriegerweihe könnte der Jüngling auch symbolisch von dem Schmiedegott Wlkanos seine Waffen überreicht bekommen haben. Evtl. hat man ihm bei dieser Gelegenheit auch die Grundlagen der Wolfskrieger-Ekstase gelehrt.

Diese Aufnahme in den Kriegerbund könnte mit einer Jenseitsreise zu dem Göttervater und/oder dem Schmiedegott verbunden gewesen sein – was gut zu den Jenseitsreisen in den Mythen des Schmiedegottes passen würde.

Der Ursprung des Namens „Wolfsring" für den Schmiedegott läge dann in seinem wichtigsten Symbol, dem Ring, der den Kriegerstand und später die bestandene Einweihung kennzeichnete. Dieser Ring wäre dann zumindestens eine der Wurzeln des germanischen Draupnir und des keltischen Torques.

Es gibt jedoch noch einen direkteren Zusammenhang zwischen dem Wolfsring und dem Schmiedegott. Der indogermanische Sonnengott-Göttervater Dhyaus ist als Wolfskrieger Fenrir, der später zu einem Ungeheur geworden ist. Als Sonnengott ist Dhyaus auch die Sonnenscheibe, die bei westlichen Völkern der Indogermanen zu einem Ring geworden ist. Dhyaus ist in der Unterwelt der Schmiedegott. Somit finden sich alle drei Symbole (Wolf, Ring und Schmied) in den Mythen des Dhyaus.

Aufgrund der Lage der Überlieferungen bleibt die eigentliche Bedeutung von „wlkanos" jedoch vorerst noch etwas unsicher – und das, obwohl „Wolfsring" ein so prägnanter Name ist …

b) Das Feuer

		Feuer
Volk	*Gottheit u.ä.*	*Motiv*
Germanen	Wieland	Schmied
	Regin	Schmied
	zwei Zwerge	Schmiede
Römer	Vulcanus	Schmied, Feuer, Vulkan
Etrusker	Sethlans	Schmied
	Velchans	? (die Funktion des Velchans ist nicht bekannt)
Kelten	Goibhniu	Schmied (das Wort „gabija" bedeutet bei den Slawen „Heiliges Herdfeuer")
Slawen	Svarog	Schmied; Sohn Svarozic: Feuergott
Griechen	Hephaistos	Schmied, Feuer, Vulkan
	Daidalos	Schmied
Kreta	Velchanos	Feuergott
Osseten	Kurdalagon	Schmied
Perser	Kaveh	Schmied
Inder	Kavjah	Schmied
Finnen	Sempo Ilmarinen	Schmied

Der Hinweis auf das Feuer ist bei den Schmiedegöttern eher indirekt bzw. liegt in ihrem Beruf inbegriffen. Lediglich zwei Götter sind auch Götter des Feuers und der Vulkane. Das Feuer ist bei den Indogermanen vor allem als „Heiliges Feuer" aufgefaßt worden und wurde z.B. in Indien in dem Gott Agni personifiziert.

Dadurch, daß man Opfergaben an die Ahnen oft verbrannte („Brandopfer") oder zerbrach, damit die Opfergaben „tot" waren und dadurch ins Totenreich gelangten, entstand das Motiv des Feuers als Tor zum Jenseits. Dies führte dann dazu, daß man Rituale mit dem Entzünden eines Feuers begann und in Tempeln manchmal ein „ewiges Feuer" unterhielt. Dieses „Heilige Feuer" scheint jedoch nicht besonders eng mit dem Schmiedegott assoziiert worden zu sein.

c) Der Göttervater

Volk	Gottheit u.ä.	Motiv	
		der Göttervater ist der Vater des Schmiedes	*Hinweis auf den Göttervater*
Germanen	Wieland	(Großvater erhielt Schwert von Odin)	
	Regin	(Zwergenkönig Hreidmar)	
Römer	Vulcanus	Jupiter	Felspodest
Slawen	Svarog		Name: „Himmel, Paradies" (Ort des Göttervaters)
Griechen	Daidalos		Ikaros flog zu nah an die Sonne (Helios) heran (der Göttervater war ursprünglich ein Sonnengott)
Kreta	Velchanos	Velchanos = jugendlicher Zeus	
Finnen	Sempo Ilmarinen		Name: „Schmied Wind"; er erschuf den Himmel (Göttervater im Himmel)

der Schmied ist der Sohn des Sonnengott-Götterkönigs und andere Hinweise auf den Göttervater

Die Verbindung des Schmiedegottes zu dem Göttervater scheint recht sicher zu sein. Er wurde anscheinend als Sohn des Göttervaters, d.h. als der wiedergeborener Göttervater angesehen. In ähnlicher Weise ist auch der Krieger-Held der wiedergeborene Sonnengott-Göttervater: Siegfried bei den Germanen (Odins Schützling), Cú Chulainn bei den Kelten (Sohn/Schützling des Lugh), Herakles bei den Griechen (Zeus' Sohn) u.a.

d) Das Jenseits

Volk	Gottheit u.ä.	Motiv
Aufenthalt im Jenseits		
Germanen	Wieland	Lehre bei Zwergen, Insel Säwarstad, Schlangengrube, Wolfstal, Wolfssee u.a.
	Regin	Zwerg
	zwei Zwerge	Zwerge = Totengeister
Römer	Vulcanus	Ätna, Unterwelt, Thetis, Meer
Griechen	Hephaistos	Vulkan
	Daidalos	Turm, Labyrinth
Kreta	Velchanos	Stier-Gestalt
Osseten	Kurdalagon	zeigt den Toten das Totenpferd, das sie ins Jenseits bringt, u.a.
Finnen	Sempo Ilmarinen	Reise zur „Hexe" Louhi (Jenseitsgöttin)

Auch die Verbindung zum Jenseits läßt sich fast durchgängig finden. Dies ist auch zu erwarten, wenn der Schmiedegott einer der Aspekte des wiedergeborenen Göttervaters ist, der sich vor seiner Wiedergeburt in der Unterwelt befand.

Ohne diese Herkunft des Schmiedes hätte es eigentlich keinen Grund gegeben, den Schmiedegott in der Unterwelt anzusiedeln, da die Unterwelt generell als Wasserunterwelt und nicht als Feuerunterwelt angesehen wurde. Das Bild der „Feuerhölle" ist relativ neu und hat sich im Zusammenhang mit der christlichen Missionierung aus dem Motiv des Feuers als Tor zur Unterwelt heraus entwickelt.

Ohne die Entstehung aus dem wiedergeborenen Göttervater wäre der Schmiedegott als „Techniker" vermutlich eher bei den Menschen oder in Begleitung des Kriegsgottes in Asgard, auf dem Olymp u.ä. beheimatet gewesen.

e) Die Wiederzeugung

Vereinigung mit der Jenseitsgöttin		
Volk	*Gottheit u.ä.*	*Motiv*
Germanen	Wieland	Walküre, Bödwild
	Regin	(Siegfried und die Walküre Brünhild)
	zwei Zwerge	Freya
Römer	Vulcanus	Venus
Griechen	Hephaistos	Aphrodite
	Daidalos	(Pasiphaë und der Stier)
Kreta	Velchanos	Große Göttin
Finnen	Sempo Ilmarinen	Tochter der Louhi

Die Frau des Schmiedegottes ist durchgehend die „junge Göttin, die sich bei der Wiederzeugung mit den Toten vereint". Diese Eindeutigkeit in allen Mythen in Bezug auf die Frau des Schmiedegottes zeigt, daß die Wiederzeugung ein wesentliches Motiv des Kerns seines Charakters gewesen sein muß. Vielleicht wurde das Schmieden als Analogie zur Wiederzeugung angesehen: beides ist ein schöpferischer Vorgang.

Da die Wiederzeugung ein „magischer Vorgang" ist, verwundert es nicht, daß der Schmiedegott die magischen Waffen und Geräte der Götter und Göttinnen herstellt. Der Schmiedegott ist sozusagen die „in der Unterwelt verborgene Macht, neue Dinge zu erschaffen". Er stellt somit die Kreativität des Lebens dar. Der erste dieser magischen Gegenstände wird entweder das Schwert des Göttervaters oder der Hammer des Donnergottes gewesen sein.

In einigen Kulturen ist der Schmied eng mit den Schamanen verbunden. Dies liegt vermutlich daran, daß die Schamanen diejenigen sind, die in das Jenseits reisen können und daher auch über diese schöpferische Kraft verfügen, die sich in ihrer Fähigkeit zur Ausübung von Magie zeigt. Der Schmied wurde manchmal als eine Art Magier angesehen.

Der Schmiedegott ist ursprünglich der Göttervater gewesen, der durch seine Wiederzeugung im Jenseits das Leben neu erschafft. Dies hat sich dann zu dem Erschaffen aller lebendigen, lebensfördernden und magischen Dinge ausgeweitet, wodurch der Göttervater bzw. der wiedergeborene Göttervater in der Unterwelt zum Schmiedegott wurde.

f) Die magischen Gegenstände

Herstellung magischer Gegenstände		
Volk	*Gottheit u.ä.*	*Motiv*
Germanen	Wieland	Schwert, Ring
	Regin	Schwert
	zwei Zwerge	das Schwert Tyrfing, alle magischen Gegenstände der Götter
Römer	Vulcanus	Junos Thron, Jupiters Szepter u.a.
Griechen	Hephaistos	alle magischen Gegenstände der Götter
Osseten	Kurdalagon, Waergon	Schwert des Kriegsgottes, magischer Pfeil, Zauberflöte; repariert das Sonnenrad
Perser	Kaveh	eiserne Keule
Inder	Kavjah	Indras Donnerkeil
Finnen	Sempo Ilmarinen	Himmelskuppel, Sempo und vieles andere

Der Schmiedegott stellt die magischen Waffen und Geräte der Gottheiten her, aber er ist nicht der Schöpfer der Welt. Er steht somit in der Welt und handelt in der Welt, aber er steht weder außerhalb von ihr noch über ihr.

Er ist ein frühes Bild des „Technik-Magiers", das heute in einer neuen Form wieder sehr geläufig ist.

g) Die Zwillinge

Brüderpaar		
Volk	*Gottheit u.ä.*	*Motiv*
Germanen	Wieland	Niduds Söhne
	Regin	Regin und Fafnir (und Oter)
	zwei Zwerge	zwei Zwerge
Römer	Vulcanus	Cacus und Caca, Romulus und Remus
Griechen	Hephaistos	zwei Kabiren
Perser	Kaveh	Schlangen fressen seine beiden Söhne
Osseten	Kurdalagon	Achsar und Achsartag

In immerhin gut der Hälfte aller Schmiedegott-Mythen treten die Zwillingsbrüder auf, die in fast allen Fällen getötet werden. Sie gehen wahrscheinlich auf die beiden Pferde-Zwillinge vor dem Wagen des Sonnengottes-Göttervaters zurück, die mit ihm zusammen am Abend/Herbst sterben und sich dann bei ihm in der Unterwelt befinden. Sie wurden fast immer auch als zwei Jünglinge und als Söhne des Göttervaters aufgefaßt.

Dieses Motiv ist vielfach umgedeutet worden, nachdem die ursprüngliche Mythe nicht mehr klar bewußt gewesen ist.

h) Der Seelenvogel

		Vogel
Volk	*Gottheit u.ä.*	*Motiv*
Germanen	Wieland	Adler
	Regin	(Siegfried versteht die Sprache der Vögel)
Griechen	Hephaistos	Wachtel
	Daidalos	Rebhuhn
Finnen	Sempo Ilmarinen	(Lemminkäinen jagt einen Schwan auf dem Jenseitsfluß)

Der Vogel ist allgemein das Motiv für die Seele. Die Verwandlung in einen Vogel ist daher manchmal auch das Symbol entweder für den Tod selber oder noch häufiger für die erfolgreiche Wiedergeburt.

Es findet sich in dem Adler, der die indogermanischen Göttervater begleitet, und in der Verwandlung der Göttervater in einen Adler, Schwan o.ä. Dieses Motiv war daher auch eng mit dem Schmiedegott verbunden, der der wiedergeborene Göttervater war, und tritt daher auch in seinen Mythen auf.

i) Die Statue

	Herstellung einer lebendigen/lebensechten Statue	
Volk	*Gottheit u.ä.*	*Motiv*
Germanen	Wieland	Rygger
	Odin als Schmied	lebensechte Portraitköpfe
Römer	Vulcanus	Dienerinnen
Griechen	Hephaistos	zwei Dienerinnen, Pandora, Stier, Riese, laufende Dreibein-Schemel (Parallele: Pygmalion)
	Daidalos	lebendige Frauenstatue
Finnen	Sempo Ilmarinen	Frau aus Gold und Silber

Die Herstellung einer lebendigen oder lebensechten Statue bezieht sich mit Ausnahme der Wieland-Sage auf eine Frau. Es hat den Anschein, als ob der Schmiedegott versucht hätte, auch die Jenseitsgöttin, mit der sich der Göttervater selber wiederzeugt, herzustellen und zu ersetzen – und somit, wie es bei Technikern weit verbreitet ist, „alles im Griff zu haben".

Dieses Thema scheint auf den westlichen Teil der Indogermanen, der in den Mythen durch ein besonders kriegerisches Verhalten auffällt, beschränkt gewesen zu sein. Bei diesen Völkern hat sich offenbar ein Bewußtsein des ständigen Kampfes und der Machbarkeit entwickelt. Auch das Motiv des Göttervaters als Schwertgott ist auf die Westindogermanen beschränkt gewesen.

In Bezug auf dieses Motiv ist der Schmiedegott der „Urahn" der heutigen Roboter-Konstrukteure und der Gentechniker ...

Derartige „Techniker-Motive", die die Große Mutter ersetzen wollten, sind des öfteren in der Mythologie zu finden. Am deutlichsten ist dies in der altägyptischen Mythologie zu sehen, in der der Gott Atum onaniert, seinen Samen verschluckt und daraufhin die Welt gebiert.

Solche Entwicklungen finden sich vor allem am Beginn des Königtums, mit dem zusammen auch das Patriarchat entstand.

Der Schmiedegott erkennt allerdings in vielen Mythen die Grenzen seines Könnens und verwirft die künstlich hergestellte Frau wieder, „weil sie zu kalt ist".

Auf Zypern gab es die Sage, daß der Bildhauer Pygmalion eine Frauenstatue erschaffen hat, die so schön war, daß er sich in sie verliebte. Auf seine Bitte hin hat Venus diese Statue zum Leben erweckt, sodaß sie Pygmalions Geliebte werden konnte.

j) Der Göttermet

Met oder ähnliches Getränk		
Volk	*Gottheit u.ä.*	*Motiv*
Germanen	Wieland	Met
	zwei Zwerge	stellen den Göttermet her
Kelten	Goibniu	Met
Finnen	Sempo Ilmarinen	Honigtropfen, Sampo

Der Göttermet ist allen Indogermanen bekannt gewesen und war ein wichtiger Bestandteil ihrer Rituale. Es lag daher nahe, ihn in den Mythen ebenfalls von dem Schmiedegott, der der Erschaffer aller magischen Dinge war, herstellen zu lassen. Dieses Motiv ist auf die westlichste Gruppe der Indogermanen, die aus den Germanen, Kelten und Römern bestand, beschränkt.

Dies Motiv ist anscheinend erst spät in den Bereich der „technischen Machbarkeit", d.h. zu dem Schmiedegott geraten. Eine Weiterentwicklung dieses Fadens, der sich allerdings auch bei den Inder findet (ohne Verbindung zu den Schmieden), ist die Herstellung des Lebenselixieres. In der Alchemie, deren wichtigstes Ziel eben die Herstellung dieses Lebenselixieres war, das auch „Stein der Weisen" genannt wurde, findet sich auch das nah verwandte Motiv der technischen Herstellung eines Menschen („Golem") wieder.

Vermutlich ist dieser Zusammenhang zwischen dem Schmied, der Herstellung des Göttermets und der Alchemie auch dadurch entstanden, daß die Schmiede die ersten waren, die durch ihre Suche nach immer besseren Metallegierungen die Anfänge der Chemie entwickelten.

Der Schmiedegott ist im Laufe der Zeit bei den westlichen Indogermanen zu dem Vorfahren der heutigen Pharmazeuten geworden. Er ist das Urbild aller Forscher, Erfinder und Techniker.

k) Der Sturz

Sturz (Abstieg in die Unterwelt)		
Volk	*Gottheit u.ä.*	*Motiv*
Römer	Vulcanus	Sturz des Vulcanus
Griechen	Hephaistos	Sturz des Hephaistos
	Daidalos	Sturz des Perdix, Sturz des Ikaros
Kreta	Velchanos	(sitzt auf dem Weltenbaum; Berg Ida)

Dieses Motiv gehört zu dem Göttervater: Es stellt seinen abendlichen bzw. herbstlichen Tod, d.h. seinen Abstieg in die Unterwelt dar. Da der Schmiedegott der wiedergeborene Göttervater ist, findet sich der Sturz vom Himmel in die Unterwelt als dramatisches Element auch bei der Geburt des Schmiedegottes wieder, die ja mit der Wiedergeburt des Göttervaters identisch ist.

Diesem Motiv entspricht in der Wielandsage sein Durchtrennen der Sehnen, seine Verbannung auf die Insel Säwarstad und das Liegen in der Schlangengrube. Das Abbeißen der rechten Hand des Sonnengott-Göttervaters Tyr durch den Fenris-Wolf ist mit diesem Motiv sehr nah verwandt.

l) Die Schlange

Schlange/Drache		
Volk	*Gottheit u.ä.*	*Motiv*
Germanen	Wieland	Schlangengrube (Deor-Lied, Runensteine)
	Regin	(sein Bruder Fafnir verwandelt sich in einen Drachen)
	Odin als Schmied	verwandelt sich in eine Schlange (Reise zu Gunnlöd)
Osseten	Kurdalagon	benutzt Drachenleiber zum Erzeugen eines magischen Feuers, das Unverwundbarkeit verleiht
Perser	Kaveh	Schlangenkönig Zodak

Die Schlange als Symbol des Jenseitsweges und der Jenseitsreisenden findet sich ebenfalls bei dem Schmiedegott, da dieser der Göttervater in der Unterwelt ist.

m) Das Hinken

Hinken o.ä.

Volk	Gottheit u.ä.	Motiv
Germanen	Wieland	Kniesehnen durchtrennt
Römer	Vulcanus	hinken durch Sturz
Griechen	Zeus (Vater des Hephaistos)	Typhon raubte ihm seine Sehnen
	Hephaistos	hinken durch Sturz
	Daidalos	(Sohn: Tod durch Sturz)

Die Kombination der Gehbehinderung mit dem Sturz zeigt deutlich, daß das lahme Bein bzw. die beiden lahmen Beine des Schmiedegottes eine Analogie zu der abgehackten Hand bzw. dem abgehackten Arm des Schwertgott-Göttervaters sind. In den westindogermanischen Mythen ist oft eine Verletzung an die Stelle des Todes getreten.

Bei Vulcanus, Hephaistos und Wieland ist es die Muttergöttin bzw. die in der Sage an ihre Stelle tretende Königin, die den Sturz bzw. das Durchtrennen der Kniesehnen verursacht. In diesem Motiv ist die Muttergöttin, die die Wiedergeburt gibt, schon in zwei Bilder aufgespalten worden: zum einen in die „böse Göttin", die den Tod bzw. die Verletzung verursacht, und zum anderen in die „gute Göttin", die aufgrund der Wiederzeugungssymbolik zu der Geliebten des Toten geworden ist.

In der ursprünglichen Wiedergeburtssymbolik waren Tod und Sexualität in einem Motiv verbunden. Vor allem aufgrund der Angst vor dem Tod sind die beiden Bilder jedoch auseinandergefallen und zu zwei gegensätzlichen Motiven geworden. In der germanischen Mythologie sind dies die schreckliche Höllengöttin Hel und die schöne Liebesgöttin Freya.

Bei Wieland findet sich anstelle des Sturzes die Gefangenschaft auf einer Insel und das Liegen in der Schlangengrube.

Die durch Typhon geraubten Sehen des Zeus lassen zumindestens vermuten, daß das Motiv der durchtrennten Sehnen entweder im Zusammenhang mit dem Göttervater oder mit dem Kampf des Donnergottes gegen die Regenräuberschlange, zu denen Typhon vermutlich gehört, entstanden ist. Letztlich macht dies jedoch keinen großen Unterschied, da der Schmiedegott der wiedergeborene Göttervater ist.

n) Der Königsvater

Vater eines Königs		
Volk	*Gottheit u.ä.*	*Motiv*
Römer	Vulcanus	Sohn: Romulus, Servius Tullius
Slawen	Svarog	Söhne: Sonnengott Dazbog, Feuergott Svarozic
Griechen	Hephaistos	Erichtonius

Der Göttervater ist auch der Vater der Könige – zumindestens symbolisch, da sie seine Vertreter auf Erden sind und sie bei ihrer Krönung zu ihm in die Götterwelt (Jenseits) reisen und dort seinen Segen erhalten. Diese Verbindung zwischen Göttervater und Königtum übertrug sich zumindestens teilweise auch auf den Schmiedegott.

Auch dieses Motiv findet sich nur bei der westlichen Hälfte der Indogermanen, bei denen das Königtum eine immer größere Rolle spielte. Ihre Könige nahmen auch zunehmend die Haltung der Machbarkeit ein.

o) Das Herbstfest

Herbstfest		
Volk	*Gottheit u.ä.*	*Motiv*
Römer	Vulcanus	Fest am 23.August
Osseten	Kurdalagon	Herbstfest auf den Feldern
Kreta	Velchanos	Einweihung der Jugendlichen (Datum unbekannt)
Perser	Kaveh	Oktoberfest

Das mit dem Schmiedegott verbundene Fest fällt in den Spätsommer/Frühherbst. In dieser Zeit nimmt in den Mythen der Donnergott der Regenräuberschlange den Regen wieder ab. Da der Göttervater und über diesen auch der Schmiedegott mit dem Donnergott assoziiert wurde, könnte das Fest des Schmiedes aufgrund dieser Mythe im Spätsommer/Frühherbst liegen.

Zwischen den Völkern, von denen diese drei Zeitangaben stammen, also den Römern im Westen, den Skythen im Norden (südrussische Steppe) und den Perser im Osten besteht eine große räumliche Distanz. Daher ist es recht wahrscheinlich, daß dieses „Fest der Wiederkehr des Regens" auch schon von den ursprünglichen Indogermanen gefeiert worden ist.

Vermutlich ist der Schmiedegott erst durch seine Auffassung als wiedergeborener Göttervater in Verbindung mit dem Herbst-Regenfest getreten.

Da der Schmiedegott vermutlich erst zur Zeit der frühen Indogermanen entstanden ist, könnte es sein, daß der Donnergott und der Schmiedegott zu ungefähr derselben Zeit mit dem Göttervater gleichgesetzt worden sind bzw. beide seine Söhne wurden, um ihm seine Vormachtstellung zu sichern und ihm die Kräfte und Fähigkeiten der beiden anderen Götter zu übertragen.

Das drei Herbstfeste des Schmiedegottes könnten evtl. auch aufgrund der inneren Logik der Mythenentwicklung an mehreren Orten unabhängig voneinander entstanden sein. Diese Schritte dieser Entwicklung sind recht einfach und beruhen nur auf den grundlegenden Strukturen der indogermanischen Mythen, aber sie führen trotzdem aus ihrer inneren Logik heraus letztlich zu dem doch recht markanten und zunächst eher überraschenden Motiv eines herbstlichen Festes des Schmiedegottes.

Die Schritte dieser Entwicklung sind:

1. Der Göttervater wurde mit dem Regen- und Donnergott assoziiert, da er dadurch dessen Macht erhielt. Dabei wurden der Blitz und der Donnerkeil des Regengottes auch zu den Zeichen des Sonnengott-Göttervaters.

2. Der Blitz und der Donnerkeil des Göttervaters wurden mit seinem Schwert identifiziert, das er bei den West-Indogermanen als himmlischer „Krieger-Fürst" besaß.

3. Der Donnergott besiegte im Herbst die Regenräuberschlange und holte den Regen zurück (Herbstfest). Dieser Sieg wurde manchmal auch als die Wiedergeburt oder Rückkehr des Donnergottes aufgefaßt.

4. Der Göttervater wird über den Donner- und Regengott ebenfalls mit dem Herbstfest assoziiert.

5. Der Schmied schmiedet das am Abend bzw. im Herbst zerbrochene Schwert des Göttervaters neu. Dabei befindet er sich in der Unterwelt (Nacht, Winter), weil sich auch der Göttervater mit dem bei seinem Tod zerbrochenen Schwert in der Unterwelt befindet.

6. Der Schmied stellt das Schwert und den Donnerkeil des Göttervaters sowie den Hammer des Donnergottes her. Diese drei Gegenstände sind letztlich identisch miteinander.

7. Der Schmiedegott wurde zum wiedergeborenen Göttervater, da er in der Unterwelt die Macht besaß, die für die Wiedergeburt des Göttervaters nötigen magischen Gegenstände herzustellen, d.h. vor allem das Schwert – selbst die Große Mutter formte er aus Metall nach. Auf diese Weise erhielt der Göttervater auch die Macht des Schmiedegottes. Hier trat wieder einmal die Technik des Göttervaters an die Stelle der „Lebensmagie" der Großen Mutter.

8. Als wiedergeborener Göttervater wurde auch der Schmiedegott mit dem Herbstfest assoziiert.

p) Die Fesselung an den Felsen

\"Dämon\" an einen Felsen schmieden		
Volk	*Gottheit u.ä.*	*Motiv*
Germanen	Regin	Loki wird an einen Felsen geschmiedet
Griechen	Hephaistos	Prometheus wird an einen Felsen geschmiedet
Perser	Kaveh	König Zohak wird an einen Felsen geschmiedet

Das Schmieden eines Gottes an einen Felsen macht einen recht archaischen Eindruck und ist auch aus allen Zweigen der Indogermanen bekannt. Da die drei mythologischen Wesen Loki, Prometheus und Zohak mit dem Feuer, der Schlange und dem Ungehorsam gegenüber dem Göttervater verbunden sind, stammt dies Motiv vermutlich aus dem Kampf des Donnergottes gegen die Regenräuberschlange in der Unterwelt. Dort wurde sie wohl von dem Donnergott in jedem Herbst angekettet – und befreite sich dann aber jeden Frühsommer wieder und raubte erneut den Regen, sodaß es zur sommerlichen Dürre kam, bis der Donnergott sie in den Herbstgewittern wieder besiegte und erneut anketten konnte.

Das Motiv des in den Felsen eingesperrten Regens und bisweilen auch der in ihnen eingesperrten Rinder ist bei den Indogermanen weit verbreitet. Diese Felsen sind letztlich ein Symbol für die Unterwelt unter der Erde.

Mit diesem Bild ist auch das häufige Motiv der „Zeugung mit der Erde" verbunden, das von verschiedenen indogermanischen Göttern berichtet wird – entweder als Vereinigung mit einer Erdgöttin oder als Onanieren o.ä., bei dem der Same auf einen Felsen oder auf die Erde fällt.

Der angeschmiedete Unterweltsgott, der eng mit den Schlangen verbunden ist (Loki ist der Vater der Midgardschlange), ist letztlich die Regenräuberschlange in der Unterwelt.

Das Thema des an einen Felsen geschmiedeten „Schlangengottes" ist wie das Regenfest im Spätsommer/Frühherbst durch die Assoziation zwischen dem Göttervater/Donnergott und dem Schmiedegott zu diesem gelangt – zumal der Schmied derjenige ist, der die metallene Fessel für den „Regenräuberschlangen-Gott" hergestellt hat.

Diese in jedem Herbst aufs neue hergestellte Fessel hielt jedoch immer nur bis zum nächsten Frühjahr, sodaß die Schlange bzw. der Schlangengott den Regen aufs Neue rauben konnte und immer wieder eine neue sommerliche Dürre entstand.

q) Die Göttermutter

die Mutter ist die Jenseitsgöttin/Göttermutter		
Volk	*Gottheit u.ä.*	*Motiv*
Römer	Vulcanus	Mutter: Juno
Griechen	Hephaistos	Mutter: Hera

Der Göttervater als Vater des Schmiedegottes bedeutet nicht unbedingt, daß auch die Göttermutter seine Mutter sein muß, da der Göttervater viele Liebschaften gehabt hat. Daß jedoch die beiden obersten Gottheiten die Eltern des Schmiedegottes sind, läßt darauf schließen, daß es sich bei dem Schmiedegott um einen alten Gott handelt, der von dem ursprünglichen obersten Götterpaar geboren wurde – was notwendigerweise so sein muß, wenn der Schmiedegott der wiedergeborene Göttervater ist, da die oberste Göttin die ursprüngliche Muttergöttin im Jenseits gewesen sein wird.

Der Name der indogermanischen Schmiedegötter ist meistens „Schmied" oder „kunstfertiger Handwerker" (wie z.B. „Wieland"). Der Schmied war nur selten zugleich auch der Feuergott, da das Schmiedefeuer anscheinend von dem Feuer auf dem Altar unterschieden wurde.

Der Schmiedegott ist wahrscheinlich als der magisch-schöpferische Aspekt des am Abend bzw. im Herbst gestorbenen Göttervaters in der Unterwelt (zwischen seiner Wiederzeugung und seiner Wiedergeburt) entstanden: der Schmiedegott ist der Sohn des Göttervaters, d.h. der wiedergeborene Göttervater selber. Analog zu der Funktion des Göttervaters ist manchmal auch der Schmiedegott der Vater der Könige.

Der wiedergeborene Göttervater wurde mit dem Schmiedegott identifiziert, dessen Schmiedehandwerk der Magie verglichen wurde. Dadurch wurde die Göttermutter, d.h. die Frau des Göttervaters, auch zu seiner Mutter. Die Identifizierung des Göttervaters mit dem Schmiedegott überträgt die „Magie", durch die der Schmied sein Handwerk ausübt, auf den Göttervater. Solche Machterweiterungen durch Identifizierung mit anderen Göttern kamen bei dem Göttervater häufig vor (z.B. mit dem Donnergott).

Die Jenseitsgöttin war bei der Wiederzeugung zunächst die Geliebte des Göttervaters im Jenseits – die Jenseitsgöttin war der Jenseits-Aspekt der Großen Mutter und der Schmiedegott war der Jenseitsaspekt des Göttervaters war. Nachdem der Schmiedegott ganz an die Stelle des Göttervaters in der Unterwelt getreten war, wurde die Jenseitsmutter-Liebesgöttin zu der Frau des Schmiedegottes.

Der Tod des Göttervaters, bei dem er bei den Westindogermanen seine Hand verliert, wurde bei dem Schmiedegott zum hinkenden Bein. Diese Verletzung ist eine verharmlosende Umschreibung für den Tod. Diese Veränderung in den Mythen ergab sich auch daraus, daß die Götter als unsterblich angesehen wurden.

Der Schmiedegott stellt nicht nur in Erweiterung der magischen Wiederzeugung des Göttervaters alle magischen Gegenstände der Götter her, sondern auch den Met der Wiedergeburt und oft sogar die Frau, d.h. die Muttergöttin selber (allerdings meist erfolglos). Der wichtigste magische Gegenstand, den er anfertigte, war das Schwert des Göttervaters, der bei den Westindogermanen als Kriegs- und Schwertgott angesehen wurde. Der Schmiedegott ist somit auch ein Magier.

Der Schmiedegott wird oft mit der Schlange assoziiert, da diese den Jenseitsweg und die Jenseitsreisenden verkörpert. Da der Schmiedegott ein wiedergeborener Gott ist, ist auch der (Seelen-)Vogel und die Verwandlung in einen Vogel ein wichtiges Motiv in seinen Mythen.

Der Tod des Göttervaters, der dann in der Unterwelt zum Schmiedegott wird, wird manchmal als Sturz des Schmiedegottes aus dem Himmel dargestellt – in den er dann aber entsprechend der zyklischen Vorstellungen über Tod, Wiederzeugung und Wiedergeburt der Sonne und des Göttervaters wieder zurückkehrt. Dieser Sturz ist wie die Verletzung des Schmiedegottes eine verharmlosende Darstellung seines Todes, d.h. eigentlich des Todes des Göttervaters.

Aufgrund der engen Assoziationen zwischen dem Donnergott und dem Göttervater einerseits und dem Göttervater und dem Schmiedegott andererseits findet das Fest des Schmiedegottes im Herbst statt, da die Wiedergeburt des Göttervaters offenbar mit dem Sieg des Donnergottes über die Regenräuberschlange im Spätsommer gleichgesetzt wurde.

Das Anketten eines „Dämons" an einen Felsen wird ursprünglich die Gefangenschaft der Regenräuberschlange in der Unterwelt während der Regenzeit gewesen sein.

Das Brüderpaar, das in den Schmiedemythen und -sagen oft getötet wird, geht auf die Pferde/Jugendlichen-Zwillinge vor dem Streitwagen des Sonnengott-Göttervaters zurück, die mit ihm zusammen sterben.

Der indogermanische Name des Schmiedegottes „wlkanos", der „Wolfsring" bedeutet, ist nicht sicher geklärt.

III Die Erfindung des Schmiedens in der Jungsteinzeit

Die Geschichte des Schmiedegottes läßt sich nicht ohne die Geschichte des Schmiedens erfassen, das in der Jungsteinzeit erfunden worden ist. So kann z.B. der Schmiedegott nicht älter sein als das Schmieden selber.

1. Kupfer als Schmuck
8.000 v.Chr.

Gediegenes Kupfer wurde vereinzelt bereits um 8.000 v.Chr. verwendet – allerdings nur zur Herstellung von Schmuck und noch nicht für Speerspitzen u.ä. Es wurde in der Regel nur gehämmert. Möglicherweise wurde es manchmal auch zu Tropfen geschmolzen, die dann weiterbearbeitet wurden.

2. Kupfer für Werkzeuge
5.000 v.Chr.

Zwischen 5.000 v.Chr. und 3.000 v.Chr. wurde Kupfer geschmolzen, gegossen und in komplexerer Weise bearbeitet. Aus ihm wurden vor allem Werkzeuge angefertigt, die die traditionellen Steinwerkzeuge ergänzten, die jedoch in vielen Fällen brauchbarer gewesen sind, da Stein härter ist und auch schärfer geschliffen werden konnte.

Um 4.000 v.Chr. gab es in Hujayrat al-Ghuzlan in Jordanien schon eine Massenproduktion von Kupferprodukten. Dies war allerdings nicht die erste „Industriestadt" der Menschheit, denn bereits um 7.000 v.Chr. gab es in der mittleren südlichen Türkei die Stadt Çatal Höyük, deren Bewohner fast ausschließlich von der Herstellung von Werkzeugen aus Feuerstein lebten.

Der Beruf des Schmiedes ist folglich um ca. 5.000 v.Chr. entstanden, also ungefähr 2.000 Jahre nachdem die Vorfahren der Indogermanen von Mesopotamien aus über den Kaukasus in die südrussische Steppe gezogen sind.

„Am Anfang war der Kupferschmied ..."

3. Silber
4.500 v.Chr.

Silber war lange Zeit wertvoller als Gold. Es wurde vor allem für die Herstellung von Schmuck u.ä. benutzt, aber nicht für Werkzeuge oder Waffen. Die Ägypter sahen das Silber als „Mondmetall" an.

4. Gold
4.500 v.Chr.

Die ältesten Funde von bearbeitetem Gold stammen aus Bulgarien. Wie auch das Silber war Gold zu weich, um daraus Waffen und Werkzeuge herstellen zu können. Es ließ sich wegen seiner Weichheit jedoch gut zu Schmuck, Reliefs, Statuetten u.ä. verarbeiten. Dieser Verwendungszweck wird mit zu dem Ruf des Goldes als „edlem Metall" beigetragen haben. Gold wird in fast allen Kulturen als Sonnenmetall angesehen.

Der Beruf des Schmiedes differenzierte sich nun: Der Kupferschmied konzentrierte sich auf die Werkzeugherstellung, die er mit seinen Steinschleifer-Kollegen teilte, während die Schmuckherstellung an die Gold- und Silberschmiede überging, die nur noch gelegentlich auch Kupfer verwendeten.

5. Zinn
4.500 v.Chr.

Zinn wurde zur selben Zeit entdeckt wie Gold und Silber, aber es wurde zunächst wegen seiner großen Weichheit kaum verwendet.

6. Meteor-Eisen
4.000 v.Chr.

In Sumer und Ägypten wurde das „Himmelseisen" vor allem als Geschenk der Himmelsgottheit angesehen, da man sich vorstellte, daß der Himmel aus Eisen bestand und ab und zu ein Stückchen von ihm, also ein Meteor von ihm herunterfiel. Somit war Meteor-Eisen vor allem ein sakraler Gegenstand. In den Pyramidentexten besteht daher z.B. der Thron und das Szepter des wiedergeborenen Pharaos im Jenseits aus Meteor-Eisen. Auch die zwölf Hallen der olympischen Götter waren aus Eisen, da sie sich symbolisch im Himmel befunden haben.

Vereinzelt wurden jedoch auch schon Pfeil- und Speerspitzen aus Meteor-Eisen hergestellt.

Der Eisenschmied bzw. Sammler von Meteor-Eisen war daher zunächst in erster Linie ein sakraler Beruf.

7. Blei
3.500 v.Chr.

Wie das Zinn hatte Blei zunächst kaum eine Bedeutung, da es aufgrund seiner Weichheit nur zu Schmuck, Vasen und Dekorationsgegenständen verarbeitet werden konnte und von seinem Aussehen her dem Gold und dem Silber deutlich unterlegen war.

8. Messing
3.000 v.Chr.

Messing wurde aus dem gemeinsamen Einschmelzen von Kupfer und Zink gewonnen. Messing ist kein eigenständiges Metall, sondern eine Legierung, d.h. eine Mischung aus mehreren Metallen.

Es wurde allerdings vorerst nur für die Herstellung von Schmuck, Vasen, Ritualgegenständen u.ä. benutzt – sozusagen als „billiges Gold", da es von seiner Farbe her in etwa dem Gold gleicht.

Messing wurde erst ab 1500 n.Chr. in so vielen Bereichen benutzt, sodaß sich eine Messing-Industrie entwickeln konnte. Eine größere Bedeutung erlangte Messing erst in der Römerzeit.

9. Bronze
2.500 v.Chr.

Die Legierung von Kupfer und Zinn zu Bronze ergab ein Metall, das wesentlich härter als beide Ausgangssubstanzen war. Nach der Entdeckung der Kupfer/Zink-Legierung (Messing) wurde zunächst mit verschiedenen Legierungen aus Kupfer/Blei, Kupfer/Zinn, Kupfer/Zinn/Antimon und Kupfer/Arsen experimentiert, bis sich schließlich die Kupfer-Zinn-Legierung, also die Bronze durchsetzte.

Aus Bronze wurden Werkzeuge, Waffen und metallene Rüstungen hergestellt. Neben den Goldschmied trat nun der Waffenschmied. Aus ihm heraus ist das Bild der Schmiedegötter entstanden, die abgesehen von den „magischen Ringen" wie Draupnir und dem Torque vor allem Waffen hergestellt haben.

10. Eisen als Nebenprodukt
2.500 v.Chr.

Bei der Herstellung von Bronze fiel manchmal Eisen an, das man bis ca. 1.600 v.Chr. wie das Meteor-Eisen in religiösen Zusammenhängen verwendete. Beide Eisensorten wurden als wertvoller als Gold angesehen.

11. Eisen
2.000 v.Chr.

Die Hethiter, die zu den Indogermanen zählen, entdeckten, wie man größere Mengen von Eisen gewinnen und verarbeiten konnte. Sie wandten diese Kenntnis aber erst ab 1.600 v.Chr. in größerem Stil an. Erst nach dem Ende des Hethiterreiches um 1.200 v.Chr. wurden auch in den umliegenden Ländern Waffen und Geräte aus Eisen hergestellt.

12. Stahl
300 v.Chr.

Die Herstellung von Stahl durch die Reinigung von Eisenerz durch das Schmelzen von Eisen zusammen mit Kalk und das anschließende Legieren dieses reinen Eisens mit Kohlenstoff wurde in Indien erfunden.

Dieses Material war dem normalen Eisen noch einmal deutlich überlegen – wie man z.B. an der Begeisterung des Königs Nidung über die Härte des durch Wieland aus Stahl geschmiedeten Schwertes Mimung deutlich sehen kann. Wieland benutzte den kalkhaltigen Gänsekot, um die im Roheisen enthaltenen anderen Elementen wie z.B. Schwefel beim Schmelzen an den Kalk zu binden, der dann als Schlacke ausfiel.

- - -

Die Tätigkeit des Schmiedens bestand vor der Expansion der Indogermanen vor allem aus dem Herstellen von Schmuck aus Kupfer, Gold, Silber und evtl. Zinn und Blei. Der Schmied war zu dieser Zeit ein „friedlicher Beruf", der der Herstellung von Luxusartikeln diente. Der Schmied war bis um 3.000 v.Chr. vor allem ein „Goldschmied" im heutigen Sinne.

Das änderte sich mit der Entdeckung der Bronze und noch deutlicher mit der Verwendung von Eisen, denn nun wurde der Schmied zu einem Hersteller von Werkzeugen und vor allem von Waffen, die dem Schmied bei den kriegerischen Indogermanen eine ganz andere soziale Stellung als vorher gaben.

Zusammen mit der Erfindung des Streitwagens durch die Indogermanen wurden die Bronzeschwerter, Bronzespeerspitzen und Bronzepfeilspitzen zu der Grundlage der deutlichen militärischen Überlegenheit der Indogermanen über alle Völker in ihrer Nachbarschaft.

Vor diesem Hintergrund ist es verständlich, daß der Göttervater, der auch der Kriegsgott des Stammes gewesen ist, sich in der Unterwelt in einen Schmied verwandelte und dort dann die vielen magischen Waffen und Geräte der Götter herstellte – insbesondere sein Schwert, aber auch die Keule bzw. den Hammer, mit dem er als Göttervater-Donnergott alle Feinde wie die Regenräuberschlange zerschmetterte.

Der Schmiedegott der Indogermanen ist nicht zuletzt auch der Direktor der „himmlische Kriegsindustrie" dieser Völker. Man könnte sagen, daß Wieland der Lieferant des Tyr für dessen Kriege ist und daß das Schwert „Tyrfing" sein wichtigstes Produkt war.

- - -

Die Arbeit des Schmiedes umfaßte spätestens seit der Legierung von Bronze aus Kupfer und Zinn viele Aspekte, die damals für einen normalen Bauern oder Krieger sehr geheimnisvoll wirken mußten: die Auswahl der richtigen Erze, das intensive Feuer, das Schmelzen, das Mischen verschiedener Erze, das Hämmer, Abkühlen, Schleifen, Polieren, Gravieren; das Fauchen der Blasebälge; dann leuchteten die verschiedenen Metalle beim Glühen auch noch in verschiedenen Farben – und schließlich entstanden Gegenstände, die es in der Natur nicht gab … Dieser Vorgang mußte den meisten damaligen Menschen geradezu wie ein magischer Vorgang erscheinen.

Zugleich war die Arbeit zumindestens der Grob-, Waffen- und Hufschmiede sehr anstrengend und von Ruß, Hitze und oft auch kleinen Verbrennungen geprägt.

IV Wielands Biographie

Aus den bisherigen Betrachtungen läßt sich nun in etwa die Biographie des Schmiedegottes der Germanen rekonstruieren.

1. Kapitel: Altsteinzeit

Der Anfang der Geschichte des Wieland liegt in der Altsteinzeit vor ca. 2.500.000 Jahren in der Entdeckung, daß man Steine in die gewünschte Form zuschlagen und dadurch Schaber, Messer, Faustkeile u.ä. herstellen kann.

Es sind einige Sammlungen von kuriosen Dingen wie besonders geformten Steinen, Muscheln, Fossilien u.ä. aus der Altsteinzeit gefunden worden, in denen auch Meteoriten enthalten waren. Die Menschen der Steinzeit haben sich offensichtlich durchaus Gedanken über ihre Welt gemacht und sich über manche Dinge gewundert. Dieses Aufbewahren von Meteoriten ist der früheste bekannte bewußte Kontakt der Menschen zu einem Metall.

Das Erlebnis des Nahtodes, bei dem man den eigenen materiellen Körper verläßt und dann „wie ein Vogel" über ihm schwebt, führte zu dem Bild des Seelenvogels. Dies ist die Wurzel der Vogelverwandlung des Wieland.

Auch das Motiv der Wiedergeburt, das dann durch die Wiederzeugung und das Wiederstillen ergänzt wurde, stammt bereits aus der Altsteinzeit. Nachdem durch die Nahtod-Erlebnisse die Existenz der Seele („Astralkörper") erst einmal entdeckt worden war, war es kein großer Schritt mehr bis zu der Annahme, daß die Seele nach dem Tod weiterexistiert. Der Beginn des Daseins eines Toten als Seele im Jenseits wurde offenbar in Analogie zu dem Beginn des Daseins eines Menschen im Diesseits als eine Geburt, d.h. eine „Zweite Geburt", also eine „Wiedergeburt" aufgefaßt.

Vermutlich in Analogie zu dem Fruchtwasser bei der Geburt wurde die Unterwelt zu einer Wasserunterwelt. Tiefe Wasser wie z.B. Seen waren zudem Orte, in die man nicht gelangen konnte und die daher der den Lebenden verborgene Aufenthaltsort der Toten sein konnte. Zudem „bewiesen" die Quellen, daß sich unter der Erde ein unerschöpflicher Süßwasser-Vorrat befinden mußte. Auf diese Weise ist das Bild der Wasserunterwelt entstanden, aus der man dann aus rationalisierenden Überlegungen eine „Insel im Meer im Westen" (Soinenuntergangsort) machte – das Atlantis der Griechen, die „Apfelinsel" Avalon der Kelten und die Insel Säwarstad, auf die Wieland verbannt wurde.

Bereits aus der Altsteinzeit sind auch solche Schädelschalen bekannt, wie sie Wieland aus den Schädeln der beiden Königssöhne herstellte (natürlich ohne Silberverzierung). Das Trinken aus diesen Schalen diente in der Altsteinzeit vermutlich wie der

Kannibalismus der Verbindung der Lebenden zu den Toten.

2. Kapitel: Mittelsteinzeit

Die Steinbearbeitungstechnik erlangte in der Mittelsteinzeit vor ca. 20.000 Jahren durch die Entdeckung des Steinschliffs ein wesentlich höheres Niveau, denn nun konnten deutlich präzisere, schärfere, gleichmäßigere und dadurch auch effektivere Werkzeuge hergestellt werden.

Zu den Werkzeugen des Schmiedes kamen zu dem „Hammer" und dem „Meißel" der Altsteinzeit nun die „Feile" und das „Schleifpapier" der Mittelsteinzeit hinzu:

\"Schmiedewerkzeuge\" der Alt- und Mittelsteinzeit		
Epoche	*Funktion des Werkzeugs*	*Form des Werkzeugs*
Altsteinzeit	„Hammer"	mit einem Stein auf einen anderen Stein schlagen, um diesen zu formen
	„Meißel"	Knochen zwischen „Hammer" und bearbeitetem Stein
Mittelsteinzeit	„Feile"	einen Stein durch Reiben mit einem anderen grobkörnigen Stein formen und glätten
	„Schleifpapier"	einen Stein durch Reiben mit einem anderen feinkörnigen Stein abschließend glätten

Spätestens in der Mittelsteinzeit wurde der Wolf gezähmt, der schnell zu einem wertvollen Wächter des Lagers und zu einem Helfer bei der Jagd wurde. Aus diesen beiden Funktionen entstand dann später in den Mythen seine Stellung als Jenseitsführer und als Wächter des Jenseits.

In der Wielandsage findet sich diese mythologische Qualität des Wolfes in den beiden Ortsnamen „Wolfstal" und „Wolfssee" wieder, die durch ihre Namen darauf hinweisen, daß sich die drei Brüder im Jenseits befinden.

3. Kapitel: frühe Jungsteinzeit

In der frühen Jungsteinzeit entstanden im Zusammenhang mit dem Ackerbau die „großen" mythologischen Bilder wie die Himmelsgöttin, der Erdgott, der Weltenbaum, die Riesen-Unterweltsschlange u.ä. Da der Himmel als Wasser angesehen wurde, wurde die Große Mutter spätestens zu dieser Zeit auch zu einer Wassergöttin. Hier liegen daher die Wurzeln des Motives der Meerfrau-Großmutter des Wieland – sie ist die Jenseitsgöttin.

Der Sonnenuntergang wurde als Gleichnis für den Tod und der Sonnenaufgang als Gleichnis für die Wiedergeburt aufgefaßt. Durch die Kombination dieser Motive mit dem mythologischen Bild der Wiederzeugung und der Wiedergeburt entstand der Sonnengott, der sich in der Unterwelt unter der Erde zusammen mit der Jenseitsgöttin selber zeugt und am Morgen dann als sein eigener Sohn wiedergeboren wird. Daraus entstand dann in der Wieland-Sage das Motiv, daß Wielands Vater Wadi unter einem Erdrutsch („Hügelgrab") stirbt und Wieland zur selben Zeit von den Zwergen aus der Erde zurückkehrt: Wadi geht wie die Sonne am Abend in die Erde/Unterwelt ein und Wieland kommt wie die Sonne am Morgen aus der Erde/Unterwelt wieder hervor.

Ein wichtiges Motiv der Verbindung zwischen Erde und Himmel, also zwischen Diesseits und Jenseits war der Weltenbaum, der in der Wielandsage als der Baumstamm erscheint, in dem er über den Fluß und das Meer, also durch die Unterwelt treibt.

Auch Welents Durchqueren des Sunds auf den Schultern seines Vaters Wadi ist ein Bild für die Jenseitsreise. Sein Vater ist dabei der Jenseitsfährmann-Schamane, aus dem im Christentum dann später der Heilige Christopherus wurde.

Die Schlange stellte den Weg in die Unterwelt unter der Erde dar und auch die Toten bzw. Schamanen, die auf diesem Weg reisten.

4. Kapitel: mittlere Jungsteinzeit

Durch die Entdeckung der Töpferei, also des Brennens von Ton um 7.000 v.Chr. in Mesopotamien entstand eine aufbauende statt reduzierende Herstellungsweise, was ein neues schöpferisches Bewußtsein gefördert haben wird.

Die ältesten Keramikgefäße überhaupt stammen aus China und wurden um 16.000 v.Chr. hergestellt.

5. Kapitel: späte Jungsteinzeit

In der späten Jungsteinzeit um 5.000 v.Chr. begann man damit, aus dem Kupfer, dem Silber, dem Gold und dem Blei, das vermutlich beim Brennen der Tongefäße manchmal aus den Steinen austrat, aus denen man die Töpferöfen gebaut hatte, Schmuck herzustellen. Dies war der Beginn des Berufes des Goldschmiedes, der anfangs vermutlich noch eine Nebentätigkeit entweder der Töpfer oder der Steinschleifer gewesen sein wird.

6. Kapitel: frühes Königtum

Ägypten, das erste Königreich auf der Erde, wurde um 3250 v.Chr. am Nil gegründet. Das wichtigste Material für alle Werkzeuge war um diese Zeit noch der Feuerstein.

Durch die Entdeckung der Bronze um 2.500 v.Chr., die durch das gemeinsame Schmelzen von Kupfer und anderen Metallen wie Zinn (und evtl. kleinen Anteilen von Blei, Arsen oder Antimon) entsteht, hatten die Menschen nun ein deutlich härteres Metall als vorher zur Verfügung.

Man entdeckte schnell, daß sich aus Bronze auch Waffen herstellen lassen, wodurch der Goldschmied zum Waffenschmied wurde.

7. Kapitel: Indogermanen

Ab 2.800 v.Chr. begannen die Indogermanen, die seit ca. 7.000 v.Chr. als Halbnomaden in der südrussischen Steppe lebten, ihren Siedlungsbereich auszudehnen. Durch die Größe der Fläche, in der sie dann lebten, begannen sie sich in verschiedene Völker zu gliedern, deren Sprache und Kultur sich unterschiedlich weiterentwickelte.

Die Indogermanen werden allerdings zur Zeit der Entdeckung der Bronze um 2.500 v.Chr. noch eine weitgehend einheitliche Kultur und Mythologie gehabt haben. Die ersten Ansätze zu der Entstehung des indogermanischen Schmiedegottes fallen also in die Zeit, in der die Indogermanen sich gerade in verschiedene Völker zu differenzieren begannen. Der Schmiedegott wird daher die jüngste der Gottheiten sein, die noch allen Indogermanen gemeinsam ist.

Der Schmiedegott wurde vermutlich nach den offenen Halsringen, die die Krieger und Fürsten als Zeichen ihres Standes und der damit verbundenen Einweihung (Krieger-Wolfsekstase) trugen, „Wlkanos", d.h. „Wolfsring" genannt worden sein. Aus dieser Zeit wird auch der Beiname „kunstfertiger Handwerker" des Schmiedegottes stammen, der bei den Germanen „Wieland" lautete.

Seine wichtigste Tätigkeit als Waffenschmied war die Herstellung des Schwertes des Göttervaters und des Hammers bzw. Donnerkeiles des Donnergottes. Der Blitz und der Donnerkeil des Regen- und Donnergottes wurden durch seine Identifizierung mit dem Göttervater auch zu dessen Symbolen.

Seine wichtigste Tätigkeit als Goldschmied war die Herstellung der „Wolfsringe" für die Krieger und Fürsten, aus denen später der Ring Draupnir in den germanischen Mythen, die Torques der Kelten sowie die Ringe der Römer, die für besondere Verdienste verliehen wurden, entstanden.

Die Tätigkeit des Schmiedes wurde geradezu als etwas Magisches angesehen, wodurch eine Verbindung zu den Schamanen, Heilern und Sehern entstand. So lag es nahe, daß der Schmiedegott auch alle anderen magischen Gegenstände der Götter herstellte – auch die, die nicht aus Metall angefertigt wurden. Da das Jenseits die Quelle aller Magie war, mußte sich auch der Schmied im Jenseits befinden – was gut zu seinem Suchen nach Erzen in der Erde paßte.

Die Grundlage für die Mythen bildete vor allem die Jenseitsreise der Seelen der Verstorbenen ins Jenseits sowie der Schamanen, die sie dorthin begleiteten. Diese Symbolik wurde insbesondere auch auf den Sonnengott-Göttervater übertragen. Der Ort für diese Jenseitsreisen war naheliegenderweise die Hügelgräber, in denen die Fürsten und die wichtigeren Krieger bestattet wurden. Aus der Grabkammer in diesen Hügelgräbern und den Totengeistern in ihnen, die als Schlangen bzw. Drachen aufgefaßt wurden, entstanden später die Schlangengrube sowie der Drache, der seinen (Grab-)Schatz bewacht.

Ein wichtiges Element in den Ritualen war das Trinken des Mets, der ursprünglich die Milch der Großen Göttin darstellte. Er trat im Laufe der Zeit an die Stelle der Wiedergeburt, wodurch bereits das Trinken die Unsterblichkeit im Jenseits verlieh. Daher wurde dieser Trank von den Griechen „Ambrosia" und von den Indern „Amrita" genannt, was beides „das, was unsterblich macht" bedeutet.

Im Zusammenhang mit diesem Trank wurden auch Schädelschalen von besonderen Vorfahren, aber auch von besonderen Feinden verwendet, um beim Trinken des Mets zusätzlich die Kraft dieser Menschen zu erhalten.

Den Kern der Jenseitsreisesymbolik bildeten die Wiederzeugung, die Wiedergeburt und das Wiederstillen. Mit diesen drei Motiven sind drei Bilder verbunden: mit der Wiederzeugung die Verwandlung der Jenseitsgöttin und des Toten in ein Herdentier, mit der Wiedergeburt die Große Mutter und mit dem Wiederstillen der Göttermet.

Vermutlich umfaßte zu dieser frühen Zeit die Jenseitsgöttin noch alle drei Aspekte. Später zerfielen die Vorstellungen über sie in die Göttin als Geliebte, in die gefürchtete Todesgöttin, in die Muttergöttin und in den magisch-technisch hergestellten Göttertrank.

Diese Jenseitsreisesymbolik findet sich auch bei den Göttern: Insbesondere der Sonnengott-Göttervater starb jeden Abend bei seinem Eintritt ins Jenseits und kehrte von dort jeden Morgen wiedergeboren zurück. Daher verband sich das Bild des Sonnengott-Göttervaters in der Unterwelt mit dem Bild des Schmiedegottes, der sich aufgrund seiner Verbundenheit mit den Erzen bereits „unter Tage" befand. Aus dem Schmiedegott als Hersteller der magischen Gegenstände der Götter wurde so der

Schmiedegott als der wiedergeborene Göttervater in der Unterwelt.

Durch diese Identifizierung mit dem Schmiedegott erhielt der Göttervater dessen magische Kräfte. Aus demselben Grund wurde der Göttervater auch schon mit dem Donnergott verbunden. Diese Identifizierungen sind einer der wichtigsten Einflüsse bei der Entwicklung des Sonnengott-Urahns über den Göttervater hin zu dem Einen Gott.

Als die Wiedergeburtssymbolik, die sich vor allem auf die Große Mutter bezog, nicht mehr so sehr im Vordergrund der zunehmend durch das Patriarchat geprägten Mythen stand, wurde der Schmiedegott schließlich zu einem der Söhne des Göttervaters und der Göttermutter. Die Große Mutter bei der Wiederzeugung wurde dabei zu der Geliebten des Schmiedegottes: Vulcanus und Venus, Hephaistos und Aphrodite, Wieland und Bödwild usw.

Das Feuer der Vulkane war eine naheliegende Assoziation zu dem Feuer auf der Esse des Schmiedegottes in der Unterwelt.

Der Schmiedegott erhielt durch seine Verbindung zu dem wiedergeborenen Göttervater auch die Gestalt von dessen Seelenvogel, der entsprechend der Macht des Göttervaters auch der stärkste Vogel war: der Adler. Dadurch entstand das Motiv der Vogelverwandlung bzw. des Vogelhemdes oder der künstlichen Flügel des Schmiedegottes.

Der Göttervater reiste in einem zweispännigen Streitwagen über den Himmel und durch die Unterwelt. Die beiden Pferde, die diesen Streitwagen zogen, wurden auch als Jünglinge angesehen und starben zusammen mit dem Sonnengott-Göttervater am Abend und wurden zusammen mit ihm am Morgen wiedergeboren. Daraus entstand das Motiv des Todes der Zwillingsbrüder, das mit dem Schmiedegott verknüpft ist.

Die Verletzung der Beine des Schmiedegottes wird wohl analog zu einer Verletzung des Göttervaters entstanden sein, die an die Stelle seines Todes trat, als der Göttervater immer deutlicher auch eine Kriegerfunktion erhielt, zu der ein zyklischer Tod nicht mehr so recht paßte. In dieser Zeit entstand als „Ersatz" für den Tod des Göttervaters/Schmiedegottes das Motiv des Durchtrennens der Sehnen, das außer von Wieland auch von Zeus bekannt ist.

Bei den Indogermanen hat sich das Bild des Schmiedegottes uneinheitlich weiterentwickelt. Ein deutlicher Unterschied ist die Häßlichkeit und die Verletzung des Gottes, die nur bei dem westlichen Zweig der Indogermanen, aber nicht bei deren östlichen Zweig, also bei den Persern, Indern, Armenier und Mitanni zu finden ist.

Spätestens zu dieser Zeit wird sich auch das Bild der Jenseitsgöttin aufzuspalten begonnen haben: in die Todesgöttin („Hel") und die Geliebte („Freya"). Der Aspekt der Mutter (Wiedergeburt) trat dabei zunehmend in den Hintergrund.

Die Entdeckung der Eisenverarbeitung um 2.000 v.Chr. gab den Produkten der Waffenschmiede eine deutlich größere Effektivität.

8. Kapitel: Westindogermanen

Der Schmiedegott veränderte sich, als die Westindogermanen den Göttervater zu einem Kriegsgott weiterentwickelten, dessen Zeichen ein Schwert war. Aus dem allabendlichen Tod des Sonnengott-Göttervaters wurde das Motiv seines Schwertes, das er am Abend verlor bzw. das ihm am Abend zerbrach, abgeleitet. Dieses Schwert wurde dann an jedem Morgen aus den tiefen Wassern der Unterwelt wieder heraufgeholt bzw. von dem Schmiedegott aus den zerbrochenen Teilen wieder zusammengeschmiedet. Diese beiden Szenen sind ein sehr beliebtes Motiv in den Isländersagas.

Diese Vorstellung über das Schwert des Tyr/Nuada/Papaios ist der Ursprung aller magischen Schwerter einschließlich des von Wieland hergestellten Mimung, die letztlich alle das Schwert des Göttervaters sind.

Durch die Identifizierung des Donnergottes mit dem Göttervater entstand auch eine indirekte Verbindung zwischen dem Donnergott und dem Schmiedegott: Vulcanus schmiedete für den Donnergott den Hammer bzw. die Keule, er kämpfte manchmal auch gegen die (Regenräuber-)Schlange, er schmiedete den „Schlangengott" an einen Felsen und er teilte sein Fest mit dem des Donnergottes, mit dem im Spätsommer nach dem Ende der Dürre sein Sieg über die Regenräuberschlange gefeiert wurde.

Der Schmiedegott versuchte nun, alle Dinge, die in den Mythen eine wichtige Rolle spielten, aus Metall herzustellen und dadurch die Macht über die Vorgänge, die durch die Mythen beschrieben wurden, zu erlangen. Dies reichte bis zur „pharmazeutischen Herstellung" des Göttertrankes, der dadurch zum Lebenselixier wurde, und bis zur Herstellung eines „Göttin-Roboters" und von „Dienerinnen-Robotern" aus Gold. Diese künstlichen Frauen wurden jedoch in den meisten Fällen von dem Schmiedegott wieder verworfen ...

Wieland stellte die lebensechte Statue des Rygger her.

9. Kapitel: Westgruppe der Westindogermanen

Dieser Teil der Indogermanen, der die Germanen, die Kelten und die Römer umfaßte, entwickelte einen besonders kriegerischen und patriarchalen Charakter. Bei ihnen entstand auch am deutlichsten die Überzeugung der „technischen Machbarkeit" aller Dinge, die sich am deutlichsten in dem imperialen Schwertgott-Göttervater und in der Herstellung des Göttermets und in der Anfertigung einer lebendigen Frau aus Metall durch den Schmiedegott zeigt. Hier liegt die wichtigste weltanschauliche Wurzel der Großmachtansprüche und der Waffenindustrie bei den späteren Nachkommen dieser drei indogermanischen Völker ...

Bei den Römern und Griechen entstand das Motiv des Sturzes des Schmiedegottes als Säugling aus dem Himmel, der letztlich auf den Tod der Sonne am Abend zurückgeht, die „in die Unterwelt stürzt". Die mürrische und oft etwas cholerische Art des Schmiedegottes ist möglicherweise auch auf dieses Trauma zurückzuführen ...

Bei den Kelten und Germanen sowie möglicherweise auch bei den frühen Römern wurde der Ring zu einem wichtigen Symbol der erfolgreichen Jenseitsreise bei der Schamanenweihe, bei der Krönung und bei den allen offenstehenden Mysterien, die um 600 v.Chr. im Mittelmeerraum entstanden. Bei den Germanen ist dieser Ring als Draupnir bekannt und bei den Kelten als Torque. Auch Wieland stellte für Alwit/Bödwild einen solchen Ring her. Möglicherweise gehen diese Ringe auf Abzeichen der Krieger in den „Wolfsbünden" der Indogermanen zurück.

Die Herstellung des Mets, der in den Ritualen getrunken wurde, fiel auch in den Zuständigkeitsbereich des Schmiedegottes, da der Met als magisch wirksamer Trunk aus der Unterwelt stammte, in der der Schmiedegott wohnte und in der er schon die verschiedenen magischen Gegenstände der Götter hergestellt hatte. Zudem ist der „Wiedergeburtsring" (Draupnir) eng mit dem „Met der Wiedergeburt" verbunden.

10. Kapitel: Germanen – Frühzeit

Die Pferdezwillinge wurden während ihres nächtlichen Aufenthaltes zusammen mit dem Göttervater Tyr in der Unterwelt mit der Zeit zu Totengeistern. Aus der germanischen Bezeichnung „dwergaz" für diese Totengeister entstand schließlich das Wort „Zwerge".

Da die beiden Pferdezwillinge/Jünglinge vor dem Streitwagen des Sonnengottes-Göttervaters diesem auch im Jenseits bei allen Dingen halfen, übernahmen sie z.T. auch die Aufgaben des Schmiedegottes, sodaß das Motiv der beiden Zwerge als Meisterschmiede entstand. Diese beiden stellen in den germanischen Mythen schließlich alle wertvollen, magischen Gegenstände der Asen her und übernahmen weitgehend die Position des Schmiedegottes. In den Isländersagas fertigen sie vor allem die magischen Schwerter.

Daneben muß es aber auch weiterhin die Vorstellung von einem Schmiedegott gegeben haben, da sich sonst nicht das Sagenmotiv des Wieland hätte entwickeln können. Anscheinend haben die beiden Zwergenschmiede vor allem in Island, von wo die Edda stammt, die Funktion des Schmiedegottes übernommen.

Möglicherweise haben die Zwerge ihren oft tückischen Charakter, der sie dem Asen Loki gleichen läßt, von den Riesen und der Midgardschlange, die die Nachfolgerin der Regenräuberschlange bei den Germanen ist, übernommen, die ebenfalls in der Unterwelt leben. Auch Loki wird seinen listigen und gierigen Charakter von der Riesenschlange erhalten haben, deren Vater er in der Edda ist.

Es hat bei den Germanen offenbar eine ausgeprägte Polarisierung zwischen dem

Diesseits des Donnergottes und dem Jenseits der Regenräuberschlange gegeben, die dazu geführt hat, daß alle Wesen der Unterwelt einen bedrohlichen Charakter erhalten haben – allen voran Loki und seine drei Kinder Hel, Fenris-Wolf und Midgartschlange.

Von dieser Polarisierung sind auch der Schmiedegott Wieland und die beiden Zwergenschmiede nicht verschont geblieben.

Da die Ahnen, also die Totengeister, die manchmal im Diesseits als Gespenster zu sehen waren, wie der Schmiedegott im Jenseits lebten, entwickelte sich der Schmiedegott bei den Germanen zu einem „König der Totengeister", also einem „Zwergenkönig" oder „Alfenkönig" weiter, der zugleich der Weiseste von ihnen war. Eigentlich war Tyr als Göttervater der König aller Lebenden im Diesseits und der König aller Toten im Jenseits. Da aber „Tyr im Jenseits" als der Schmiedegott Wieland aufgefaßt wurde, konnte auch Wieland „König der Toten" genannt werden.

Die Jenseitsreisesymbolik wurde mit der Zeit am deutlichsten in Baldur ausformuliert, der ursprünglich ein Sonnengott gewesen sein muß, da der Name „Baldur" auf eine indogermanische Bezeichnung der Sonne zurückgeht, die noch weit in die vorindogermanische Zeit zu dem mesopotamischen „Ba'al" zurückreicht.

Die drei Stände der germanischen Gesellschaft wurden in den Mythen durch Götter repräsentiert: die Krieger und Fürsten durch Woden/Odin, die Priester und Heiler durch Hönir/We sowie die Bauern und Handwerker durch Loki/Wili.

11. Kapitel: Germanen – Mittelzeit

In etwa während der Völkerwanderungzeit löste der Schamanengott Odin den Gott Tyr als Göttervater ab. Ein wichtiger Grund dafür wird wohl Odins Kenntnis der Berserker-Kampfekstase gewesen sein. Ein zweiter Grund war vermutlich, daß in der unruhigen, kriegerischen Zeit der Völkerwanderung das Urbild eines beständigen Krieger-Magiers anstelle des in jeder Nacht und in jedem Winter sterbenden Tyr gebraucht wurde.

Odin übernahm fast alle Merkmale des Tyr und wurde u.a. zum Krieger, Schmied und Heiler-Magier. Aus Odins drei Aspekten, die den drei Ständen der Germanen entsprachen, wurden später in der Wielandsage die drei Brüder Wieland, Egil und Slagfid.

Odin als Nachfolger des Tyr war sowohl der König der Götter (Göttervater) als auch der König der Lebenden (Kriegsgott) und der König der Toten (Herr der gefallenen Krieger in Walhalla).

Durch das in diesen kriegerischen Zeiten immer wichtiger und stärker werdende Königtum entstand eine zunehmende Konzentration auf den König statt auf die Götter, was dazu führte, daß mythologische Motive in die Biographien der Könige übertragen wurden und diese Biographien mit der Zeit zu Sagen wurden, in denen diese Könige die Helden waren. Diese Neuformulierung der Mythen als Sagen wurde auch dadurch gefördert, daß die Könige durch ihr Krönungsritual zu „Söhnen des Göttervaters" wurden.

In den Sagen wurden die Götter zu historischen Personen, die mythologischen Orte zu konkreten Orten und die zyklischen Vorgänge in den Mythen zu einmaligen historischen Ereignissen. So wurden aus den Göttern Krieger und Könige, aus den Walküren und Göttinnen Königstöchter, aus dem Jenseits und dem Hügelgrab die Schlangengrube und die Gefangenschaft, aus der Reise ins Jenseits eine Reise über das Eis oder zu den Hunnen, aus den schlangengestaltigen Totengeistern in ihren Hügelgräbern die Drachen auf ihrem Schatz, aus rituell benutzten Schädelschalen ein Rachemotiv usw.

Im Verlauf dieser Sagenbildung wurde Wieland gewissermaßen zu einem „Handwerker-Held". Das entsprechende Krieger-Ideal stellte Siegfried dar. Aus dem dritten der drei Stände, also den Priester-Heilern scheint sich kein Held gebildet zu haben. Am nächsten kommt einem solchen Priester-Helden bei den Germanen noch der unter den Menschen wandernde und ihnen helfende Odin. Bei den Kelten finden sich deutlich markantere und ausgeprägtere Priester-Helden wie z.B. die Druiden Taliesin und Merlin, weil sich bei ihnen das Priestertum, also die Druiden, sehr viel länger, z.T. bis in 13. Jahrhundert hinein als intakte und geachtete Gemeinschaft hat erhalten können.

Der Schmied Wieland wurde vermutlich deshalb zum Vertreter des Standes der Bauern und Handwerker, da er als Waffenschmied in der unruhigen Zeit der Völkerwanderung aus Sicht der Krieger der wichtigste Handwerker gewesen ist. Zudem war er in den Mythen bereits mit dem Göttervater assoziiert und somit über die anderen Berufe gestellt.

Möglicherweise ging erst in dieser Zeit bei den Germanen das Bild eines Schmiedegottes verloren, an dessen Stelle dann der Schmiede-Held und die Zwergenschmiede traten. Ein letzter Rest des schmiedekundigen Tyr findet sich in dem Tyr-Riesen Geirröd.

Die Zwerge übernahmen nun auch das Brauen des Mets, für das vorher vermutlich der Schmiedegott zuständig gewesen ist. Ursprünglich war es die Große Mutter, die den Met herstellte, da dieser Met anfangs ein Symbol für die Milch der Göttin beim Wiederstillen gewesen ist. Diese Symbolik findet sich bei den Germanen u.a. noch in dem Met der Riesentochter Gunnlöd und in den Äpfeln der Idun, die dieselbe Symbolik wie der Met haben.

Vielleicht gab es auch einen Austausch mit der finnischen Mythologie, in der der Schmied Ilmarinen, der Krieger Lemminkäinen und der Heiler-Magier Väinämöinen, die die drei Stände repräsentieren, gemeinsam ins Jenseits zu der Unterweltsgöttin Louhi reisen.

Dies ist die Entwicklungsstufe, in der die Wielandsage verfaßt worden ist.

Um 300 v.Chr. wurde der Stahl erfunden, der noch einmal die Herstellung wesentlich besserer Waffen ermöglichte. Die Herstellung eines solchen Stahls, d.h. die Reinigung des Roheisens durch Kalk (Gänsekot) wird im Wielandlied beschrieben.

12. Kapitel: Germanen – Spätzeit

Spätestens ab 700 n.Chr. beginnt bei den Germanen die Übertragung des Krieger-Aspektes und des Schmied-Aspektes des Odin in den Bereich der Sage, also des Königtums: Siegfried/Egil und Wieland.

Da Wieland in der Sage zwar noch „König der Alfen" genannt wird, aber bereits wie ein Mensch dargestellt wird, wird seine vorherige „göttliche Schmiedemeisterschaft" in eine Lehre bei dem Riesen Mimir und bei den Zwergen umgedeutet.

Das für die Sage so wichtige Rachemotiv deutete den Tod der Pferdezwilling-Jünglinge in einen Mord durch den Schmied um.

Aus der Vereinigung des Schmiedegottes mit der Jenseitsgöttin wurde durch die Übertragung des Schmiedes aus den Mythen in die Sagen zunächst die Vereinigung des Schmiedes mit einer Geliebten, bis diese Szene schließlich durch das Rache-Motiv zur Vergewaltigung einer Königstochter umgedeutet wurde.

Aus der magischen Verwandlung in einen Seelenvogel in den Mythen wurde die technische Herstellung eines Federhemdes in der Sage. Auch die früher im Ritual benutzten Schädelschalen wurde zu einem Rachemotiv umgedeutet. Möglicherweise liegt auch der Kette aus den Zähnen der beiden ermordeten Jünglinge ein ähnlicher früherer Brauch zugrunde. Diese Kette könnte mit der Brisingamen-Kette der Jenseitsgöttin-Geliebten Freya identisch sein.

Der über Wieland in der Thidreksaga berichtete Schmiedewettstreit scheint keine Wurzel in den Mythen zu haben. Er sollte daher wohl nur das Können des Wieland illustrieren.

Die komplexen Mythen zerfielen zunehmend in Einzelmotive und wurden teilweise nicht mehr genau verstanden. Alle Varianten dieser Einzelszenen wurden, oft im Zusammenhang mit den Biographien historischer Personen, umgedeutet und hintereinandergereiht, sodaß ein einzelnes mythologisches Motiv in verschiedenen Variationen an mehreren Stellen in einer Sage auftreten kann.

In Bezug auf Wieland entspricht die Thidreksaga dieser Stufe der Entwicklung.

13. Kapitel: Mittelalter

Im Mittelalter wurde die Muttergöttin als Göttin der Unterwelt zunehmend zur bösen Königin/Stiefmutter, während die Muttergöttin bei der Wiederzeugung zur Geliebten/Prinzessin wurde.

14. Kapitel: heute

Heute ist das Bild des Wissenschaftlers, Forschers und Technikers aktueller als je zuvor – und es ruft auch wie der Schmiedegott gemischte Gefühle hervor, weil die Folgen der neuen Erfindungen und Produkte oft nicht abzusehen sind.

Zumindestens in den letzten 20 Jahren gab es auch eine „öffentliche Reinkarnation" des hinkenden Schmiedegottes – den schwerbehinderten Physiker Stephen Hawking. Ob er seine Popularität zu einem guten Teil auch dem alten Urbild des hinkenden Schmiedegottes verdankt?

V Wielands Aussehen

Zunächst einmal ist Wieland ein Schmied: mit Hammer, Zange, Amboß, Lederschürze und nacktem Oberkörper; kräftig, verschwitzt, rußig, gebeugt, sachkundig und konzentriert. In der Esse vor ihm brennt Feuer und neben der Esse liegen zwei Blasebälge.

Als Jenseitsreisender wird er vermutlich eher ernst blicken. Wie die Sage über ihn berichtet, wird Wieland schnell wütend, was durch zwei steile Stirnfalten zum Ausdruck kommen könnte, die von der Stelle zwischen seinen Augenbrauen emporragen.

Da sein Vater Wadi riesenhaft war, wird auch Wieland überdurchschnittlich groß sein. Er wird wie die meisten freien Germanen lange Haare haben, aber sie wohl zusammengebunden haben, da sie sonst beim Schmieden stören würden.

Er trägt vermutlich eine Hose, gebundene Lederschuhe und vermutlich die bei so gut wie allen Schmieden übliche, den ganzen Vorderkörper vor absplitternden glühenden Metallstücken schützende Lederschürze.

Wieland sitzt auf einem Stuhl, weil seine Kniesehnen durchtrennt worden sind – vielleicht hat er in älteren Fassungen der Mythe nur wie Vulcanus und Hephaistos gehinkt. Bei den Germanen wird nicht wie bei den Griechen und Römern gesagt, daß er häßlich sei. Seine Häßlichkeit ist vermutlich eine Variante des Hinkens.

In seiner Schmiede sind goldene Ringe, Armreifen und Halsringe zu sehen – Draupnir. Vermutlich trägt auch Wieland selber einen Ring, da er ein Jenseitsreisender ist – als Schmied wohl am ehesten einen Halsreif („Torque"), da Armreifen beim Schmieden hinderlich sind.

Es sind auch zwei in Silber gefaßte Schädelschalen, das Schwert Mimung und andere Waffen in seiner Schmiede zu sehen. Im Hintergrund steht die lebensechte Statue des Rygger, an der Wieland noch arbeitet. Auch der ausgehöhlte Baumstamm, in dem er nach Jütland getrieben ist, liegt auf der Erde vor der Rückwand der Schmiede. In ihm sind noch einige der Werkzeuge und Schätze zu sehen, die er von den Zwergen mitgebracht hat.

Auf seiner Werkbank wird ein Kessel mit Met stehen sowie zwei Trinkhörner, die er bereits gefüllt hat. Vielleicht liegt daneben auch ein „Wolfsring", den Wieland geschmiedet hat.

An der Wand hängt sein Federkleid, mit dem er später davonfliegt. An Wielands Schultern und Armen kann man halbdurchsichtig die Flügel von ihm als Seelenvogel sehen, von denen sein Federhemd ein materielles Abbild ist.

Wieland ist sowohl der Weiseste der Alfen als auch ihr König. Er hat somit zwar die Gestalt und den festen Körper eines Menschen angenommen, aber er ist dennoch ein Wesen des Jenseits. Dies läßt sich am ehesten dadurch erkennen bzw. darstellen, daß um ihn her eine leuchtende Aura zu sehen ist – aufgrund seines leicht cholerischen

Charakters wird sich in dieser Aura im Bereich der Unterkörpers auch ein rotes Glühen befinden, das ab und zu bis zum Hals hinaufflackert.

Sein Beruf, die Wiederzeugungssymbolik und sein Verlangen nach Bödwild werden auch sein Wurzelchakra leuchten lassen, das die Quelle der Lebenskraft ist.

Bei ihm steht Bödwild, die als Nachfolgerin der Liebesgöttin Freya sicherlich sehr schön ist und eine erotische Ausstrahlung hat. Auch Bödwild könnte ein halbdurchscheinendes Schwanen-Federkleid über ihrem Gewand tragen, da sie letztlich auch mit der Walküre Alwit identisch ist. Auch Wielands Sohn Wittig könnte bei ihm stehen.

Vielleicht kann man auch Symbole von Wielands beiden Brüder entdecken – vielleicht einen Bogen von Egil und eine Tasche mit Heilkräutern von Slagfid.

Durch ein Fenster in der Schmiedewerkstatt kann man draußen das Wolfstal und den Wolfssee sehen. Von ferne heulen einige Wölfe. Vielleicht sind am Waldrand auch der Riese Mimir und die Zwerge zu sehen, die Wieland das Schmiedehandwerk gelehrt haben. Evtl. sieht man die Zwerge in der Nähe des Hügelgrabes von Wadi, dem Vater des Wieland.

VI Hymne an Wieland

Die folgenden Strophen sind nicht in erster Linie Kunst, sondern „Gebrauchslyrik", die vor Meditationen, Traumreisen oder in Ritualen und bei Bitten an Wieland benutzt werden kann.

An Wieland

Slagfid-Bruder, Schmied des Tyr!
Du raspelst das rohe, kalte Eisen,
Du gibst die Späne den Gänsen zu fressen
und schmilzt dann den Kot zu härterem Stahl.

Egil-Bruder, Herr der Esse!
Die Blasebälger fauchen ins Feuer,
das Eisen glüht blutrot im Brand,
das Schwert ist lang, die Schneide hart.

Lehrling der Zwerge, Lehrer des Amilias!
Drachen speien Dein Schmiedefeuer,
das Feuer der Erde, die Funken der Esse
formen die feurig flammende Klinge.

Lehrling des Mimir, Meister der Schmiede!
Du hämmerst das Heft, Du haust auf die Klinge,
Die Funken stieben, das Feuer flammt,
Der gibst dem Hieber seine Gestalt.

Feind des Nidud, Freund des Ullr!
Du schreckst das Schwert in der Milch der Wölfe,
auf das es hart wird und schneidend scharf:
wie Balmung und wie Dragvandil!

Schützling des Wili, Alberich!
Das Gift der Schlangen auf der Schneide
gibt dem Hieber seine Härte:
wie Tyrfing wird er täglich treffen.

Schmied des Thegn, Schmied des Tyrfing!
Du ätzt die vielgewund'ne Schwertzier
Mit dem Zahn der zischenden Schlange
in den schimmernden Stahl des Schwertes.

Former der Ringe, Schmied der Rache!
In die Ranken-Rinnen des Eisens,
das rot im flackernden Feuer erglüht,
fließt glühend-weiß das Silber.

Bewohner der Insel, Bewahrer der Schädel!
Du fügst die Stange ans Ende der Schneide,
verkantest den Knauf am Kopf des Schwertes
und wickelst das Leder ums Heftholz aus Linde.

Wölund, Wieland, Weiser der Schmiede!
Hilf mir, mein Handwerk heut' so zu verrichten,
wie Du Grasida geschaffen hast:
geschickt und geduldig, kraftvoll und klug.

Amilias: Schmied, der Wieland zu einem Schmiedewettstreit herausforderte und dabei starb

Balmung, Dragvandil, Thegn, Tyrfing, Grasida: Namen von Schwertern aus den Isländer-Sagas

Knauf: die Schraube oder Niete am Griffende des Schwertes, die den Griff auf der „Angel" des Schwertes, also der Verlängerung der Klinge, die im Griff verborgen liegt, hält

Stange: die Parierstange zwischen Griff und Klinge

Das Ätzen von Mustern in die Klinge mithilfe von *Schlangengift* oder *Schlangenzähnen* ist eine beliebte bildhafte Umschreibung für das Gravieren bzw. Ätzen.

Auch das Härten der Klinge mithilfe von *Schlangengift* oder das Abschrecken der glühenden Klinge in *Wolfsmilch* sind wohl eher bildhaft zu verstehen.

VII Traumreisen zu Wieland

Bei einer Traumreise schließt man in der Regel die Augen, geht mit der eigenen Aufmerksamkeit nach innen und stellt dann eine Frage, konzentriert sich auf ein bestimmtes Thema oder wünscht sich, einem bestimmtem Wesen zu begegnen. Dann schaut man, welche Wahrnehmungen sich einstellen. Das können optische Eindrücke, aber auch Worte, die man hört, oder Gerüche und Tastempfindungen sein.

Diesen Eindrücken folgt man dann und schaut, wohin sie führen. Dieser Zustand ist wie ein Wachtraum oder wie der Traum, den man am Morgen noch eine halbe Minute lang zu Ende träumt, obwohl man schon aufgewacht ist. Auf einer Traumreise ist man daher bei vollem Bewußtsein in der inneren Bilderwelt.

Es ist sinnvoll, sich diese Bilder zunächst einfach anzusehen und sich erst anschließend zu fragen, was man davon halten soll, da zuviel denken zumindest dann, wenn man mit Traumreisen ungeübt ist, die Wahrnehmungen stören kann.

Solche Traumreisen kann man auch mit mehreren Personen als „Gruppenreise" unternehmen. Daran, daß dabei alle dieselben Bilder sehen, kann man erkennen, daß die Bilder, die man auf diesen Traumreisen sieht, nicht nur die Bilder der eigenen Psyche sind, denn für die große Übereinstimmung der Bilder auf „Gruppen-Traumreisen" ist zumindestens noch eine komplexe Form der Telepathie zur Erklärung notwendig.

Solche Traumreisen zeigen weder nur die rein „privaten Bilder" in der Psyche des Traumreisenden noch sind sie „die Wahrheit". Sie sind eine Möglichkeit, die Götter, oder, wenn man es vorzieht, die Bilder des Kollektiven Unterbewußtseins zu sehen, sich mit ihnen zu unterhalten oder sie um etwas zu bitten.

Auf diese Weise sind auch einige der Bücher in der Edda entstanden, wie deren Namen zeigen: Gylfis Vision, der Seherin Vision usw.

Für den Traumreisenden selber sind diese Visionen fast immer von Bedeutung. Wenn andere Menschen von diesen Visionen hören oder sie lesen und sie etwas in diesen Menschen zum Klingen bringen, dann erlangen sie auch für diese Menschen eine Bedeutung. Dann kann es sein, daß auch diese Menschen die Vision weitererzählen oder Teile davon in ihr eigenes Weltbild einbauen oder dazu angeregt werden, selber auch eine Traumreise zu dem betreffenden Thema zu unternehmen. Auf diese Weise können die Traumreisen der Menschen immer wieder neue Fäden in den Teppich der Mythen einweben.

Es ist fast immer so, daß man auf diesen Traumreisen ein Verhalten der Götter vorfindet, daß nicht mehr ganz den von ihnen bekannten Mythen entspricht. Dies liegt vermutlich daran, daß sich die Götter auch dann weiterentwickeln, wenn niemand mehr zu ihnen reist, um sie zu sehen und zu sprechen. Und die Visionen, die z.B. in der Edda aufgeschrieben worden sind, liegen nun schon mindestens 800 Jahre zurück

– in dieser langen Zeit wird auch bei den Göttern viel geschehen sein ...

1. Traumreise

Ich lege mich hin und schließe die Augen, rufe Wieland und warte was geschieht. Es riecht staubig und muffig wie in einem alten Keller, in dem viele Werkzeuge liegen und altes Holz und Metall. Es liegt auch ein leichter Ölgeruch in der Luft. Es ist dunkel und ich kann nur schemenhaft einen Raum erkennen, in dem viele Dinge stehen und in Regalen liegen.

Schließlich sehe ich eine Tür und gehe hindurch. In dem Raum davor steht ein Amboß und an einer Seite ist eine Esse, auf der zur Zeit jedoch keine Holzkohle glüht.

Ich rufe innerlich nach Wieland und kann ihn schließlich sehen. Er strahlt Wut aus und Haß. Er hat ein verkniffenes Gesicht. Er hockt oder sitzt neben dem Amboß – stehen kann er nicht. Ich frage ihn, ob er mir etwas sagen oder zeigen will, aber nichts geschieht. Ich spüre seinem Haß nach, der sich auf den bezieht, der seine Sehnen durchgetrennt hat. Ich kann spüren, wie er dadurch ganz auf eine einzige Sache fixiert ist: seine Rache. Dadurch scheint er aber unfrei zu werden, da er nicht mehr nach links und rechts blicken kann.

Ich frage innerlich, ob ich etwas für ihn tun kann. Nach einer Weile erscheint einer seiner beiden Brüder. Es ist Slagfid, aber der Name Ve drängt sich deutlich in den Vordergrund. Er ist der Heiler der drei Brüder. Ich frage ihn, ob er oder ich oder wir beide etwas für Wieland tun können, aber auch er ist schweigsam und antwortet nicht (was sonst auf Traumreisen eigentlich fast immer der Fall ist).

Ich schaue, was Slagfid-Ve macht. Er steht zunächst einfach nur da und es vergeht viel Zeit. Es fällt mir auf, wie oft in dieser Traumreise einfach lange Zeit nichts geschieht und ich einfach nur warte. Schließlich beginnt Slagfid-Ve sich auf Wielands Herzchakra zu konzentrieren. Singt er etwas? Ich bin mir nicht sicher. Auf jeden Fall beginnt sich Wieland zu entspannen und er legt sich flach auf den Boden. Ich helfe Slagfid-Ve bei dem „Wärmen des Herzchakras" seines Bruders Wieland so gut ich kann. Wielands Gesichtsausdruck wird zunehmend klarer und er ist nicht mehr so fixiert, sondern sich wieder seiner selber bewußt. Das ist angenehm zu sehen.

Mir kommen immer wieder Wielands zerschnittene Sehnen in den Sinn – ich sehe sie wie bei einer Operation vor mir. Können sie wieder heilen? Irgendetwas geschieht mit Wielands Sehnen – in kleinen Schritten: mal scheinen die Sehnen mit Metallklammern zusammengehalten zu werden, mal wachsen sie zusammen.

Nach langer Zeit erscheint ein neues Bild: Wieland-Wili und Egil-Odin stehen voreinander und reichen sich die Hand wie beim Schließen eines Paktes. Sie haben die rechte Hand auf Brusthöhe erhoben und die beiden Hände der Asen wirken wie eine einzige Faust – es sieht aus wie ein Kriegergruß. Nach einer Weile kommt auch

Slagfid-Ve hinzu und sie stehen nun zu dritt in einem Dreieck da und reichen sich ihre rechten Hände, die nun vor ihnen in etwa auf Halshöhe eine „dreifache Faust" bilden. Diese Haltung strahlt eine große Kraft aus. Nachdem Slagfid-Ve hinzugekommen ist, fühlt sich diese Kraft nicht mehr so bedrohlich an wie vorher, sondern zwar sehr kraftvoll, aber deutlich bewußter und gelenkter und weiser.

Ich schaue mir diese drei Asen lange Zeit an und spüre, wie dieser Anblick etwas in mir selber zu bewegen beginnt. Auch dieser Prozeß ist sehr langsam und ruft in mir verschiedene Erinnerungsbilder empor. Mir scheint, als ob sich auch in mir meine Kraft, die ich lange nur als verbotene Aggression erlebt habe, allmählich mit dem Teil in mir, der dem Heiler gleicht (ich arbeite als Lebensberater), verbindet. Die Integration des Schmiedes (ich habe früher als Goldschmied gearbeitet) in die beiden anderen Teile scheint hingegen recht einfach zu sein.

Mit einem solchen Prozeß habe ich nicht gerechnet, als ich die Traumreise begonnen habe – aber eigentlich geschehen auf diesen Reisen immer Dinge, mit denen man nicht gerechnet hat.

Ich frage Wieland, ob er mir noch etwas sagen möchte, aber es kommt keine Antwort.

Dies war die schweigsamste Traumreise, die ich je erlebt habe.

2. Traumreise

Ich habe während des Schreibens dieses Buches und insbesondere während des Korrekturlesens immer wieder an die Weisheit des finnischen Schmiedes Seppo Ilmarinen gedacht, der viele Dinge erfunden hat, aber sie wieder einschmolz, als er erkannte, daß sie der Gemeinschaft schaden würden. Als er den Sampo, die Zaubermühle, aus der Mehl, Salz und Gold herausflossen, erfand, sie ließ er bestehen.

Schließlich habe ich beschlossen, daß ich einmal versuchen will, zu allen Schmiedegöttern gleichzeitig zu reisen und sie zu fragen, ob sie mir etwas sagen oder zeigen können, was wichtig für mich und vielleicht auch für andere ist. Mir schien, daß die Schmiedegötter (und die Schmiede in uns Menschen) die Weisheit des Ilmarinen gut brauchen könnten.

Ich war mir vor dieser Traumreise ein bißchen unsicher, ob ich mich da nicht übernehme und ob mir eigentlich in dieser Weise eine Meinung über die Schmiedegötter zusteht. Nun, das ich kann es nur herausfinden, indem zu ihnen reise.

Ich lege mich nieder, decke mich zu und entspanne mich. In mir entsteht recht schnell das Bild einer großen, kreisrunden Halle mit Kuppeldach, die innen ringsum von einer Säulenreihe umgeben ist. Der Saal ist recht groß und so hell, daß man alle Dinge gut erkennen kann. Er ist eine Mischung aus Versammlungsraum, Tempel und

Werkstatt.

In ihm arbeiten etwa ein Dutzend Schmiede, die eher ungeordnet in dem Raum verteilt sind. Es wirkt ein bißchen wie ein Künstler-Atelier. Es herrscht eine Atmosphäre von Kreativität und Tätigkeit, aber auch eine Bedächtigkeit und Geruhsamkeit, die mich überrascht. Zudem ist es gar nicht laut hier trotz der vielen Schmiede.

Die Götter stehen in dem Raum und arbeiten oder schauen vor sich auf den Amboß oder die Werkbank. Ich fühlte mich etwas unsicher und verhalten unter so vielen Göttern. Niemand beachtet mich besonders. Nach einer Weile gehe ich vorsichtig ein wenig in dem Saal umher.

Links an der Wand steht Wieland neben seiner Esse, seinem Amboß und seiner Werkbank. Er sieht eher grimmig aus – groß, kräftig, unrasiert, rußverschmiert, schwarze, leicht gewellte Haare, dunkle Kleidung, Lederschürze ... Er steht leicht gebeugt, schaut vor sich auf den Boden und hat seine Hände auf dem Stielende des Vorschlaghammers liegen, der vor ihm auf dem Boden steht. Er scheint über irgendetwas nachzusinnen.

Etwas weiter rechts sehe ich Kurdalagon, den Schmiedegott der Narten. Eigentlich ist es erstaunlich, daß ich diese Schmiede so leicht erkennen kann. Er hat feine, scharf geschnittene Gesichtszüge, eine Hakennase und einen schwarzen Vollbart. Er wirkt edel, kraftvoll, sehr wach und klar, kämpferisch, temperamentvoll, entschlossen und zugleich bodenständig und umsichtig – eine recht ungewohnte Qualität für mich.

Etwas weiter rechts neben Kurdalagon steht der kretische Schmied Velchanos. Er ist eher jung und schaut sehr freundlich. Ich wende mich an ihn und frage, ob ich mich hier eigentlich umschauen darf. Er sagt freundlich: „Ja, natürlich, schau nur." Einen so freundlichen und jungen Schmied hatte ich noch nicht in meinen Vorstellungen – ich habe immer eher an große, kräftige, rußverschmierte und eher mürrische Gestalten gedacht. Velchanos ist aber schlank, offen, fast fröhlich und wirkt insgesamt sehr licht.

Ich mache ein paar Schritte und sehe vor Kurdalagon etwas mehr zur Mitte des Saales hin den griechischen Schmiedegott Hephaistos. Er hat einen Vollbart, ist eher klein, etwas gebückt und hinkt. Trotz seines Hinkens wirkt er kraftvoll. Er macht einen leidenschaftlichen Eindruck. Er scheint empfindsam zu sein und er hat klare Augen und anscheinend ein großes, warmes Herz.

Etwas weiter rechts sehe ich Daidalos, der nachdenklich auf die Werkbank vor ihm blickt, auf der eine Reihe von Skizzen liegen. Er ist schlank, kräftig, bartlos und von der Sonne braungebrannt und wirkt eher wie ein entspannter Wanderer oder ein konzentrierter Architekt, dem seine Arbeit (und auch jedes Problem) Freude macht – und kaum wie ein Schmied. Er sieht geschickt und sehr intelligent aus.

Ilamrinen ist der größte der Schmiede. Er steht gegenüber des Halleneingangs, durch den ich gekommen bin – er befindet sich ein wenig rechts von Velchanos. Der finnische Schmied ist alt, hat einen weißen Bart und langes weißes Haar und sieht daher eher wie ein Weiser als wie ein Schmied aus. Er könnte auch ein Barde, ein Schamane oder ein Druide sein. Er ist trotz seiner Größe und seiner eher hageren, sehnigen Gestalt sehr kräftig. Er strahlt ein großes Vertrauen sowie Ruhe, Entschlossenheit und Bedächtigkeit aus. Ich fühle mich zu ihm hingezogen – es ist sehr angenehm in seiner Nähe. Ich kann gar keinen Amboß, keine Esse oder ähnliches sehen, die zu ihm gehören würden – ob er seine Werkstücke durch Magie herstellt?

Vulcanus steht auf der rechten Seite des Raumes ungefähr gegenüber von Wieland. Er ist dunkel, rußig und recht unscheinbar.

Links neben Wieland entdecke ich Sethlans, den etruskischen Schmiedegott. Er ist recht gut gekleidet, hat helleres, etwas längeres Haar und schaut sehr offen um sich. Er hinkt nicht und er scheint recht lebenslustig zu sein.

Der persische Schmied Kaveh ist der kleinste von allen hier im Raum, aber dafür recht rundlich – er hat Gewicht und Standfestigkeit. Er trägt einen schwarzen Kinnbart und wirkt sehr energisch und erdhaft. Er hat eine aus irgendeinem Grunde auffallende derbe Lederschürze umgebunden. Vielleicht fällt sie so auf, weil aus ihr später die persische Standarte geworden ist … Kaveh arbeitet rechts von Ilamrinen

Der indische Schmied Kavja steht in der Nähe des persischen Kaveh. Er hat etwas von einem Brahmanen: ehrwürdig, geschickt, diszipliniert und trotz seiner Schmiedearbeit sehr sauber. Neben ihm steht der Feuergott Agni – die beiden Götter sind offensichtlich Freunde.

Der keltische Schmiedegott Goibhniu, der in der Nähe des Eingangs steht, sieht ein wenig wie ein Krieger aus: kräftig, sehr entschlossen, zielstrebig – er ist offensichtlich gewohnt, zu bestimmen und zu lenken.

Der syrische Schmiedegott Kotar Hasis, der in der Nähe von Vulcanus seine Esse und seinen Amboß hat, ist freundlich, hochgewachsen, gelassen und tatkräftig. Er hat wache Augen, sieht sehr frei und licht aus – als ob er im Himmel wohnen würde. Da fällt mir ein, daß er immer als der Helfer des Himmelsgottes beschrieben wird.

Ich spreche noch einmal den so freundlich wirkenden kretischen Velchanos an und sage ihm, daß ich gerne mit den Schmieden sprechen würde. Ich erzähle ihm, daß ich gerade ein Buch über Wieland und allgemein über Schmiedegötter schreibe und daß ich sie gerne fragen würde, ob sie es etwas gibt, von dem sie gerne hätten, daß es in dem Buch steht, das ich gerade schreibe.

Da werden sie auf einmal sehr interessiert, kommen herbei und stehen in einem ungeordneten Kreis zwischen der Mitte des Saales und Velchanos – es wirkt genauso ein wenig durcheinander (oder „organisch") wie die Anordnung ihrer Schmieden in dem Saal.

Es formt sich etwas im Raum, alle scheinen intensiv nach innen zu schauen. Nach einer Weile entsteht eine Frage in dem Saal. Ilamrinen spricht sie aus: „Was bedeutet ein Schmied in einem Menschen?"

Sie schweigen eine längere Zeit und man spürt die Frage geradezu in den Schmieden arbeiten – es ist ein kraftvoller, erdiger, konzentrierter Vorgang – ich kann das Suchen nach dem Wesentlichen, dem Lebendigen, dem Konkreten und dem Erdhaften fast mit meinen Händen greifen.

Ilmarinen sagt, daß der Schmied im Menschen Sachkenntnis, Entschlossenheit und Zupacken sei und fügt nach einer Weile hinzu: „Die Hand dem Herz unterstellen."

Hephaistos ergänzt mit einem leisen Lachen: „Und auch den Mund dem Herzen unterstellen."

Wieder schauen alle nach innen, die Konzentration in dem Saal ist wieder so intensiv wie eben, nur diesmal auf eine etwas andere Weise – so als ob der Weg gefunden wäre und nun alle diesen Weg und alles, was auf ihm und auch was neben ihm und unter ihm liegt, erkunden und betrachten. Es ist erstaunlich, wie „erdig" sich dieser Vorgang anfühlt.

Schließlich sagt einer der Schmiede (ich glaube es war Hephaistos), daß das Vaterbild heilen muß.

Daraufhin ist eine allgemeine Zustimmung im Raum zu spüren. Das scheint es zu sein. Ich bin etwas überrascht über diese Aussage, aber sie scheint mir doch plausibel zu sein.

Nach einer Weile frage ich, wie das geschehen kann: „Könnt ihr mir sagen, wie das Vaterbild heilen kann?"

Nach einer Zeitlang Schweigen beginnen die Schmiede zu antworten. Nach jeder Antwort ist es eine Weile still, in der wieder alle nach innen lauschen.

Ilmarinen: „Achtet auf euer Herz und achtet darauf, was das, was ihr tut, in der Gemeinschaft bewirkt, aber ordnet euch nicht der Gemeinschaft unter; seid ein Teil der Gemeinschaft, in Vertrauen und Verantwortung."

Wieland: „Der Göttervater Tyr muß heilen, die Verletzung muß geheilt werden, das Grimmige und die Macht müssen geheilt werden."

Hephaistos: „Lächeln, genießen, nicht übertreiben, entspannen; auf den Zorn achten, damit er nicht zu heiß wird – ein zu heißes Schmiedefeuer verdirbt das Werkstück in der Esse ..."

Vulcanus: „Viel tun ist gut, aber nicht überanstrengen; bleibt auf dem Boden, verrennt euch nicht, werdet nicht einseitig ..."

Kaveh: „Achtet darauf, daß ihr geerdet bleibt, seid bescheiden, wollt nicht zuviel: Damit ist nicht Askese gemeint – schaut, wieviel ihr wirklich wovon braucht: Nahrung, Zeit für euch, Gemeinschaft, Besitz ..."

Daidalos: „Freut euch am Geschick; denkt erst und handelt erst danach, denn Bedachtsamkeit spart viel Zeit."

Hephaistos: „Vergeßt über den Schweiß nicht den Wein."

Vulcanus: „Und über den Wein auch nicht den Schweiß."

Velchanos: „Macht euch das Leben leicht. Genießen macht glücklich, nicht das Arbeiten – ich meine damit nicht, daß niemand mehr etwas tun soll, daß alle faul sein sollen; schaut, daß ihr euch selber ausdrückt und für euch selber und für die anderen sorgt. Ihr werdet schon erkennen, wie das gemeint ist. Das, was man tut, darf ruhig viel sein und es kann euch auch ruhig ins Schwitzen bringen, aber es sollte im Einklang mit einem selber stehen."

Goibhniu: „Es geht nicht um das Werkstück an sich, es ist immer nur ein Hilfsmittel für etwas anderes – behaltet dieses Andere, Größere im Auge, denn darum geht es eigentlich; laßt die Arbeit und das Werkstück und euren Besitz nie Selbstzweck werden, achtet auf das, was euch wirklich glücklich macht – auf das, was euch auf einfache Weise glücklich macht, achtet auf Schlichtheit, Einfachheit und Direktheit – sonst macht ihr viele überflüssige Umwege und strengt euch an, ohne das das für etwas gut wäre und euch glücklich macht."

Kotar Hasis: „Und es ist Freude nötig … achtet darauf, wo die Freude ist, wenn ihr etwas tut."

Sethlans: „Auch die Frauen haben einen Schmied in sich; vergeßt das nicht – sie haben so viel Sachkenntnis in der Familie, im Haus – und nicht nur dort; das sollte von allen geachtet werden. Was wären wir alle, wenn wir keine guten Mütter hätten?"

Kavja: „Achtet auf das Heilige, unterstellt alle eure Taten dem Leben, laßt die Hand nie alleine handeln, nehmt das Herz mit, bleibt euch der Einheit aller Dinge bewußt, handelt aus dem Ganzen heraus für das Ganze – und für euch als Teil dieses Ganzen. Dann wahrt ihr die Reinheit auch mitten im Ruß der Esse."

Kurdalagon: „Achtet auf die Schönheit und die Richtigkeit; strebt immer das Schöne an. Alles andere wird euch nicht glücklich machen."

Vulcanus: „Achtet bei allem darauf, das ihr bedächtig seid, daß ihr langsam seid. Macht es wie die Indianer: Prüft, ob etwas, was ihr neu machen wollt, den nächsten zehn Generationen Schwierigkeiten bringen könnte – und wenn ja, dann laßt es sein."

Nach einer Weile des Schweigens habe ich das Gefühl, daß alle gesagt haben, was sie sagen wollten und überlege, ob ich wieder gehen soll.

Da beginnt einer der Schmiede in einem tiefen Baß zu singen – ich glaube, es war Vulcanus; nach und nach fallen die anderen ein, es ist fast wie der Gesang tibetischer Mönche, aber nur ein einzelner Ton, keine Worte … allmählich füllt sich der freie Raum in der Mitte des Kreises der Schmiede mit diesem Klang … der Klang ist erdverbunden, eher unten als in der Mitte oder oben. Die Schmiede haben alle ihre rechten Hände auf etwas gelegt – die meisten auf den Boden, einige auf einen Amboß, der neben ihnen steht, Wieland läßt seine rechte Hand auf seinem Hammer ruhen, der vor ihm steht. Sie haben alle Verbindung zur Erde aufgenommen und sie rufen etwas herbei oder hervor.

Da erscheint halb durchscheinend in der Mitte des unregelmäßigen Kreises der Schmiede, in dem auch ich stehe, eine Gestalt. Es ist der Vatergott, Tyr-Zeus-Dagda-Jupiter. Er sieht schlicht aus, gar nicht so sehr wie ein Herrscher. Es bilden sich mehrere Bilder in ihm, die ich unterscheiden kann, er ist Geliebter, er ist Vater, er ist weiser alter Mann, er ist Junge, er ist ein kleines Kind, ein Säugling, alles dieses ist er zugleich; er ist geborgen – das fühle ich, er ist entspannt, er ruht in der großen Mutter, und er ist zugleich selbständig, eigenständig, aber nicht aus einem Gegensatz zu den anderen Menschen heraus abgegrenzt, sondern aus dem eigenen Herzen heraus präsent und wach und liebevoll und stark.

Ich frage, ob ich diese Qualität innerlich berühren darf und es kam eine wortlose Zustimmung, die in etwas hieß „dafür ist diese Qualität da". Ich fühle mich in sie hinein und ich muß spontan mehrmals tief atmen und laut seufzen; Gewicht fällt von mir ab, ich entspanne mich zusehends, ich fühle den Vater in mir, den Jüngling, das Kind, den Säugling, den Weisen und jedes dieser Bilder rundet etwas in mir ab, füllt einen Raum in mir; diese Bilder schaffen Gemeinschaft, Verbundenheit, sie lösen das Drama auf, die existentiellen Fixierungen, es ist wie Baden in Identität ... wie Erfüllt-werden ...

Ich bleibe lange Zeit in diesem Bild. Schließlich bin ich erst einmal „satt" und löse mich langsam wieder aus dem Bild des Vatergottes.

Ich danke den Schmieden und verneige mich. Sie brummeln halb-freundlich oder lächeln und gehen wieder an ihren Amboß, ihren Schmiedetisch, setzen sich wieder auf ihre Bank ...

Ich verlasse den Saal der Schmiede und kehre zurück.

Ich bin sehr viel erfüllter, als ich es erwartet habe ...

VIII Wieland heute

Die heutige Form des Wieland ist der Erfinder, Konstrukteur und Techniker. Angesichts der derzeitigen Möglichkeiten der Technik kann offensichtlich nicht nur die Technikbegeisterung und das „alles tun, was technisch möglich ist" das Erstrebenswerte sein, denn die Auswirkungen von einem unbedachten Einsatz der Atomkraft, von Chemikalien, der Gentechnik, der Überwachung des Internets u.ä. sind mittlerweile für jeden ersichtlich.

Daher ist es erstrebenswert, daß sich der „heutige Wieland" wieder darüber bewußt wird, daß er ein Aspekt des Göttervaters ist, dessen oberstes Ziel die Erhaltung des Gemeinwohles ist. Dadurch können Gefahren wie ein Atomkrieg, Umweltverschmutzung, unkontrollierbare Folgen von Genexperimenten, vollkommene Überwachung der Bürger durch den Staat durch das Internet u.ä. vermieden werden, sodaß sich die Technik zwar weiterentwickelt, aber nur möglichst wenige unerwünschte Nebenwirkungen zeigt.

Es wäre auch erstrebenswert, daß Wieland Aspekte anderer Schmiedegötter übernimmt, die nicht nur Waffen, sondern auch schöne Dinge herstellen – wie z.B. Kurdalagon die magische Flöte des Gottes der wilden Tiere.

Wielands Bruder Egil verkörpert den Politiker/Militär in der Gesellschaft, Wieland den Forscher/Techniker und Slagfid schließlich den Priester/Heiler. Während der Politiker/Militär und der Techniker allenthalben gut entwickelt sind, ist der Heiler ein wenig in den Hintergrund geraten – das ist auch schon in der germanischen Überlieferung so, in der sich zwar der Krieger (Siegfried) und der Schmied (Wieland) stetig in den Mythen und Sagen weiterentwickelt haben, aber der Heiler kaum aufzufinden ist.

Dieser Heiler sollte auch derjenige sein, der die Notwendigkeit von Kriegen und die möglichen Folgen einer neuen Technik beurteilt. Im Unterschied zum Krieger, der auf die Gegensätze schaut, und auch im Gegensatz zu dem Schmied, der auf das Machbare schaut, blickt der Heiler/Priester auf das organische Ganze und stellt sich die Frage, wie es am besten gedeihen kann.

Die Stärke und die Entschiedenheit des Kriegers sind zur Selbsterhaltung notwendig und die Kreativität und das Geschick des Schmiedes werden für die Verbesserung der Lebenssituation gebraucht, aber ohne den Blick des Heilers auf die Folgen für das Ganze und sein Streben nach einer organischen Harmonie und nach einer Form der dauerhaften Richtigkeit werden der Krieger und der Schmied letzten Endes Unheil anrichten, das sie gar nicht gewollt haben.

Wenn der Schmied durch die Zusammenarbeit mit dem Heiler seinen Blick auf die Folgen seines Tuns erweitern kann, könnte er auch heute noch zu einem Vorbild und zu einer Inspiration für alle Erfinder, Konstrukteure, Techniker und Handwerker werden.

Verzeichnis der Themen

(die Zahl ist die Nummer des Bandes, in dem sich das Thema findet)

1 47	540 47	Alius 32	Aur 55
2 47	700 47	Alraune 45	Aurboda 35
3 47	800 47	Alsvatr 5	Aurgelmir 5
4 47	900 47	Alswid 34	Aurgrimnir 5
5 47	1.200 47	Althiof 7	Aurnir 34
6 47	10.000 47	Alvor 35	Aurvandil 20
7 47	432.000 47	Alwis 7	Aurwang 7
8 47	1+8=9=8+1 47	Alwit 31	Aurwang 48
9 47	**Adler** 40	Ama 35	Austri 32
10 47	Adler auf dem	Amboß 67	Auzon => Kiste
11 47	Weltenbaum 41	Amgerdr 28	Axt 66
12 47	Adler bei der	Ampfer 45	**Bafur** 32
13 47	Einweihung 40	Andad 34	Bakrauf 35
14 47	<u>Adlergestalt:</u>	Andhrimnir 39	Baldrian 45
15 47	- des Franmar 40	Andvari 7	Baldur 9
16 47	- des Hraesvelgr 40	Angantyr 39	Bara 35
17 47	- des Odin 40	Angeyja 35	Bari 6
18 47	- des Thiazi 40	Angrboda 26	Bari 20
20 47	Adler-Traum der	Ann 32	Baugi 5
22 47	Kostbera 40	Annar 20	Bär 43
23 47	Aelrun 31	Arm-Wunde 63	Bärenfell 62
24 47	Affe 44	Arngrim 6	Barke 49
28 47	Agdai 39	Apfel 45	Bärlapp 45
30 47	Ägir 10	Asen 36	Basilikum 45
32 47	Agnar 39	Asgard 52	Beifuß 45
33 47	Ahnen 36	Ask 39	Beinvidr 34
36 47	Ai 32	Aslaug 31	Bekkhild 31
37 47	Aki 6	Asperan 34	Beleidigungs-
40 47	Aki 16	Astralreise 50	Wettstreit 73
41 47	Alban 32	Asvid 6	Beli 5
46 47	Alberich 7	Atem 64	Beowulf 39
48 47	Albewin 7	Atla 35	Bergdis 28
72 47	Alcis 12	Atli 37	Bergelmir 6
80 47	Alf 6	Atward 20	Bergriese 6
90 47	Alf 32	Auchoff 34	Berg-Zwerge 32
99 47	Alfarin 34	Aud 20	Berling 32
100 47	Alfen 36	Auerhahn 40	Bertha 28
120 47	Alfhild 31	Auge 63	Berserker 62
300 47	Alfrigg 32	Augenbraue 63	Bertram 45

Bertramsgarbe 45
Besen => Stab
besonderer Schrei 64
Bestattung 64
Bestla 35
Betonica 45
Beyla 39
Biber 44
Biene 40
Bifröst 49
Bifur 32
Bikki 16
Bil 29
Bild 7
Billing 5
Billing 7
Bilsenkraut 45
Birkhuhn 40
Biört 29
Björgolfr 6
Björgulfr 34
Blain 33
Blapthvari 34
Blasebalg 67
blau 46
Blau-Menschen 36
Blau-Riesen 36
blau-schwarz 46
Blick 63
Blid 29
Blidur 29
Blind 16
Blindheit 63
Blodughadda 35
Blutsbrüder 55
Bödhild 28
Bogen 66
Bömbur 32
Bölthorn 5
Borr 34
Botewart 7
Both 20

Bragi 19
Bragi-Riesin 35
Brak 16
Brana 35
Brandingi 5
braun 46
Brenner 39
Brezel-Ornament 64
Brimir 33
Brisingamen 60
Brokk 32
Brombeere 45
Brücke 49
Bruderkampf 55
Brüngerd 35
Brünhild 31
Bruni 5
Bruni 32
Brünne 66
Brunnen 49
Buri 34
Bryja 35
Bryla 34
Bryngerd 28
Buri (Zwerg) 32
Buseyra 35
Byggvir 39
Byleist 20
Bylgia 35
Comandion 7
Dag 48
Dagfinnr 32
Dain 32
Dalar 32
Dalr 32
Delling 20
Delling 48
Dellingr 32
Delphin 44
Dietwarta 29
Disen 36
Distel 45

Diurnir 7
Dofri 34
Dolgtrasir 32
Donnerrebe 45
Dori 32
Dorn => Schlafdorn 55
Drachen 41
Drachenblut => Drachen
Drachenschiff 55
Drasian 6
Draupnir (Zwerg) 32
dreifarbiger Stein 67
dreiköpfiger Riese 5
drei Riesinnen 35
drei wahre Worte 64
Drifa 35
dritter Bruder 55
Dröfn 35
Drossel 40
Drudgelmir 5
Duf 32
Dufa 35
Dufr 32
Dulin 32
Dumbr 6
Dunneir 32
Durathor 32
Durin 32
Durnir 32
Durnir 34
Düsterwald 49
Dwalin 32
Eber 42
Eberesche 45
Edda (vollständig) 77
Efeu 45
Egdir 5
Egil 39
Ei 40
Eibe 45

Eiche 53
Eicheln 45
Eichhörnchen 44
Eid 68
Eik 28
Eikinskjaldi 32
Eimer 67
Eimgeitir 35
Eimyria 35
Einäugigkeit 63
Einheer 34
Einweihung 50
Eir 29
Eir 31
Eis 52
Eisa 35
Eisen 55
Eisenkraut 45
Eisriesen 34
Eistla 35
Eisurfala 35
Eiymyria 35
Ekstase-Kieger 62
Elch 42
Eldhrimnir 57
Eldir 39
Eldr 34
Elefant 42
Elendshaut => Hel-Haut
Else 35
Erde 52
Embla 28
Embla 39
Ente 40
Erce 20
Erdbeben 55
Erste Ursache 55
Eschenholzkasten => Kiste 57
Esel 42
Estroval 39

Eugel 7
Eule 40
Eyrgjafa 35
Faden 55
Fafnir (Zwerg) 32
Fährmann 49
Fala 35
Falkenkleid:
- der Freya 40
- der Frigg 40
Falke 40
Fallar 32
Farbauti 6
Farn 45
Farseti 6
Faulheit =>
Feuersitzen 55
Feima 35
Fenchel 45
Fenja 28
Fenrir 6
Fenrir 43
Fernhypnose 64
Ferse 63
Fessel 66
Fessel-Zauber 64
Feuer 55
Feuersitzen 55
Feuerzauber 64
Fialar 32
Fid 32
Fieberkraut 45
Fili 32
Fimafeng 39
Fimbulwinter 55
Finger 63
Finnalf 5
Finnar 32
Finnmark-Riese 34
Fiölkald 34
Fiölmor 39
Fiölnir 20

Fiölvör 35
Fiörgyn 20
Fiörgyn 23
Fisch 44
Fjölverkr 34
Fjötra 29
Flachs 45
Flegda 35
Fleur-de-lys 55
Fleggr 34
Fliege 40
Fluch 68
Flügel des Wieland 40
Flügelschuhe 67
Flugschuhe des Loki 40
Fluß 49
Frägr 32
Franmar 37
Frar 32
Freki 43
Freya 22
frühe Skaldenlieder 78
Freyr 15
Fried 29
Friedenszauber 6
Fridr 29
Frigg 21
Folde 20
Fonn 34
Forat 35
Forelle 44
Fornjotr 6
Forseti 19
Frosti 32
Frosti 34
Fruchtbarkeit 64
Fuchs 43
Frauenhaarfarn 45
Frühling 54

Frühlingstagund-
nachtgleiche 54
Fulla 29
Fullas Haarreif 60
Fullafle 34
Fundin 32
Fuß 63
Fylgia 50
Fynir 6
Fynir 34
Galar 32
Galarr 34
Galdr 64
Gallapfel 45
Gandalf 32
Ganglati 34
Ganglot 6
Gangr 34
Gangr 33
Gans 40
Gänsefuß 45
Garm 43
Gautan 39
Gautrek-Saga => Snotra
Geban 20
Geburts-Orakel 64
Gefäße 57
Gefion 20
Gefion-Geliebter 6
Gefiun 20
Gefjon 20
Geist 50
Geier 40
Geirahöd 31
Geiravör 31
Geirdriful 31
Geirönul 31
Geirröd 5
Geirrota 31
Geirskögul 31
Geitir 6

Geitla 35
Geitir 35
gelb 46
Geliebter der Gefion 6
Gerber-Schaber 67
Gerdr 28
Geri 43
Gespenst 50
Gestaltwandel => Verwandlung
Gesang 68
Gestilja 35
Getreide 45
Gewöhnlicher Flachbärlapp 45
Geysa 35
Gialar 32
Gift 70
Gifur 43
Gigas 6
Gilling 6
Gillings Frau 28
Ginnar 32
Ginnungagap 49
Gjalp 35
Glamr 34
Glatundshundr 43
Glaumar 34
Glaumarr 34
Glaumr 6
Glenr 48
Glitni 5
Glöd 35
Gloi 32
Glück 64
Glückstrank 70
Glumra 35
Glymra 35
Gna 29
Gneip 35
Gnepja 35

Goi 34	Grotunagard 52	Har 32	Hel-Haut 49
Gold 55	grün 46	Hära 35	Helidi 27
Goldalter 55	Gryla 35	Hardbeen 6	Hellebarde 66
Goldemar 7	Gudr 31	Hardgreip 35	Helreginn 5
golden 46	Gudrun 31	Hardgreipir 34	Helm 66
Goldhelm 66	Gudmund 5	Hardverkr 34	Hengikefta 35
Goldhörner von Gallehus 57	Gullnir 5	Harek Eisenkopf 6	Hengiköpt 6
	Gullveig 29	Harfe 57	Hengjankapta 35
Göll 31	Guma 35	Harz 45	Hepti 32
Golnir 5	Gundelrebe 45	Hase 44	Herbst 54
Göndul 31	Gunn 31	Hasel 45	Herbsttagundnacht- gleiche 54
Gorr 34	Gunnlöd 28	Hastingi 34	
Görsemi 29	Gunnthinga 31	Hati 5	Herche 20
Götter 36	Gürtel 60	Hati 43	Herdentiere 42
Götterdämmerung 55	Gusir 6	Hattatal 77	Herdentierfell 42
Götterkampf 55	Gygr 35	Haudr 20	Herfjötur 31
Göttermet 69	Gylfaginning 77	Haugspori 32	Hergrim Halbtroll 5
Götter-Tiere 44	Gyllir 5	Haym 34	Hergunnur 35
Gottesurteil 64	Gyllir 34	Hecht 44	Heri 32
Gurgelbiß 55	Gyma 20	Hedin 39	Herja 31
Grab 49	Gymir 5	Hedin und Högni 79	Herkir 6
Grani 6	**Haarband** 60	Hefring 35	Herkja 35
grau 46	Haare 63	Heid 35	Hermodr 37
Grendel 5	Habicht 40	Heiddraupnir 5	Hertha 28
Grendels Mutter 35	Hafle 34	Heide 49	Hervor => Heidrek
Greppur 34	Hafli 5	Heidrek 39	Hervor und Heidrek => Heidrek
Grer 32	Hafthi 39	Heidungi 6	
Grid 28	Hagen 16	Heilige Hochzeit => Wiederzeugung 55	Herz 63
Grid 35	Hahn 40		Hexe 58
Grim 5	Hala 35	Heiliger Hain = Weltenbaum 52	Hianka 31
Grim 39	Halfdan 39		Hidde 34
Grima 35	Halfdan Brana- Ziehsohn 79	Heilung 64	Hild 31
Grimhild 31		Heilziest 45	Hildolf 5
Grimling 5	Halfdan Eisteinson 79	Heimdall 8	Hildolf 20
Grimnir 5	Hamdir 39	Heimir 39	Himingläva 35
Grim Struppig-Wange 79	Hamingja 50	Heinir 34	Himmel 52
	Hammer 66	Heith 35	Himmelsrichtungs- Mandala 54
Grip 35	Hand 63	Heithdraupnir 5	
Gripir 34	Handschuhe 60	Hel 26	Himmelsträger- Zwerge 32
Grissa 35	Hanf 45	Helblindi 20	
Groa 28	Hannar 32	Helgi 39	Hirsch 42
Grottintanna 35	Hantel-Symbol 55	Helgi Thorisson 79	Hjaltrimul 31

220

Hjortrimul 31	Hraudnir 6	Hymir 6	Jenseitsbarke 49
Hjötra 28	Hraudungr 5	Hymnen an die Götter 80	Jenseitsberge 49
Hjuki 29	Hrede 29		Jenseitsbrücke 49
Hläwang 32	Hreidmar 7	Hyndla 26	Jenseitsfährmann 49
Hlebard 6	Hremsa 35	Hypnose 64	Jenseitsfluß 49
Hleidr 35	Hrimgerdr 28	Hyrrokkin 26	Jenseitsgrenzen-Landkarte 49
Hler 10	Hrimgerdr 35	**Idi** 34	
Hlidolf 32	Hrimgrimnir 34	Idun 25	Jenseitshalle 49
Hlif 29	Hrimnir 34	Igel 44	Jenseitsinsel 49
Hlifthursa 29	Hrim-Riesen 34	Illugi Grid-Ziehsohn 79	Jenseitsleiter 49
Hlin 29	Hrimthurs 34		Jenseitsmauer 49
Hlodyn 20	Hringi 5	Ilmr 29	Jenseitsreise 49
Hlödyn 20	Hringvölnir 5	Ima 35	Jenseitstor 49
Hloi 34	Hripstodr 34	Imd 35	Jenseitstor-Gitter 49
Hlöll 31	Hrist 31	Imgerdr 35	Jenseitstor-Hund 49
Hlora 35	Hrist 29	Imr 6	Jenseitswächter 49
Hnoss 29	Hrisungr 6	Imsigul 34	Jenseitswald 49
Hochsitz 57	Hroarr 5	Imth 35	Jenseitswasser => Wasser 49
Hochsitzsäulen 57	Hrod 35	In 20	
Hoddraupnir 5	Hrodwitnir 5	Ingibjörg 29	Jenseitsweg 49
Hoddrofnir 5	Hrodwitnir 43	Ingibiörg 31	Johanniskraut 45
Hödur 19	Hrökkvir 6	Intuition 64	Jokul 34
Hofund 19	Hrönn 35	Inzest 51	Jokul Eisenrücken 34
Höggstari 32	Hrossthjofr 34	Irmin 20	Jörd 23
Högni 16	Hrotti 5	Irpa 29	Jomali 20
Högni 39	Hruga 28	Istwas 20	Jörmungandr 41
höhere Mächte 36	Hrungnir 5	Itrek 5	Jörmunrek 39
Holmgang => Zweikampf 55	Hrungnir-Herz 67	Itreksjod 5	Jorunn 29
	Hryggda 35	Itreksjod 20	Jötunn 6
Holunder 45	Hyria 35	Ividja 35	Jotunbjorn 6
Homöopathie 64	Hrym 34	Iwaldi 5	Julnacht 54
Honig 40	Hrund 31	Iwalt 5	**Käfer** 40
Honigtau 45	Hügelgrab 49	Iwiedie 29	Kaldgrani 34
Hönir 18	Hugin 40	**Jari** 32	Kamille 45
Horn 57	Huhn 40	Jamtaland-Zwerg 7	Kampfmagie 64
Horn (Riesin) 35	Huldar 28	Jarngerdr 28	Kannibalismus 55
Hörn 29	Hund 43	Jarnglumra 35	Kara 31
Hörn 35	Hundalfr 6	Jarnhauss 6	Karabin 34
Horn-Neb 35	Hunding 16	Jarnnef 34	Kari 6
Hornbori 32	Hvalr 6	Jarnsaxa 28	Katze 43
Hraesvelgr 6	Hvedra 35	Jarnvidja 35	Kausalität 55
Hrafnhild 35	Hvedrungr 16	Jenseits 49	Keila 34

Keiler 42	**Lachanfall** 64	Luchs 43	Miötwitnir 32
Kenningar 75	Lachen 55	Lutr 34	Mjoll 34
Kerbel 45	Lachs 44	Lyngheid 35	Modgudr 29
Kessel 57	Landgeister 36	**Magni** 19	Modgudr 31
Keule 66	Lauch 45	Malseron 34	Modi 19
Kiebitz 40	Laufey 26	Mana 35	Modrädnir 32
Kili 32	Laurin 7	Managarm 43	Modsognir 7
Kisi 34	Laus 40	Mannus 20	Mögthrasir 6
Kiste 57	Leber 63	Mardalla 27	Moin 32
Kjallandi 6	Leib 63	Marder 43	Mökkurkjalfi 6
Kjallandi 35	Leidi 34	Margerdr 35	Molda 35
Klaufi 34	Leifi 6	Margerthur 35	Mona 20
Klee 45	Leifnir 6	Mangold 45	Mond 48
Kleima 35	Leikn 35	Mantel 67	Mondul 32
Knochen 67	Leimrute 66	Mantel der Nanna 67	Moosfrau von Saalfeld 32
Knoten 64	Leiter 49	Marnar 29	
Kobolde 36	Leirvör 35	Märzviole 45	Moosleute von Arntschgereute 32
Kol der Bucklige 39	Leopard 43	Maske => Helm	
Kolfrosta 28	Lerche 40	Maus 44	Mörn 35
Kolga 35	Lidskialf 20	Meer 49	Möwe 40
Kopf 63	Liebestrank 70	Meer der Zeit 55	Mühle 66
Kormoran 40	Liebeszauber 64	Meer-Menschen 36	Mundilfari 6
Korn 45	Lif 39	Mehlbeere 45	Munin 40
Körperteile 65	Lifthrasir 39	Mehltau 45	Munnharpa 35
Köttr 34	Litr 6	Meili 9	Münze 67
Kraftgütel => Gürtel	Litr 32	Meise 40	Muspel 6
Krähe 40	Ljod 29	Menglöd 22	Muspelheim => Feuer 52
Kraka 31	Ljota 35	Menja 28	
Kranich 40	Lodin 6	Menschenopfer 64	Myrkrida 35
Kräuter 45	Lodinfingra 35	Messer 66	Myrkvid 49
Kreppvör 35	Lodur 16	Midgard 52	**Nabbi** 32
Kriegerin 62	Lofar 7	Midgardschlange 41	Nacktheit 60
Kreuzblume 45	Lofn 29	Midi 6	Nadel 55
Kreuzkraut 45	Lofnheid 35	Midjungr 34	Nägel 55
Krönung 64	Logi 34	Midwitnir 6	Naglfar 49
Kröte 44	Loki 16	Mimir 6	Nain 32
Kuckuck 40	Loni 32	Mist 31	Nali 32
Kuril 6	Lopthoena 28	Mistel 45	Namensgebung 64
Kult 55	Lori 35	Mistkäfer 40	Nanna 21
Kundalini 64	Loricus 6	Mittelpfeiler => Yggdrasil	Nauma (Hel) 35
Kwasir 20	Löwe 43		Nar 32
Kyrmir 6	Löwenmäulchen 45	Mittsommer 54	Narfi 6

Nari Loki-Sohn 19
Nati 6
Naudir 36
Nebel 64
Nefia 35
Nehalennia 29
Neri 30
Neris Schwester 30
Nerthus 28
Nepr 20
Nessel 45
Netz 67
Neuentstehung aus den Knochen 55
neun Heimdall-Mütter 35
neun Schwestern 35
Niblung 7
Niblung 39
Nicor 34
Nid 64
Nidi 32
Nidr 28
Nidud 16
Nieswurz 45
Niflheim => Eis 52
Niping 32
Nirdir 10
Niola 48
Njola 48
Njörd 10
Njörun 29
Nölvi 10
Norden 54
Nordosten 54
Nordri 32
Nordwesten 54
Nori 32
Nornen 30
Norr 34
Norr 48
Nott 48

Nyi 32
Nyr 32
Nyrad 32
Oddrun 31
Odin 13/14
Odr 20
Ofoti 5
Öflugbarda 35
Öflugbardi 6
Ogautan 39
Ogladnir 6
Ogn 35
Ohr 63
Oin 7
Olius 32
Ölwaldi 5
Omen 71
Onarr 48
Öndudr 6
Onn 32
Opfer 64
Orakel 71
Oregano 45
Ori 32
Örnir 6
Ortnit 34
Ösgrui 5
Öskrudr 34
Ostara 29
Osten 54
Otr 32
Otter 44
Otunfaxe 39
Penis 55
Perchta 28
persönliches Glück 64
Pfeil 66
Pferd 42
Pferdezwillinge 12
Pflug 67
Phol 9
Polygamie 55

Priester 60
Priesterin 58
Prolog (Edda) 77
Prophezeiung 71
Pukis 36
Rabe 40
Rad 67
Radgrid 31
Radvör 35
Ragnar Lodenhose 39
Ragnarök 55
Ran 27
Randalin 31
Randgnid 31
Randgrid 31
Rangbeinn 5
Rasereitrank 70
Raswid 32
Rätsel 76
Raud 34
Raugnir 34
Raum 6
Reck 32
Regenbogenbrücke 49
Regin 7
Reginleif 31
Reiher 40
Rentier 42
Riesen auf der West-Insel 6
Riesen-Baumeister 6
Riesen von Feldkirchen 34
Riesen von Lichtenberg 35
Rifingalfa 35
Rifingöflu 35
Rigingöflu 35
Rind 42
Rindr 20
Ring 57

Ringkampf 55
Rist 31
Robbe 44
Rögnir 7
Rose 45
Röskva 37
rot 46
rota 31
Rotkehlchen 40
Rücken 63
Rud 35
Rudent 6
Rudi 34
Runa 35
Runen 72
Runenkästchen von Auzon => Kiste
Runenstein 64
Runenstein von Ardre 64
Rußland-Riese 6
Rütze 35
Rygi 35
Saemdill 6
Saga 28
Sährimnir 42
Säkarsmuli 6
Salbei 45
Salfangr 6
Sam 34
Sämingr 39
Sanngrid 31
Sati 51
Säule => Weltenbaum 52
Saxnot 20
Sceaf 20
Schachtelhalm 45
Schädelschale 63
Schadenszauber 64
Schaf 42
Schafgarbe 45

223

Schaumkraut 45
Schierling 45
Schild 66
Schlafdorn 55
Schlangen 41
Schlangenauge 63
Schlangengrube 49
Schlangenzunge 63
Schleifstein => Wetzstein
Schmetterling 40
Schmied 4
Schmied 55
Schnecke 44
Schneeweiß-Goldschöne 28
Schuh 63
Schutzgeist => Fylgja/Hamingja
Schutzzauber 64
Schwalbe 40
Schwan 40
Schwanenkleider der Walküren 40
Schweden-Riese 6
Schwein 42
Schwert 66
Schwitzhütte 64
sechsköpfiger Riese 6
Seehund 44
Seekuh 44
Seelenvogel 40
Seelenvogel 50
Segen 68
Seher 60
Seherin 58
Seidelbast 45
Seidr 64
Sel 6
seltsamer dritter Bruder 55
Sense 67

Siar 32
Sichel => Sense
sieben Schwestern 28
Siegfried 38
Sieglind 31
Siegstein 67
Sif 24
Sigdrifa 31
Sigurd 38
Sigi 39
Sigrlami 39
Sigrun 31
Sigyn 28
silbern 46
Simul 31
Sinmara 28
Sindri 32
Sinthgunt 29
Sivör 35
Sjuld 31
Skadi 20
Skafid 32
Skalden 61
Skaldatal 77
Skaldenlieder 78
Skaldinnen 61
Skalli 34
Skalmöld 31
Skadskaparmal 77
Skärir 5
Skeggiöld 31
Skidbladnir 49
Skimsli 5
Skirnir 37
Skirkjar 35
Skirwir 32
Skjalf 29
Skjalv 34
Skjellinefja 29
Skjöldr 39
Skögul 31
Sköll 43

Skorpion 40
Skrati 34
Skrymir 5
Skrimnir 5
Skuld 30
Slagfid 39
Sleggja 35
Snae 34
Snotra 29
Solbiart 5
Sohn der Freya 19
Sohn des Freyr 19
Solblindi 5
Sölfn 29
Sommer 54
Somr 5
Sonne 48
Sonnengöttin 48
Sonnenhymne 64
sonstige Magie 64
Sörli 39
Spatz 40
Specht 40
Speer 66
Sperber 40
sprechende Tiere 41
Sprichworte 74
Spindel 55
Spinnerin 55
Spiritus familiaris 36
Sprettingr 5
Stab 67
Starkad 6
Starkad 39
Stärketrank 70
Statue 57
Stein 64
Steine und Edelsteine 64
Steinigung 55
Stern 48
Sternbild 48

Sternbild 55
Stigandi 5
Storch 40
Storkvid 34
Stoverkr 34
Strahlen-Breitsame 45
Strudel 49
Struthan 34
Stumi 5
stumm 63
Süden 54
Südosten 54
Sudri 32
Südwesten 54
Surtur 6
Suttung 6
Svada 5
Svadi 5
Svaf 7
Svarangr 5
Svasudr 6
Svatr 6
Sveid 31
Sveipinfalda 35
Svidi 6
Svip 5
Svipul 31
Svivör 31
Swaf 20
Swanhild 31
Swanwit 31
Swawa 31
Swior 32
Swipdag 20
Syn 29
Syr 29
Tafl 57
Tal 52
Tamfana 29
Tarn-Kappe 67
Tarn-Umhang 67

Tasche 60	Thrungva 29	Uri 20	- in Fuchs 65
Tätowierungen 55	Thrym 6	Utgard 52	- in Geier 65
Tattoo 60	Thulur 77	Utgardloki 6	- in Habicht 65
Tau 52	Thundr 6	Ungeheur 41	- in Hecht 65
Taufe 64	Thundr 29	Utiseta 50	- in Hirsch 65
Teer 45	Thurbiörd 35	**Vagnhöftdi** 34	- in Hund 65
Telemark-Riese 5	Tiere 44	Valbrandur 5	- in Krähe 65
Telepathie 64	Tiere der Götter 44	Vali Loki-Sohn 19	- in Lachs 65
Teller 57	Tierfelle 60	Valthögn 31	- in Löwe 65
Tempel 56	Tierfelle bei Hinrichtungen 67	Vandil 5	- in Mücke 65
Teufelsabbiß 45		Vandlir 5	- in Otter 65
Thagnar 31	Tor 49	Var 29	- in Pferd 65
Theck 32	Torfa 35	Vardrun 28	- in Rabe 65
Thialfi 37	Tote wiederbeleben 64	Vardrun 35	- in Rind 65
Thiazi 5		Vardruna 35	- in Robbe 65
Thing 73	Tragestange 67	Vasad 6	- in Schlange 65
Thiodwitnir 34	Trana 35	Vatermord 55	- in Schwalbe 65
Thistilbardi 34	Traum 71	Velle 5	- in Schwan 65
Thjodrerir 7	Traumdeutung 71	Venus 48	- in Seekuh 65
Thögn 31	Traumfrau 31	Verbene 45	- in Spinne 65
Thökk 35	Trima 31	Verdandi 30	- in Tier 65
Thor 17	Trolle 36	Vervielfältigung von Körperteilen 65	- in Vogel 65
Thora 28	Trona 35		- in Wal 65
Thorgerdr Hölgabrudr 29	Tuch 57	Vergessenheitstrank 70	- in Walroß 65
	Tuisto 20		- in Widder 65
Thorin 7	Tuisto 33	Verirren auf der Hirschjagd 55	- in Wolf 65
Thorir 6	Turm 56		- in Ziege 65
Thorn 5	Tyr 3	Verr 34	- in Ziegenbock 65
Thorstein Haus-Macht 79	Tyr-Riesen 5	Verwandlung:	Vidblindi 5
	Udr 35	- einer Frau in einen Mann 65	Viddi 34
Thrain 32	Uffe 39		Vidgreipr 34
Thrasir 6	Ulfhedinn 62	- einer Frau in eine andere Frau 65	Vidgymir 5
Thrigeitir 5	Ulfrun 35		vier Riesen-Ritter 34
Thrivaldi 5	Ullr 11	- eines Mannes in eine Frau 65	vier Stier-Riesen 34
Thröng 29	Umhang => Mantel 60		viertüriges Haus 52
Thror 7		- in Adler 65	Vifflöd 29
Thror 20	Uni 20	- in Bär 65	Vignir 34
Thror 32	Unn 35	- in Drache 65	Vikarr 6
Thorri 34	Unsichtbarkeit 64	- in Eber 65	Vilja 20
Thrud 31	Unsichtbarkeits-Stein 67	- in Falke 65	Vindr 34
Thrudgelmir 5		- in Fliege 65	Vingnir 6
Thrudr 29	Urd 30	- in Floh 65	Vingrip 34

Vipar 34	Wegwarte 45	Winter 54	Zwerge 32
Vogel 40	Weig 32	Winteranfang 54	Zwerge:
Vogelsprache 64	Weihung => Segen	Wirwir 32	- im Berg 32
Volkrast 7	Weinen 55	Witr 32	- im Gebirge 32
Vör 29	weiß 46	Witwen-Selbstmord 51	- Kuttenberg 32
Vörnir 34	Weisheiten 74	Wolf 43	- Untersberg 32
Vulkan-Riese 34	Weisheitstrank 70	Wolfsfell 62	- Blankenburg 32
Waage 64	Weißstern 39	Wortschatz Magie 64	- Bonikau 32
Waberlohe 49	Weltenbaum 53	Wohlstandszauber 64	- Dardesheim 32
Wächter 49	Weltesche 53	Wucherblume 45	- Eilenburg 32
Wafthrudnir 6	Wespe 40	Wurzel 45	- Elbogen 32
Wagen 67	Westen 54	Wyrd 30	- Glaß 32
Wagnhofde 6	Westri 32	**Yggdrasil** 53	- Hohenstein 32
Wal 44	Wetter 64	Ymir 33	- Heilingsfelsen 32
Wälder =>	Wettlauf 55	Ymis 33	- Nünberg 32
Weltenbaum 52	Wetttrinken 55	Yngvi 32	- Osenberg 32
Wald-Riesin 35	Wetzstein 67	**Zahlen** 47	- Plesse 32
Wali 19	Wichte 36	Zähne 63	- Rosenberg 32
Wali 32	Widar 19	Zauberer 59	- Selbitz 32
Walküren 31	Widfinnr 5	Zauberin 58	- Sion 32
Walnuß 45	Wiedergeburt 51	Zaubersprüche 68	Zwerg:
Walroß 44	Wiederholungen 55	Zeh 63	- Gebirge 32
Waltam 20	Wiederzeugung 51	Ziegen 42	- Kyffhäuser 32
Wandteppich => Tempel	Wieland 4	Zisa 29	- Hohenstein 32
Wanen 36	Wiesel 43	Zunge 63	- Dresden 32
Warkald 6	Wig 32	Zweikampf 73	- Hoia 32
Warr 20	Wigrid 55	zweiköpfige Riesen 34	- Lützen 32
Wasser 52	Wili 20	zwei Zwerge 32	- Ralligen 32
We 20	Wili (Zwerg) 32	Zwerg auf dem Felsen 32	- Rantzau 32
Weberin 55	Wind (Magie) 64	Zwergberg zu Aachen 32	- Scherfenberg 32
Wegdrasil 20	Wind 52		- Thorgau 32
Wegerich 45	Windalf 32		Zwillinge 55
Wegetritt 45	Windloni 6		
	Windswal 6